Jerzy Grotowski, *Für ein Armes Theater*

Jerzy Grotowski (1933–1999) war ein polnischer Theaterregisseur und -theoretiker. Nach einem Schauspielstudium in Kraków ging er nach Moskau, wo er sich mit den russischen Avantgardisten, Stanislawskis Schauspielmethode, Meyerholds Biomechanik und Wachtangows Synthese sowie mit den Ideen Bertolt Brechts und Artauds beschäftigte. Bei einer Reise nach Asien lernte er zudem die Peking-Oper, das Nō-Theater und das indische Kathakali kennen. Von 1956 bis 1960 studierte er in Kraków Regie und schloss das Studium mit dem Regie-Diplom ab.
Grotowski wurde weltweit bekannt durch seine Trainings- und Inszenierungsarbeit am 1959 in Opole gegründeten Theater der 13 Reihen (Teatr 13 Rzędów) und dem 1965 bis 1984 in Wrocław arbeitenden Theaterlaboratorium (Teatr Laboratorium).
Grotowski fordert die hundertprozentige physische und psychische Hingabe des Schauspielers. Alles hat im und durch den Körper seinen Ursprung: Der Schauspieler muss mit dem Körper denken, reagieren und agieren. Mit seinen Arbeitsmethoden für ein Armes Theater (arm an Ausstattung und Dekor) wollte Grotowski auf den Urgrund der Schauspielkunst zurückkommen.
Seit 1986 lebte und arbeitete er in Pontedera, Italien, wo er das »Workcenter« (Centro per la Sperimentazione e la Ricerca Teatrale) leitete. Grotowski starb im Alter von 65 Jahren in Italien.

Jerzy Grotowski

Für ein Armes Theater

Mit einem Vorwort
von Peter Brook

Alexander Verlag Berlin

Dieses Buch enthält Texte von Jerzy Grotowski, Interviews mit ihm und weiteres Material, das seine Methode und sein Training erläutert. Einige dieser Texte sind bereits in verschiedenen Ländern veröffentlicht worden.
Der Herausgeber übernimmt die volle Verantwortung für die Ausgabe und die Übersetzung im Falle etwaiger Ungenauigkeiten oder Missverständnisse. *Eugenio Barba*

Aus dem Englischen von Frank Heibert.
Titel der englischen Originalausgabe: *Towards a Poor Theatre.*
Lektorat: Michael Merschmeier.

Die Abbildungen in diesem Buch sind der ersten englischsprachigen Ausgabe von 1968 entnommen.

Durchgesehene Neuauflage 2022

Alexander Wewerka, Postfach 19 18 24, D-14008 Berlin
www.alexander-verlag.com | info@alexander-verlag.com

ISBN 978-3-923854-577-5
Printed in the EU (January) 2022

Inhalt

Information

Jerzy Grotowski schuf das Theaterlaboratorium (Teatr Laboratorium)* 1959 in Opole, einer Stadt von 60 000 Einwohnern im Südwesten Polens. Mitbegründer war sein enger Mitarbeiter, der bekannte Literatur- und Theaterkritiker Ludwik Flaszen. Im Januar 1965 zog das Theaterlaboratorium um in die Universitätsstadt Wrocław, die mit einer halben Million Einwohnern die kulturelle Hauptstadt des polnischen Westens darstellt. Hier erlangte es auch seinen bis August 1984 währenden Status als Institut zur Erforschung der Schauspielkunst. Die Aktivitäten des Theaterlaboratoriums sind bis dahin kontinuierlich vom Staat, vertreten durch die Stadtverwaltungen von Opole und Wrocław, subventioniert worden.

Der Name offenbart bereits die Natur des Unternehmens. Es handelt sich nicht um ein Theater im gewöhnlichen Sinne des Wortes, sondern vielmehr um ein Institut, das der Erforschung des Gebiets der Theaterkunst und der Kunst des Schauspielers im Besonderen gewidmet ist. Die Produktionen des Theaterlaboratoriums stellen eine Art Arbeitsmodell dar, wo der laufende Forschungsstand der Schauspielkunst in die Praxis umgesetzt werden kann. Innerhalb des Theatermilieus ist es als die Grotowski-Methode bekannt. Neben seiner methodischen Forschungsarbeit und Aufführungen vor Publikum unternahm das Theaterlaboratorium auch die Ausbildung von Schauspielern, Regisseuren und Menschen aus anderen mit Theater in Beziehung stehenden Bereichen.

---

* Zunächst Theater der 13 Reihen (Teatr 13 Rzędów), Anm. d. Red.

Das Theaterlaboratorium hatte seine eigene feste Truppe, deren Mitglieder auch als Lehrer arbeiteten. Schüler, viele von ihnen aus dem Ausland, wurden auch auf kurzfristiger Basis angenommen. Es bestand enger Kontakt zu Spezialisten aus anderen Disziplinen wie Psychologie, Phonologie, Kulturanthropologie usw.

Das Theaterlaboratorium stellte die ausgewählten Stücke seines Repertoires in einen Zusammenhang. Sie basierten auf den großen polnischen und internationalen Klassikern, deren Funktion dem Mythos im kollektiven Bewusstsein nahesteht. Folgende Produktionen zeugen von den Fortschritten in Grotowskis methodischer und künstlerischer Forschung: *Kain* von Byron, *Shakuntala* von Kalidasa, *Die Ahnenfeier* von Mickiewicz, *Kordian* von Słowacki, *Akropolis* von Wyspiański, *Hamlet* von Shakespeare, *Dr. Faustus* von Marlowe und *Der standhafte Prinz* von Calderón in der polnischen Übertragung von Słowacki. Die letzte Produktion, *Apocalypsis cum figuris*, ist vom Theaterlaboratorium während der Proben, ohne jeglichen literarischen Text als Ausgangsgrundlage, erarbeitet worden; während der letzten Arbeitsphase dieser Produktion sind als Materialien für die gesprochene Sprache Zitate aus dem Evangelium, von Dostojewski, T. S. Eliot und Simone Weil zusammengestellt worden. Das Theaterlaboratorium machte auch Auslandstourneen. Jerzy Grotowski besucht regelmäßig Theaterzentren in verschiedenen Ländern, wobei er theoretische und praktische Kurse in seiner Methode veranstaltet.

Grotowskis engster Mitarbeiter in seiner Forschung ist Ryszard Cieślak, der, wie ein Kritiker der französischen Zeitschrift *L'Express* meinte, in seiner Rolle als standhafter Prinz das lebende Bild dieser Methode ist.

(1968)

Vorwort

Der folgende Text wurde erstmals in *Flourish*, der Zeitschrift des Royal Shakespeare Theatre Club, im Winter 1967 veröffentlicht.

Grotowski ist einzigartig.

Warum?

Weil meines Wissens niemand sonst auf der Welt, niemand seit Stanislawski, die Natur des Schauspielens, seine Erscheinungsformen, seine Bedeutung, Wesen und Wissenschaft seiner geistig-körperlich-emotionalen Vorgänge so tiefgreifend und vollständig untersucht hat wie Grotowski.

Er nennt sein Theater ein Laboratorium. Das ist es. Es ist ein Forschungszentrum. Es ist vielleicht das einzige Avantgarde-Theater, dessen Armut keine Beeinträchtigung darstellt, wo Geldknappheit nicht als Entschuldigung benutzt wird für unzulängliche Mittel, die automatisch die Experimente beeinträchtigen würden. In Grotowskis Theater sind die Experimente, wie in allen wirklichen Laboratorien, wissenschaftlich gültig, weil die wesentlichen Bedingungen eingehalten werden. In seinem Theater herrscht absolute Konzentration in einer kleinen Gruppe, und es gibt keine zeitliche Begrenzung. Wer sich für seine Entdeckungen interessiert, muss nach Polen fahren.

Oder aber das tun, was wir getan haben. Grotowski herholen. Er hat zwei Wochen lang mit unserer Gruppe gearbeitet. Ich werde diese Arbeit nicht beschreiben. Warum nicht? Zunächst, weil eine solche Arbeit nur dann frei ist, wenn sie im Vertrauen stattfindet, und Vertrauen hängt davon ab, dass Vertrauliches nicht preisgegeben wird. Zweitens ist diese Arbeitsweise im Kern nonverbal. Sie in Worte fassen, heißt Übungen verkomplizieren und sogar zerstören, die klar und einfach sind, wenn sie durch eine Geste angewiesen werden und durch Geist und Körper als Einheit ausgeführt werden.

Was geschah bei dieser Arbeit?

Sie versetzte jedem Schauspieler eine Reihe von Schocks. Den Schock, sich selbst gegenüberzutreten angesichts einfacher, unwiderleglicher Herausforderungen.

Den Schock, die eigenen Ausflüchte, Tricks und Klischees zu erkennen.

Den Schock, etwas von den eigenen ungeheuren und noch unberührten Ressourcen zu spüren.

Den Schock, zur Frage gezwungen zu werden, warum man überhaupt Schauspieler ist.

Den Schock, zur Erkenntnis gezwungen zu werden, dass solche Fragen wirklich existieren und dass – trotz einer alten englischen Tradition, Ernsthaftigkeit in der Theaterkunst zu vermeiden – der Zeitpunkt kommt, da man sich ihnen stellen muss.

Und den Schock herauszufinden, dass man sich ihnen stellen will. Den Schock zu sehen, dass irgendwo auf der Welt Schauspielen eine Kunst ist, der man sich absolut hingibt, mönchisch und total. Dass Artauds inzwischen abgedroschener Satz »Grausam gegen sich selbst« wahrhaftig eine umfassende Lebensweise darstellt – irgendwo – für weniger als ein Dutzend Menschen.

Mit einem Vorbehalt. Diese Hingabe zum Spielen macht es nicht zu einem Selbstzweck, im Gegenteil. Für Grotowski hat das Spielen Vermittlungsfunktion. Wie soll ich es ausdrücken? Das Theater ist keine Flucht, keine Zuflucht. Ein Weg zu leben ist ein Weg zum Leben. Das klingt wie ein religiöser Wahlspruch? Das soll es auch. Und das ist auch schon ungefähr alles, was sich darüber sagen lässt. Nicht mehr und nicht weniger. Ergebnisse? Unwahrscheinlich. Sind unsere Schauspieler jetzt besser? Sind sie bessere Menschen geworden? Nicht dadurch, soweit ich sehen kann, niemand hat diesen Anspruch erhoben. (Und natürlich gerieten nicht alle in Ekstase über ihre Erfahrung. Einige waren gelangweilt.)

Aber, wie Arden sagt:

Denn der Apfel, der trägt einen Samen im Kern,
Der keimen und wachsen mag,
Und aus dem wird ein blühender Obstbaum einst,
An einem künftigen Tag…

Grotowskis Arbeit und unsere haben Parallelen und Berührungspunkte. Darüber und über Sympathie und Respekt kamen wir zusammen.

Aber das Leben unseres Theaters unterscheidet sich in jeder Hinsicht von dem Grotowskis. Er leitet ein Laboratorium. Er braucht Publikum nur gelegentlich, in kleiner Zahl. Er steht in einer katholischen Tradition – oder in einer antikatholischen; in diesem Falle treffen sich die beiden Extreme. Er schafft eine Form des Gottesdienstes. Wir arbeiten in verschiedenen Ländern, verschiedenen Sprachen, verschiedenen Traditionen. Unser Ziel ist nicht eine neue Messe, sondern eine Verbindung im elisabethanischen Sinne – wir wollen das Private und das Öffentliche verknüpfen, den Bereich des Intimen mit dem der Masse, das Verborgene und das Offenkundige, das Gewöhnliche und das Magische. Dazu bedürfen wir einer Menge auf der Bühne und einer Menge, die zuschaut – und mitten auf dieser Bühne voll von Menschen bieten Einzelne ihre intimsten Wahrheiten Einzelnen im Zuschauerraum voll von Menschen dar und teilen so mit ihnen eine gemeinsame Erfahrung.

Wir haben ein großes Stück Wegs zurückgelegt bei der Entwicklung einer allumfassenden Methode – der Idee einer Gruppe, eines Ensembles.

Aber unsere Arbeit ist immer zu eilig, immer zu hart für die Entwicklung der Auswahl individueller Einzelner, aus denen sie sich zusammensetzt.

Wir wissen theoretisch, dass jeder Schauspieler seine Kunst täglich in Frage stellen muss – genau wie Pianisten, Tänzer, Maler – und dass er sonst fast sicher stagnieren, Klischees entwickeln und irgendwann einen Niedergang erleben wird. Wir sind uns dessen bewusst und können doch nur so wenig daran ändern; so sind wir unaufhörlich auf der Jagd nach jungem Blut, nach jugendlicher Vitalität – außer bei einigen der begabtesten Ausnahmen, die natürlich die besten Möglichkeiten erhalten und das meiste der verfügbaren Zeit verbrauchen.

Das Stratford Studio entstand aus der Erkenntnis dieses Problems, aber es hatte stets mit dem Stress eines Repertoires, einer überarbeiteten Truppe und simpler Erschöpfung zu kämpfen.

Grotowskis Arbeit hier war eine Erinnerung daran, dass jeder Einzelne in unseren beiden riesigen Truppen in zwei 90 Meilen voneinander entfernten Theatern das, was er fast wie ein Wunder mit einer Handvoll Schauspielern erreicht, in gleichem Maße braucht.

Die Intensität, die Ehrlichkeit und die Präzision seiner Arbeit kann nur eines zurücklassen. Eine Herausforderung. Aber nicht nur vierzehn Tage lang, nicht nur einmal im Leben: täglich.

Peter Brook

Für ein Armes Theater

Dieser Artikel wurde veröffentlicht in: *Odra* (Wrocław, 9/1965); *Kungliga Dramatiska Teaterns Program* (Stockholm, 1965); *Scena* (Novi Sad, 5/1965); *Cahiers Renaud-Barrault* (Paris, 55/1966); *Tulane Drama Review* (New Orleans, T 35, 1967).

Ich werde etwas ungeduldig, wenn ich gefragt werde: »Wo liegt der Ursprung Ihrer experimentellen Theaterproduktionen?« Man scheint anzunehmen, dass »experimentelle« Arbeit regellos sei (als werde da jedes Mal mit irgendeiner »neuen« Technik herumgespielt), ein bloßer Zulieferant. Das Resultat soll dann ein Beitrag zum modernen Inszenieren sein – wobei die Bühnenausstattung aktuelle plastische oder elektronische Einfälle verwendet, zeitgenössische Musik, Schauspieler, die unabhängig voneinander clowneske oder Kabarett-Stereotypen vorführen. Ich kenne diese Szene: Ich habe selbst einmal dazugehört. Die Produktionen unseres Theaterlaboratoriums gehen in eine andere Richtung. In erster Linie versuchen wir, Eklektizismus zu vermeiden und dem Gedanken zu widerstehen, Theater sei eine Zusammensetzung aus mehreren Disziplinen. Wir versuchen zu definieren, was Theater kennzeichnet, was diese Tätigkeit von anderen Kategorien der Aufführung und Darstellung trennt. Zweitens sind unsere Produktionen detaillierte Untersuchungen der Beziehung Schauspieler – Publikum. Das heißt, *wir betrachten die persönliche und szenische Technik des Schauspielers als den Kern der Theaterkunst.*

Es ist schwierig, die genauen Quellen dieses Ansatzes auszumachen, aber ich kann etwas zu seiner Tradition sagen. Ich wurde nach Stanislawski ausgebildet; seine beharrlichen Studien, seine systematische Erneuerung der Beobachtungsmethoden und sein dialektisches Verhältnis zu seiner eigenen früheren Arbeit machen ihn zu einem persönlichen Vorbild. Stanislawski hat die methodologischen Schlüsselfragen gestellt. Unsere Lösungen sind jedoch von seinen weit entfernt – manchmal kommen wir zu entgegengesetzten Schlussfolgerungen.

Ich habe alle wichtigeren Methoden der Schauspielerausbildung studiert, in Europa und darüber hinaus. Äußerst wichtig für meine Zwecke sind: Dullins Rhythmusübungen, Delsartes Untersuchungen extrovertierter und introvertierter Reaktionen, Stanislawskis Arbeit über »physische Handlungen«, Meyerholds biomechanisches Training, Wachtangows Synthese. Die Trainingstechniken des orientalischen Theaters finde ich ebenfalls ausgesprochen stimulierend – speziell die der Peking-Oper, des indischen Kathakali- und des japanischen Nō-Theaters. Ich könnte noch weitere theatralische Systeme anführen, aber die Methode, die wir entwickeln, ist nicht eine Kombination von Techniken, die wir diesen Quellen entnommen haben (obgleich wir manchmal Elemente für unseren Gebrauch adaptieren). Wir wollen dem Schauspieler nicht einen vorher aufgestellten Katalog von Fertigkeiten beibringen, ihm keine »Wundertüte voller Tricks« geben. Unsere Methode ist keine deduktive, keine Ansammlung von Fertigkeiten. Hier ist alles auf das »Reifen« des Schauspielers konzentriert, das sich durch eine Spannung hin zum Äußersten, durch eine vollständige Selbstenthüllung, durch eine Bloßlegung seiner eigenen Intimität ausdrückt – und dies alles ohne den leisesten Anflug von Egoismus oder Selbstgefälligkeit. Der Schauspieler gibt sich selbst als absolutes Geschenk hin. Dies ist eine Technik der »Trance« und der Einbeziehung aller psychischen und körperlichen Kräfte des Schauspielers, die aus den intimsten Schichten seines Seins und seiner Instinkte hervorgehen und in einer Art »Durchstrahlen« hervorsprudeln.

Bei der Ausbildung eines Schauspielers in unserem Theater geht es nicht darum, ihn irgendetwas zu lehren; wir arbeiten darauf hin, die Widerstände seines Organismus gegen diesen psychischen Vorgang zu eliminieren. Das Ergebnis ist ein Befreitsein vom Zeitsprung zwischen innerem Impuls und äußerer Reaktion, so dass der Impuls schon eine äußere Reaktion ist. Impuls und Aktion fallen zusammen: Der Körper verschwindet, verbrennt, und der Zuschauer sieht nur eine Reihe sichtbarer Impulse. Unser Weg ist mithin eine *via negativa* – keine Ansammlung von Fertigkeiten, sondern die Zerstörung von Blockierungen.

Jahrelange Arbeit und speziell aufgebaute Übungen (die mittels körperlichen Trainings, gestaltender und Stimm-Übungen den Schauspieler zur richtigen Art der Konzentration hinführen sollen) erlauben es zuweilen, den Anfang dieses Wegs zu entdecken. Dann ist es möglich, sorgsam zu kultivieren, was erweckt wurde. Der Vorgang selbst ist nicht der Willenskraft unterworfen, obwohl er bis zu einem gewissen Punkt von Konzentration, Vertrauen, Bloßlegung und beinahe völligem Aufgehen im Schauspielerhandwerk abhängt. Der erforderliche Bewusstseinszustand ist derjenige einer passiven Bereitschaft, eine aktive Rolle zu verwirklichen, ein Zustand, in dem man nicht »das und das tun will«, sondern vielmehr »darauf verzichtet, es nicht zu tun«. Die meisten der Schauspieler im Theaterlaboratorium fangen gerade erst damit an, auf die Möglichkeit einer Sichtbarmachung eines solchen Vorgangs hinzuarbeiten. In ihrer täglichen Arbeit konzentrieren sie sich nicht auf die geistige Technik, sondern auf die Gestaltung der Rolle, auf den Aufbau einer Form, auf den Ausdruck von Zeichen – das heißt auf Kunsthaftigkeit. Es besteht kein Widerspruch zwischen innerer Technik und Kunsthaftigkeit (Artikulation einer Rolle durch Zeichen). Wir glauben, dass ein nur auf die Person bezogener Prozess, der nicht unterstützt und ausgedrückt wird durch eine formale Artikulation und disziplinierte Strukturierung der Rolle, keine Befreiung ist und formlos in sich zusammenbrechen wird.

Wir meinen, dass die kunsthafte Gestaltung das Geistige nicht nur nicht einschränkt, sondern tatsächlich zu ihm hinführt. (Die reizartige Spannung zwischen dem inneren Prozess und der Form stärkt beide. Die Form ist wie eine Falle mit einem Köder, auf die der geistige Prozess spontan anspricht und gegen die er sich wehrt.) Die Formen des gewöhnlichen »natürlichen« Verhaltens verdunkeln die Wahrheit; wir gestalten eine Rolle als ein System aus Zeichen, die zeigen, was sich hinter der Maske der gewöhnlichen Ansichten verbirgt: die Dialektik des menschlichen Verhaltens. In einem Augenblick des psychischen Schocks, des Schreckens, der Todesgefahr oder der ungeheuren Freude benimmt sich ein Mensch nicht »natürlich«. Ein Mensch, in einem gesteigerten geistigen Zustand befindlich, verwendet rhythmisch artikulierte Zeichen, beginnt zu tanzen, zu singen. Ein *Zeichen*, keine gewöhnliche Bewegung, stellt für uns die elementare Größe des Ausdrucks dar.

Im Bereich formaler Technik arbeiten wir nicht mit der Vermehrung von Zeichen oder der Akkumulation von Zeichen (wie in den Formwiederholungen des orientalischen Theaters). Wir subtrahieren eher, suchen Zeichen zu destillieren, indem wir jene Elemente des »natürlichen« Verhaltens hinausfiltern, die den reinen Impuls verdunkeln. Eine weitere Technik, die die verborgene Struktur der Zeichen beleuchtet, ist der Widerspruch (zwischen Geste und Stimme, Stimme und Wort, Wort und Gedanke, Wille und Handlung usw.) – auch hier schlagen wir die *via negativa* ein.

Es ist schwer, genau zu sagen, welche Elemente in unseren Produktionen aus einem bewusst formulierten Programm hervorgehen und welche sich aus der Struktur unserer Vorstellungskraft herleiten. Ich werde immer wieder gefragt, ob gewisse »mittelalterliche« Effekte auf eine intentionale Rückwendung zu »rituellen Wurzeln« hindeuten. Eine einzige Antwort darauf gibt es nicht. Bei unserem derzeitigen Stand der künstlerischen Bewusstheit hat die Frage der mythischen »Wurzel«, der elementaren menschlichen Situation gewiss eine Bedeutung. Dies ist jedoch nicht das Produkt einer »Kunstphilosophie«, sondern kommt von der konkreten Entdeckung, der praktischen Anwendung der Gesetze des Theaters. Das heißt, die Produktionen entspringen nicht aus apriorischen ästhetischen Postulaten; vielmehr gilt, was Sartre gesagt hat: »Jede Technik führt zur Metaphysik.«

Einige Jahre lang schwankte ich zwischen aus der Praxis geborenen Impulsen und der Anwendung apriorischer Prinzipien, ohne den Widerspruch in der Verbindung beider zu erkennen. Mein Freund und Kollege Ludwik Flaszen war der Erste, der mich auf diese Verwirrung in meiner Arbeit hinwies: Material und Techniken, die spontan bei der Vorbereitung der Produktion, aus der Natur der Arbeit selbst, zustande kamen, waren vielsagend und vielversprechend; doch was ich für die Anwendung theoretischer Annahmen gehalten hatte, waren eigentlich mehr Funktionen meiner Persönlichkeit als Funktionen meines Intellekts. Ich erkannte, dass viel eher die Produktion zur Bewusstheit führt, als dass sie Produkt der Bewusstheit ist. Seit 1960 hat mein Hauptinteresse der Methodologie gegolten. Durch praktisches Experimentieren versuchte ich, die Fragen zu beantworten, von denen ich ausgegangen war: Was ist das Theater? Was ist einzigartig daran? Was kann es bewirken, das Film und Fernsehen nicht können? Zwei konkrete Konzeptionen kristallisieren sich heraus: das Arme Theater und die Aufführung als ein Akt der Grenzüberschreitung.

Indem wir schrittweise eliminierten, was sich als überflüssig erwies, fanden wir heraus, dass Theater ohne Schminke, ohne eigenständige Kostüme und Bühnenbild, ohne abgetrennten Aufführungsbereich (Bühne), ohne Beleuchtungs- und Toneffekte usw. existieren kann. Es kann nicht existieren ohne die Schauspieler-Zuschauer-Beziehung: eine perzeptuelle, direkte, »lebendige« Gemeinschaft. Dies ist eine alte theoretische Wahrheit, sicher, aber wenn sie an der Praxis streng überprüft wird, untergräbt sie die meisten unserer gewöhnlichen Vorstellungen vom Theater. Sie erschüttert den Begriff vom Theater als einer Synthese disparater kreativer Disziplinen – Literatur, Bildhauerei, Malerei, Architektur, Beleuchtung, Schauspiel (unter der Leitung eines Regisseurs). Dieses »synthetische Theater« ist das zeitgenössische Theater, das wir das »Reiche Theater« nennen wollen – reich an Fehlern.

Das Reiche Theater lebt von künstlerischer Kleptomanie, indem es aus anderen Disziplinen Substanz absaugt, größenwahnsinnige Schaustücke, Konglomerate ohne Integrität, ohne Rückgrat auftürmt und diese dann als organisches Kunstwerk hinstellt. Indem es angeeignete Elemente multipliziert, versucht das Reiche Theater, der Sackgasse zu entkommen, in die es Film und Fernsehen geschickt haben. Seit Film und Fernsehen auf dem Gebiet technischer Möglichkeiten glänzen (Montage, augenblickliche Ortswechsel usw.), kontert das Reiche Theater mit dem himmelschreiend kompensatorischen Ruf nach dem »totalen Theater«. Die Einbeziehung entliehener Mechanismen (Kinoleinwände auf der Bühne beispielsweise) impliziert eine ausgeklügelte technische Anlage, die große Beweglichkeit und Dynamik erlaubt. Und wenn die Bühne und/oder der Zuschauerraum beweglich wären, würde eine ständig wechselnde Perspektive möglich werden. Das ist alles völliger Blödsinn. Ganz gleich, wie sehr das Theater expandiert und seine technischen Möglichkeiten ausnutzt, es wird Film und Fernsehen technologisch immer unterlegen bleiben. Folglich schlage ich Armut auf dem Theater vor. Wir haben die Bühne-Zuschauerraum-Anordnung aufgegeben: Für jede Produktion wird ein neuer Raum für Schauspieler *und*

Zuschauer entworfen. Auf diese Weise ist die Beziehung zwischen den Aufführenden und dem Publikum unendlich variierbar. Die Schauspieler können inmitten der Zuschauer spielen, mit dem Publikum unmittelbaren Kontakt aufnehmen und ihm eine passive Rolle im Stück geben (wie zum Beispiel in unseren Produktionen von Byrons *Kain* und Kalidasas *Shakuntala*). Oder die Schauspieler können unter den Zuschauern Strukturen aufbauen und sie so in die Handlungsarchitektur miteinbeziehen, wobei sie einem Gefühl von Bedrängnis, Überfülltheit und Begrenzung des Raums ausgesetzt werden (Wyspiańskis *Akropolis*). Oder die Schauspieler können mitten unter den Zuschauern spielen und sie ignorieren, durch sie hindurchsehen. Die Zuschauer können von den Schauspielern getrennt werden – zum Beispiel durch einen hohen Zaun, über den ihre Köpfe ragen (*Der standhafte Prinz* nach Calderón); von dieser radikal abgeschrägten Perspektive aus blicken sie hinunter auf die Schauspieler, als ob sie Tiere in einer Manege beobachteten, oder wie Medizinstudenten, die bei einer Operation zusehen (dieses abgetrennte, abwärtsgerichtete Schauen gibt der Handlung einen Sinn moralischer Grenzüberschreitung). Oder der ganze Saal wird als ein konkreter Ort genutzt: Fausts »letztes Abendmahl« im Refektorium eines Klosters, wo er die Zuschauer wie Gäste eines barocken Banketts bewirtet, das an riesigen Tischen serviert wird, während Faust Episoden aus seinem Leben erzählt. Die Eliminierung der Dichotomie Bühne-Zuschauerraum ist dabei nicht das Wichtigste – sie schafft einfach eine nackte Laboratoriumssituation, eine geeignete Fläche für die Forschung. Wesentliches Anliegen ist es, für jeden Typ Aufführung die ihm eigene Zuschauer-Schauspieler-Beziehung zu finden und dieser Entscheidung durch körperliche Anordnung Gestalt zu geben.

Wir verzichteten auf Beleuchtungseffekte, und dies offenbarte dem Schauspieler beim Gebrauch von stationären Lichtquellen ein weites Feld von Möglichkeiten, durch wohlerwogenes Umgehen mit Schatten, hellen Spots usw. Es ist besonders wichtig, dass ein Zuschauer, sobald er in einer erleuchteten Zone platziert ist oder – mit anderen Worten – sichtbar wird, auch eine Rolle in der Aufführung zu spielen beginnt. Genauso wurde deutlich, dass die Schauspieler, wie Figuren auf El-Greco-Gemälden, durch persönliche Technik »von innen heraus leuchten« können, eine Quelle »geistigen Lichtes« werden können.

Wir schafften Schminke, falsche Nasen, ausgestopfte Bäuche ab – alles, was der Schauspieler vor der Vorstellung in der Garderobe anlegt. Wir fanden, dass es vollendet theatralisch für den Schauspieler ist, wenn er sich von Typ zu Typ, von Rolle zu Rolle, von Silhouette zu Silhouette verwandelt – während das Publikum zusieht –, und zwar auf *arme* Weise, indem er lediglich seinen eigenen Körper und seine Kunstfertigkeit benutzt. Die Gestaltung eines fixierten Gesichtsausdrucks durch den Gebrauch der Muskeln und der inneren Impulse des Schauspielers erzielt die schlagende Wirkung einer theatralischen Transsubstantiation, wohingegen die Maske, die ein Maskenbild-Künstler herstellt, bloß ein Trick ist.

Desgleichen kann ein Kostüm ohne eigenständigen Wert, das nur in Verbindung mit einer besonderen Rolle und ihren Aktionen existiert, vor dem Publikum gewechselt werden, im Kontrast zu den Funktionen des Schauspielers usw. Die Eliminierung der bildnerischen Elemente, die ein Eigenleben haben (d. h., die etwas darstellen, das von den Aktionen des Schauspielers unabhängig ist), führte zur Erschaffung der elementarsten und selbstverständlichsten Gegenstände durch den Schauspieler selbst. Durch seine kontrollierte Gestik verwandelt der Schauspieler den Boden in ein Meer, einen Tisch in einen Beichtstuhl, ein Stück Eisen in einen belebten Partner usw. Das Abschaffen aller Musik (live oder aufgenommen), die nicht von den Schauspielern gespielt wird, erlaubt es der Aufführung, selbst zu Musik zu werden durch die Orchestrierung von Stimmen und aneinanderschlagenden Gegenständen. Wir wissen, dass der Text per se noch nicht Theater ist, dass er dazu erst durch das Umgehen der Schauspieler mit ihm wird – d. h. durch die Intonationen, die Klangassoziationen, die Musikalität der Sprache.

Das Akzeptieren der Armut in einem Theater, das frei von allem Unwesentlichen ist, offenbarte uns nicht nur das Rückgrat dieses Mediums, sondern auch die tiefen Reichtümer, die in der Natur dieser Kunstform liegen.

Warum ist Kunst für uns von Bedeutung? Um unsere Grenzen zu überschreiten, unsere Beschränkungen zu überwinden, unsere Leere zu füllen – um uns selbst zu erfüllen. Das ist keine Bedingung, sondern ein Prozess, bei dem das Dunkel in uns langsam durchsichtig wird. In diesem Kampf mit unserer eigenen Wahrheit, dieser Anstrengung, die Lebensmaske herunterzuziehen, ist für mich das Theater mit der Fleischesfülle seiner Wahrnehmungsfähigkeit immer ein Ort der Provokation gewesen. Es ist fähig, sich selbst und sein Publikum herauszufordern, indem es akzeptierte Stereotypen des Sehens, Fühlens und Urteilens verletzt, umso unangenehmer dadurch, dass diese Verletzung durch den Atem, den Körper, die inneren Impulse des menschlichen Organismus bildlich gemacht wird. Die Missachtung des Tabus, diese Grenzüberschreitung, liefert den Schock, der die Maske herunterreißt, wodurch wir fähig werden, uns selbst nackt etwas hinzugeben, das unmöglich zu benennen ist, das aber Erotisches und Karitatives in sich birgt.

In meiner Arbeit als Regisseur bin ich deshalb versucht gewesen, mir archaische Situationen zunutze zu machen, die von der Tradition »heilig gesprochen« waren, Situationen (innerhalb der Sphären von Religion und Tradition), die tabu sind. Ich verspürte das Bedürfnis, mich mit diesen Werten zu konfrontieren. Sie faszinierten mich, erfüllten mich mit einem Gefühl innerer Ruhelosigkeit, während ich gleichzeitig einer Versuchung zur Blasphemie gehorchte: Ich wollte sie angreifen, über sie hinausgehen oder sie vielmehr mit meiner eigenen Erfahrung konfrontieren, die selbst von der kollektiven Erfahrung unserer Zeit bestimmt ist. Dieses Element unserer Produktionen ist wechselweise »Zusammenprall mit den Ursprüngen«, »Dialektik von Hohn und Anbetung« oder gar »Religion, ausgedrückt durch Blasphemie; Liebe, die durch Hass spricht« genannt worden.

Sobald mir meine praktischen Erkenntnisse bewusst wurden und als das Experiment zu einer Methode führte, fühlte ich mich dazu gezwungen, die Geschichte des Theaters in seinen Beziehungen zu anderen Bereichen des Wissens, speziell der Psychologie und Kulturanthropologie, erneut von Grund auf zu betrachten. Es bedurfte einer neuen, rationalen Betrachtung des Problems des »Mythos«. Dann sah ich ganz klar, dass der Mythos sowohl eine Ursituation war als auch ein komplexes Modell mit einer unabhängigen Existenz in der Psychologie sozialer Gruppen, das Gruppenverhalten und -tendenzen hervorrief.

Als das Theater noch Teil der Religion war, war es schon Theater: Es setzte die geistige Energie der Gemeinde oder des Stammes frei, indem es sich den Mythos einverleibte und ihn profanierte oder vielmehr ihn überschritt. Auf diese Weise erlangte der Zuschauer ein erneuertes Bewusstsein von seiner persönlichen Wahrheit durch die Wahrheit des Mythos, und durch Angst und ein Gefühl von Heiligkeit kam er zur Katharsis. Nicht zufällig brachte das Mittelalter die Idee der »sakralen Parodie« hervor.

Aber die heutige Situation ist ganz anders. Da soziale Gruppen immer weniger durch Religion definiert werden, sind traditionelle mythische Formen im Fluss, verschwinden und erleben Reinkarnationen. Die Zuschauer nehmen eine immer individuellere Haltung zum Mythos als allgemeine Wahrheit oder Gruppenmodell ein, und Glaube ist oft eine Frage der intellektuellen Überzeugung. Dies bedeutet, dass es viel schwieriger ist, die Art Schock zu erzeugen, die notwendig ist, um an jene psychischen Schichten hinter der Lebensmaske zu kommen. Gruppenidentifikation mit einem Mythos – die Gleichsetzung der persönlichen, individuellen Wahrheit mit der Universalwahrheit – ist heute eigentlich unmöglich.

Was ist noch möglich? Zunächst, *Konfrontation* mit dem Mythos anstelle von Identifikation. Mit anderen Worten, während wir unsere privaten Erfahrungen beibehalten, können wir versuchen, den Mythos zu inkarnieren, indem wir uns seine schlecht passende Haut überstreifen, um so die Relativität unserer Probleme wahrzunehmen, ihre Verbindung zu den »Ursprüngen« und die Relativität der »Ursprünge« im Licht heutiger Erfahrungen. Wenn die Situation brutal ist, wenn wir uns selbst bloßlegen und eine außerordentlich intime Schicht unseres Ich berühren und sie bloßstellen, dann zerbricht die Lebensmaske und fällt von uns ab.

Zweitens bleibt selbst mit dem Verlust eines »gemeinsamen Himmels« des Glaubens und mit dem Verlust unerschütterlicher Grenzziehungen die Wahrnehmungsfähigkeit des menschlichen Organismus bestehen. Nur der Mythos – verkörpert durch die Wirklichkeit des Schauspielers, durch seinen lebenden Organismus – kann als Tabu fungieren. Die Vergewaltigung des lebenden Organismus, die Bloßstellung, die bis zu unerhörtem Exzess getrieben wird, bringt uns zurück zu einer konkreten mythischen Situation, zu einer Erfahrung von allgemeiner menschlicher Wahrheit.

Wiederum können die rationalen Ursprünge unserer Terminologie nicht präzis angeführt werden. Ich werde oft nach Artaud gefragt, wenn ich von »Grausamkeit« rede, obwohl seine Formulierungen sich auf andere Prämissen gründeten und eine andere Richtung nahmen. Artaud war ein außergewöhnlicher

Visionär, aber seine Schriften sind von geringer methodologischer Bedeutung, weil sie nicht das Produkt langfristiger praktischer Forschungen sind. Sie sind eine verblüffende Prophezeiung, kein Programm. Wenn ich von »Ursprüngen« oder »mythischer Seele« spreche, werde ich nach Nietzsche gefragt; nenne ich es »Gruppenimagination«, fällt der Name Durkheim; nenne ich es »Archetypen«, Jung. Aber meine Formulierungen sind nicht hergeleitet aus humanistischen Disziplinen, obwohl ich diese vielleicht zu Analysezwecken benutze. Wenn ich davon spreche, dass der Schauspieler Zeichen ausdrückt, werde ich oft nach orientalischem Theater gefragt, insbesondere nach dem klassischen chinesischen Theater (vor allem, wenn man weiß, dass ich dort studierte). Aber die hieroglyphischen Zeichen des orientalischen Theaters sind unbeweglich wie ein Alphabet, wohingegen die Zeichen, die wir benutzen, skelettartige Formen menschlicher Handlungen sind, Kristallisationen einer Rolle, Artikulationen der individuellen Psychophysiologie des Schauspielers.

Ich erhebe nicht den Anspruch, dass alles, was wir tun, völlig neu sei. Wir unterliegen zwangsläufig, bewusst oder unbewusst, den Einflüssen von Traditionen, Wissenschaft und Kunst, selbst denen des Aberglaubens und der Vorahnungen, die der Zivilisation eigen sind, die uns geprägt hat, ganz wie wir die Luft des Kontinents einatmen, auf dem wir geboren sind. All das beeinflusst unsere Unternehmungen, obwohl wir das manchmal vielleicht ableugnen. Selbst wenn wir zu gewissen theoretischen Formeln gelangen und unsere Ideen mit denen unserer Vorgänger vergleichen, die ich schon nannte, sehen wir uns dazu gezwungen, gewisse retrospektive Korrekturen vorzunehmen, die uns ihrerseits befähigen, die Möglichkeiten klarer zu sehen, die sich uns eröffnen.

Wenn wir die allgemeine Tradition der Großen Theaterreform von Stanislawski bis Dullin und von Meyerhold bis Artaud betrachten, so erkennen wir, dass wir nicht bei Null angefangen haben, sondern in einer definierten und besonderen Atmosphäre operieren. Wenn unsere Forschungen den Intuitionsblitz eines anderen offenbaren und bestätigen, erfüllt uns tiefe Demut. Wir erkennen, dass das Theater gewisse objektive Gesetzlichkeiten hat und dass die Erfüllung nur innerhalb ihres Rahmens möglich ist oder, wie Thomas Mann sagte, durch eine Art »höheren Gehorsams«, dem wir unsere ganze Aufmerksamkeit widmen.

Ich habe im polnischen Theaterlaboratorium eine eigentümliche Führungsposition inne. Ich bin nicht nur der Leiter oder Regisseur oder »geistige Mentor«. Vor allen Dingen ist meine Beziehung zur Arbeit gewiss keine eingleisige oder didaktische. Wenn meine Vorschläge sich in den Raumkreationen unseres Architekten Gurawski niederschlagen, muss man dabei voraussetzen, dass meine Sicht sich in den Jahren der Zusammenarbeit mit ihm gebildet hat.

Es liegt etwas unvergleichlich Intimes und Produktives in der Arbeit mit einem Schauspieler, der sich mir anvertraut hat. Er muss aufmerksam und vertrauensvoll und unbelastet sein, denn wir arbeiten dafür, seine Möglichkeiten bis zum Äußersten zu erforschen. Sein Wachsen wird begleitet von Beobachtung, Erstaunen und dem Wunsch, ihm zu helfen; mein Wachsen wird auf ihn projiziert oder findet sich vielmehr in ihm wieder – und unser gemeinsames Wachsen wird zur Offenbarung. Dies ist nicht die Ausbildung eines Schülers, sondern ein äußerstes Sich-Öffnen für eine andere Person, in dem das Phänomen der »geteilten oder doppelten Geburt« möglich wird. Der Schauspieler wird wiedergeboren – nicht nur als Schauspieler, sondern auch als Mensch –, und mit ihm werde ich wiedergeboren. Das ist eine unbeholfene Art, es auszudrücken, aber was wir erreichen, ist die völlige Annahme eines menschlichen Wesens durch ein anderes.

Das Neue Testament des Theaters

Eugenio Barba führte dieses Interview 1964, wobei er den Titel *The Theatre's New Testament* hinzufügte. Es wurde in seinem Buch *Alla Ricerca del Teatro Perduto (Auf der Suche nach dem verlorenen Theater), Marsilio Editori, Padova* 1965 sowie in *Teatrets Teori og Teknikk* (Holstebro, 1/1965) und in *Théâtre et Université* (Nancy, 5/1966) veröffentlicht.

Eugenio Barba: Schon der Name »Theaterlaboratorium« lässt an wissenschaftliche Forschungsarbeit denken. Ist diese Assoziation richtig?

Jerzy Grotowski: Das Wort Forschung sollte nicht an wissenschaftliche Forschung erinnern. Nichts könnte dem, was wir tun, ferner liegen als Wissenschaft im strengen Sinne, und das nicht nur wegen unseres Mangels an Qualifikationen, sondern auch wegen unseres Mangels an Interesse für eine derartige Arbeit.

Das Wort Forschung meint, dass wir unseren Beruf eher angehen wie der mittelalterliche Holzschnitzer, der versuchte, in seinem Holzklotz eine Form wiederzuerschaffen, die bereits existierte. Wir arbeiten nicht wie Künstler oder Wissenschaftler, sondern eher wie der Schuster, der auf dem Schuh nach der richtigen Stelle sucht, wo er den Nagel einschlagen soll.

Der andere Sinn des Wortes Forschung mag ein wenig irrational erscheinen, da er den Gedanken einer Durchdringung der menschlichen Natur selbst einschließt. In unserem Zeitalter, wo eine Sprachenverwirrung herrscht wie im Turm von Babel, wo sich alle ästhetischen Gattungen vermischen, ist das Theater vom

Tode bedroht, da Film und Fernsehen seine Grenzen verletzen. Das bringt uns dazu, das Wesen des Theaters zu untersuchen, worin es sich von den anderen Kunstformen unterscheidet und was es unersetzbar macht.

Hat Ihre Forschung zu einer Definition geführt?

Was bedeutet das Wort Theater? Auf diese Frage stoßen wir oft, und es gibt für sie viele mögliche Antworten. Für den Akademiker ist das Theater ein Ort, an dem ein Schauspieler einen geschriebenen Text rezitiert und ihn mit einer Reihe von Bewegungen illustriert, um ihn leichter begreiflich zu machen. So gesehen ist das Theater ein nützliches Accessoire der dramatischen Literatur. Das intellektuelle Theater ist nichts weiter als eine Abwandlung dieser Konzeption. Seine Verteidiger halten es für eine Art polemische Tribüne. Auch hier ist der Text das wichtigste Element, und das Theater ist lediglich dazu da, für einige intellektuelle Argumente zu werben und sie so miteinander zu konfrontieren. Das ist eine Wiederbelebung der mittelalterlichen Kunst des Rededuells.

Für den durchschnittlichen Theaterbesucher ist das Theater zuerst und vor allem ein Ort der Unterhaltung. Wenn er erwartet, der leichten Muse zu begegnen, interessiert ihn der Text nicht im Geringsten. Was ihn anzieht, sind die sogenannten Gags, die komischen Effekte und vielleicht die Wortspiele, die uns zum Text zurückbringen. Seine Aufmerksamkeit wird sich hauptsächlich auf den Schauspieler als den Mittelpunkt der Attraktion richten. Eine junge Frau, die leicht genug bekleidet ist, stellt für gewisse Theaterbesucher schon eine Attraktion an sich dar, und sie schreiben ihrer Darbietung kulturelle Kriterien zu, obgleich eine solche Beurteilung in Wirklichkeit nur persönliche Frustration kompensiert.

Der kulturbeflissene Theaterbesucher schätzt es, von Zeit zu Zeit Aufführungen des ernsteren Repertoires beizuwohnen, vielleicht sogar einer Tragödie, vorausgesetzt, sie enthält das melodramatische Element. In diesem Falle wird er ganz unterschiedliche Erwartungen hegen. Einerseits muss er beweisen, dass er zur besseren Gesellschaft gehört, wo »Kunst« ein Gütesiegel ist, und andererseits möchte er gewisse Empfindungen verspüren, die ihm ein Gefühl der Selbstzufriedenheit verschaffen. Selbst wenn er mit der armen Antigone Mitleid hat und eine Abneigung gegen den grausamen Kreon hegt, teilt er nicht das Opfer und das Schicksal der Heldin, glaubt aber nichtsdestotrotz, ihr moralisch ebenbürtig zu sein. Für ihn handelt es sich darum, »edler« Gefühle fähig zu sein. Die didaktischen Qualitäten dieser Art Empfindung sind zweifelhaft. Das Publikum – lauter Kreons – mag sich während der Aufführung wohl auf Antigones Seite stellen, das hindert aber niemanden von ihnen daran, sich wie Kreon zu verhalten, sobald er das Theater verlassen hat. Es lohnt sich, den Erfolg von Stücken zu beobachten, die eine unglückliche Kindheit schildern. Das Leiden eines unschuldigen Kindes auf der Bühne mitanzusehen, macht es dem Zuschauer leichter, mit dem bedauernswerten Opfer zu sympathisieren. So versichert er sich seines eigenen hohen Standards moralischer Werte.

Die Theaterleute selbst haben für gewöhnlich keine allzu klare Konzeption von Theater. Für den durchschnittlichen Schauspieler ist das Theater zuerst und vor allem *er selbst* und nicht, was er mittels seiner künstlerischen Technik zu erreichen imstande ist. Er – sein eigener privater Organismus – *ist* das Theater. Eine derartige Haltung erzeugt die Unverfrorenheit und Selbstzufriedenheit, die es ihm ermöglichen, Handlungen vorzuführen, die keine besonderen Kenntnisse erfordern, banale Gemeinplätze wie gehen, aufstehen, sich hinsetzen, eine Zigarette anzünden, seine Hände in die Hosentaschen stecken und so weiter. Nach Ansicht des Schauspielers soll all dies nichts offenbaren, sondern ist sich selbst genug, da, wie gesagt, er, der Schauspieler Herr X, das Theater *ist.* Und wenn der Schauspieler einen gewissen Charme besitzt, der beim Publikum ankommt, stärkt das seine Überzeugung.

Für den Bühnenbildner ist das Theater vor allem eine plastische Kunst, und das kann positive Folgen haben. Bühnenbildner unterstützen oft das literarische Theater. Sie behaupten, dass die Ausstattung ebenso wie der Schauspieler dem Stück dienen sollten. Diese Überzeugung offenbart nicht den Wunsch, der Literatur zu dienen, sondern lediglich einen Minderwertigkeitskomplex dem Regisseur gegenüber. Sie ziehen es vor, auf der Seite des Autors zu stehen, weil der weiter weg ist und dementsprechend weniger dazu in der Lage, sie einzuschränken. In der Praxis schlagen die originellsten Bühnenbildner eine Konfrontation zwischen dem Text und einer plastischen Vision vor, die die Vorstellungskraft des Autors übersteigt und offenbart. Vermutlich ist es kein bloßer Zufall, dass die polnischen Bühnenbildner häufig die Theaterpioniere unseres Landes sind. Sie schöpften die zahlreichen Möglichkeiten aus, die die revolutionäre Entwicklung der bildenden Künste im 20. Jahrhundert bot – und die die Stückeschreiber und Regisseure in geringerem Maße inspirierten.

Impliziert das nicht eine gewisse Gefahr? Die Kritiker, die die Bühnenbildner beschuldigen, die Bühne zu dominieren, führen mehr als ein gültiges, objektives Argument an, bloß gehen sie von irrigen Voraussetzungen aus. Es ist, als beschuldigten sie ein Auto, sich schneller fortzubewegen als eine Schnecke. Das ist es, was sie beunruhigt, und nicht, ob die Vision des Bühnenbildners die des Schauspielers und des Regisseurs dominiert. Die Vision des Bühnenbildners ist kreativ, nicht stereotyp, und selbst wenn sie stereotyp ist, verliert sie ihren tautologischen Charakter durch einen riesenhaften Vergrößerungsprozess. Nichtsdestotrotz wird das Theater – ob das dem Bühnenbildner gefällt oder nicht – in eine Reihe lebender Bilder verwandelt. Es wird zu einer Art monumentaler »Camera obscura«, einer aufregenden »Laterna magica«. Nur – hört es dann nicht auf, Theater zu sein?

Was bedeutet dem Regisseur das Theater letztlich? Regisseure kommen zum Theater, nachdem sie auf anderen Gebieten versagt haben. Wer einst davon träumte, ein Theaterschriftsteller zu werden, endet für gewöhnlich als Regisseur.

Der Schauspieler, der eine Niete ist, die Schauspielerin, die einst die junge Primadonna spielte und jetzt alt wird, die wenden sich der Regie zu.

Der Theaterkritiker, der lange einen Impotenzkomplex einer Kunst gegenüber hatte, über die er nicht mehr als schreiben konnte, der fängt an, Regie zu führen.

Der hypersensible Literaturprofessor, der die akademische Arbeit leid ist, hält sich für kompetent, Regisseur zu werden. Er weiß, was Drama ist – und was sonst ist Theater für ihn, wenn nicht Realisierung eines Textes?

Da sie von solch unterschiedlichen psycho-physischen Motiven geleitet sind, sind die Vorstellungen der Regisseure vom Theater auch ungefähr so variationsreich, wie man sich nur denken kann. Ihre Arbeit ist eine Kompensation verschiedener Phänomene. Einer, der eine unerfüllte Tendenz zur Politik hat, wird zum Beispiel oft Regisseur und genießt das Gefühl der Macht, das ihm eine solche Position gibt. Dies hat mehr als einmal zu perversen Interpretationen geführt, und Regisseure, die ein solch extremes Bedürfnis nach Macht besitzen, haben Stücke auf die Bühne gebracht, die gegen die Autoritäten polemisieren: daher zahlreiche »rebellische« Aufführungen.

Natürlich möchte ein Regisseur kreativ sein. Deshalb verteidigt er – mehr oder weniger bewusst – ein autonomes Theater, unabhängig von der Literatur, die er nur als Vorwand betrachtet.

Auf der anderen Seite sind Menschen selten, die zu einer solchen kreativen Arbeit imstande sind. Viele sind offiziell zufrieden mit einer literarischen und intellektuellen Definition von Theater oder damit, Wagners Theorie beizubehalten, dass das Theater eine Synthese aller Künste sein solle. Eine sehr nützliche Formel! Sie erlaubt es einem, den Text zu respektieren, dieses unverletzliche Grundelement, und darüber hinaus beschwört sie keinen Konflikt mit den literarischen und den philologischen Kreisen herauf. (Es muss in Klammern festgehalten werden – selbst von denjenigen, die wir nur aus reiner Höflichkeit als solche bezeichnen können –, dass jeder Theaterschriftsteller sich dazu verpflichtet fühlt, die Ehre und die Rechte von Mickiewicz, Shakespeare usw. zu verteidigen, weil er sich ganz einfach als ihr Kollege betrachtet. Auf diese Weise sorgt Wagners Theorie vom »Theater als Gesamtkunstwerk« für einen ehrenvollen Frieden, »la paix des braves«, auf literarischem Gebiet.)

Diese Theorie rechtfertigt die Ausnutzung der plastischen Elemente des Bühnenbilds in der Aufführung und führt die Resultate darauf zurück. Das Gleiche geschieht mit der Musik, ganz gleich, ob sie ein Originalwerk ist oder eine Montage. Dem wird noch die zufällige Auswahl von einem oder mehreren bekannten Schauspielern hinzugefügt, und aus diesen bloß beliebig zusammengestellten Elementen entsteht eine Aufführung, die den Ehrgeiz des Regisseurs befriedigt. Er thront über allen Kunstformen, obwohl er in Wirklichkeit von ihnen allen zehrt, ohne selbst an die kreative Arbeit gebunden zu sein, die andere für ihn ausführen – wenn unter solchen Umständen überhaupt irgendjemand kreativ genannt werden kann.

So sind also die Definitionen von Theater praktisch unzählig. Um diesem Teufelskreis zu entkommen, muss man zweifellos reduzieren, nicht hinzufügen. Das heißt, man muss sich fragen, was unerlässlich für das Theater ist. Mal sehen.

Kann das Theater ohne Kostüme und Dekoration existieren?

Ja, das kann es.

Kann es ohne Musik existieren, die die Handlung begleitet?

Ja.

Kann es ohne Beleuchtungseffekte existieren? Natürlich.

Und ohne einen Text? Ja; die Geschichte des Theaters bestätigt dies. In der Entwicklung der Theaterkunst war der Text eines der letzten Elemente, die hinzukamen. Wenn wir ein paar Menschen auf eine Bühne stellen mit einem Szenarium, das sie selbst zusammengestellt haben, und sie ihre Rollen wie in der Commedia dell'Arte improvisieren lassen, wird die Aufführung ebenso gut sein, selbst wenn die Worte nicht artikuliert, sondern einfach nur gemurmelt werden.

Aber kann das Theater ohne Schauspieler existieren? Ich kenne kein Beispiel dafür. Man könnte das Puppentheater anführen. Doch selbst hier findet sich ein Schauspieler, wenn auch anderer Art, hinter der Bühne.

Kann das Theater ohne Publikum existieren? Mindestens ein Zuschauer ist vonnöten, um eine Aufführung zu ergeben. So bleiben uns also der Schauspieler und der Zuschauer. Deshalb können wir Theater definieren als das, »was zwischen Zuschauer und Schauspieler stattfindet«: Alle anderen Dinge sind Zusätze, notwendig vielleicht, aber nichtsdestotrotz Zusätze. Es ist kein bloßer Zufall, dass unser eigenes Theaterlaboratorium sich von einem Theater, das reich an Mitteln war – in dem die bildenden Künste, Beleuchtung und Musik stets genutzt wurden –, zu dem asketischen Theater entwickelt hat, das wir in den letzten Jahren geworden sind: ein asketisches Theater, in dem die Schauspieler und das Publikum das Einzige sind, was übriggeblieben ist. Alle anderen visuellen Elemente – zum Beispiel plastische Gegenstände usw. – werden mit dem Körper des Schauspielers aufgebaut, die akustischen und musikalischen Effekte mit seiner

Stimme. Das bedeutet nicht, dass wir auf die Literatur herabschauen, sondern dass wir das Kreative am Theater nicht in ihr finden, auch wenn große Werke der Literatur ohne Zweifel eine stimulierende Wirkung auf den Schaffensprozess haben können. Da unser Theater nur aus Schauspielern und Publikum besteht, haben wir an beide Seiten besondere Ansprüche. Zwar können wir das Publikum nicht erziehen – zumindest nicht systematisch –, wohl aber *können* wir Schauspieler ausbilden.

Wie wird denn der Schauspieler in Ihrem Theater ausgebildet, und welche Funktion hat er in der Aufführung?

Der Schauspieler ist ein Mensch, der mit seinem Körper in der Öffentlichkeit arbeitet, ihn öffentlich darbietet. Wenn dieser Körper sich darauf beschränkt vorzuzeigen, was er ist – das kann jeder durchschnittliche Mensch tun –, dann ist er kein gehorsames Instrument, das dazu fähig wäre, eine geistige Handlung zu vollziehen. Wenn er für Geld ausgebeutet wird, um die Gunst des Publikums zu erlangen, dann grenzt die Kunst des Schauspiels an Prostitution. Es ist eine Tatsache, dass viele Jahrhunderte hindurch Theater mit Prostitution assoziiert wurde, im einen und anderen Sinne des Wortes. Die Wörter »Schauspielerin« und »Hure« waren einst Synonyme. Heute sind sie etwas eindeutiger voneinander geschieden, nicht weil sich in der Welt des Schauspielers etwas verändert hätte, sondern weil sich die Gesellschaft geändert hat. Heute ist eher der Unterschied zwischen der ehrbaren Frau und der Hure etwas verwischt worden.

Genauso, wie gemäß den Theologen nur aus einem großen Sünder ein Heiliger werden kann (vergessen wir nicht die Worte der Offenbarung: »Weil du aber lauwarm bist und nicht heiß noch kalt, will ich dich aus meinem Munde ausspeien.«), so kann sich auch die Erbärmlichkeit des Schauspielers in eine Art

Heiligkeit verwandeln. Die Theatergeschichte weist zahlreiche Beispiele dafür auf.

Verstehen Sie mich nicht falsch. Ich spreche als Ungläubiger von »Heiligkeit«. Ich meine »säkularisierte Heiligkeit«. Wenn der Schauspieler öffentlich andere herausfordert, indem er sich selbst einer Herausforderung stellt, wenn er sich offenbart durch Exzess, Profanierung und unerhörte Entweihung, wenn er seine Alltagsmaske herunterreißt, dann gibt er dem Zuschauer die Möglichkeit, einen ähnlichen Prozess der Selbstdurchdringung zu beginnen. Wenn er seinen Körper nicht exhibitionistisch ausstellt, sondern ihn annulliert, verzehrt, befreit von jeglichem Widerstand gegen alle psychischen Impulse, dann verkauft er seinen Körper nicht, er opfert ihn. Er wiederholt die Buße; er ist der Heiligkeit nahe. Wenn solches Spielen nicht etwas Vorübergehendes, Zufälliges bleiben soll, ein Phänomen, das sich zeitlich oder räumlich nicht vorhersehen lässt: wenn wir eine Theatergruppe wollen, deren täglich Brot diese Art Arbeit ist – dann müssen wir einer besonderen Forschungs- und Trainingsmethode folgen.

Was bedeutet es in der Praxis, mit dem »heiligen« Schauspieler zu arbeiten?

Es gibt den Mythos vom Schauspieler, der mit einem beachtlichen Fundus von Erfahrung sein, nennen wir es eigenes »Arsenal« aufbauen kann – das heißt, der Methoden, Kunstgriffe, Tricks zusammenträgt. Daraus kann er für jede Rolle eine bestimmte Zahl von Kombinationen wählen und auf diese Weise die Ausdrucksfähigkeit erreichen, die er braucht, um sein Publikum zu fesseln. Dieses »Arsenal« oder Vorratslager mag nichts weiter sein als eine Sammlung von Klischees, und in diesem Fall ist eine solche Methode untrennbar von der Auffassung des »Huren-Schauspielers«.

Der Unterschied zwischen dem »Huren-Schauspieler« und dem »heiligen« Schauspieler ist der gleiche wie der Unterschied zwischen der Kunstfertigkeit einer Hure und der Haltung des Gebens und Nehmens, die wahrer Liebe entspringt – mit anderen Worten: der Selbstaufopferung. Das Wesentliche in diesem zweiten Fall ist die Fähigkeit, jegliches störende Element zu eliminieren, um jede vorstellbare Grenze überschreiten zu können. Im ersten Fall ist es eine Frage der Existenz des Körpers, im zweiten eher die seiner Nicht-Existenz. Die Technik des »heiligen« Schauspielers ist eine *induktive Technik* (das heißt eine Technik des Eliminierens), wohingegen die des »Huren-Schauspielers« eine *deduktive Technik* ist (das heißt eine Anhäufung von Kunstfertigkeiten).

Der Schauspieler, der einen Akt der Selbstdurchdringung unternimmt, der sich offenbart und sein Allerinnerstes opfert – das Schmerzlichste, das, was nicht für die Augen der Welt bestimmt ist –, muss in der Lage sein, den geringsten Impuls zu manifestieren. Er muss durch Laute und Gesten imstande sein, jene Impulse auszudrücken, die auf der Grenze zwischen Traum und Wirklichkeit flimmern. Kurz, er muss fähig sein, seine eigene psychoanalytische Sprache aus Lauten und Gesten aufzubauen, ganz wie ein großer Dichter seine eigene Wörter-Sprache schafft.

Wenn wir zum Beispiel das Problem der Lautbildung betrachten – die Formbarkeit des Atem- und Stimmapparats muss beim Schauspieler unendlich mehr entwickelt sein als beim Mann auf der Straße. Darüber hinaus muss dieser Apparat Lautreflexe so schnell hervorbringen können, dass das Denken – das jegliche Spontaneität verhindern würde – keine Zeit hat, sich dazwischenzuschalten.

Der Schauspieler sollte fähig sein, alle Probleme seines Körpers zu klären, an die er herankommen kann. Er sollte wissen, wie die Atemluft in die Teile des Körpers gelenkt wird, wo der Ton gebildet und durch eine Art Resonator verstärkt werden kann. Der Durchschnittsschauspieler kennt lediglich den Kopf-Resonator; das heißt, er benutzt seinen Kopf als Resonator, um seine Stimme zu verstärken, sie »edler« und fürs Publikum angenehmer klingen zu lassen. Er mag sogar manchmal zufällig den Brust-Resonator benutzen. Doch der Schauspieler, der die Möglichkeiten seines Organismus genau erforscht, entdeckt, dass die Zahl der Resonatoren praktisch unbegrenzt ist. Er kann nicht nur seinen Kopf und seine Brust ausnutzen, sondern auch seinen Hinterkopf (okzipitaler Bereich), seine Nase, seine Zähne, seinen Kehlkopf, seinen Bauch, seine Wirbelsäule sowie einen Gesamtresonator, der den ganzen Körper einbezieht, und darüber hinaus viele andere, die uns zum Teil noch unbekannt sind. Er entdeckt, dass es nicht genügt, auf der Bühne die Bauchatmung anzuwenden. Die verschiedenen Phasen seiner physischen Aktionen erfordern verschiedene Atemtechniken, wenn Atemschwierigkeiten und Widerstände des Körpers vermieden werden sollen. Er stellt fest, dass das Sprechen, wie er es auf der Schauspielschule gelernt hat, viel zu oft das Schließen des Kehlkopfs hervorruft. Er muss die Fähigkeit erlangen, seinen Kehlkopf bewusst zu öffnen und von außen zu kontrollieren, ob er offen oder geschlossen ist. Wenn er diese Probleme nicht löst, wird seine Aufmerksamkeit durch die Schwierigkeiten abgelenkt sein, denen er zwangsläufig begegnet, und der Prozess der Selbstdurchdringung muss misslingen. Wenn der Schauspieler sich seines Körpers bewusst ist, kann er sich nicht durchdringen und offenbaren. Der Körper muss von allen Widerständen befreit werden. Er muss eigentlich aufhören zu existieren. Was seine Stimme und Atemtechnik betrifft, genügt es nicht, wenn der Schauspieler lernt, mehrere Resonatoren zu benutzen, seinen Kehlkopf zu öffnen und einen bestimmten Typus der Atmung auszuwählen. Er muss lernen, all dies unbewusst während der sich steigernden Phasen seines

Spiels einzusetzen, und dies wiederum verlangt eine neue Reihe von Übungen. Wenn er an seiner Rolle arbeitet, muss er lernen, nicht an zusätzliche technische Elemente (Resonatoren usw.) zu denken, sondern er sollte sich darum bemühen, die konkreten Hindernisse, auf die er stößt, zu eliminieren (zum Beispiel Widerstände seiner Stimme).

Dies alles ist nicht nur Haarspalterei. Der Unterschied entscheidet über die Qualitätsstufe. Das bedeutet, dass der Schauspieler niemals über eine dauerhaft »abgeschlossene« Technik verfügen wird, denn in jedem Stadium seiner Selbstprüfung, bei jeder Herausforderung, jedem *Exzess,* jedem Zusammenbruch verborgener Schranken wird er auf einer höheren Ebene auf neue technische Probleme stoßen. Er muss dann lernen, auch diese mit Hilfe bestimmter Grundübungen zu überwinden.

Dies gilt für alles: Bewegung, Ausdrucksfähigkeit des Körpers, Gestik, das Aufbauen von Masken mittels der Gesichtsmuskulatur und überhaupt für jeden einzelnen Körperteil des Schauspielers.

Der entscheidende Faktor bei diesem Prozess ist jedoch die Technik der psychischen Durchdringung: Der Schauspieler muss lernen, seine Rolle wie das Skalpell eines Chirurgen zu benutzen, um sich selbst zu zerlegen. Es geht weder darum, ein Porträt der eigenen Person unter bestimmten Umständen zu liefern oder eine Rolle zu »leben«; noch ist die abgehobene Art des Schauspiels gemeint, die im epischen Theater üblich ist und auf kaltem Kalkül beruht. Das Wichtige dabei ist, die Rolle als ein Sprungbrett zu benutzen, ein Instrument, mit dem sich studieren lässt, was hinter unserer Alltagsmaske verborgen ist – der allerinnerste Kern unserer Persönlichkeit –, um es zu opfern, bloßzulegen.

Dies ist nicht nur für den Schauspieler, sondern auch für das Publikum ein Exzess. Der Zuschauer versteht, bewusst oder unbewusst, dass ein solcher Akt ihn dazu auffordert, das Gleiche zu tun, und das erweckt oft Ablehnung oder Entrüstung, weil unsere täglichen Anstrengungen darauf abzielen, die Wahrheit über uns nicht nur vor den anderen, sondern auch vor uns selbst zu verbergen. Wir versuchen, der Wahrheit über uns selbst zu entfliehen, hier hingegen werden wir aufgefordert, innezuhalten und genauer hinzuschauen. Wir haben Angst, in Salzsäulen verwandelt zu werden, wenn wir uns umdrehen, wie Lots Frau.

Um den Akt zu vollziehen, von dem hier die Rede ist – Selbstdurchdringung und Bloßlegung –, bedarf es der Mobilisierung aller physischen und psychischen Kräfte des Schauspielers, der sich im Zustand leerer Bereitschaft und passiver Verfügbarkeit befindet; erst das ermöglicht den aktiven schauspielerischen Vorgang.

Man muss zu einer metaphorischen Sprache greifen, um zu sagen, dass der entscheidende Faktor in diesem Prozess Demut, eine geistige Empfänglichkeit ist: nicht etwas *tun,* sondern *unterlassen*, etwas zu tun, sonst wird der Exzess zur Schamlosigkeit statt zum Opfer. Das bedeutet, der Schauspieler muss in einem Trancezustand spielen.

Ich verstehe unter Trance die Fähigkeit, sich auf eine bestimmte theatralische Weise konzentrieren zu können; sie kann mit einem Minimum an gutem Willen erlangt werden.

Wenn ich all dies in einen Satz fassen sollte, würde ich sagen, dass alles eine Frage der Selbsthingabe ist. Man muss sich völlig hingeben, in tiefster Intimität, voller Vertrauen, wie man sich in der Liebe hingibt. Hier liegt der Schlüssel zu allem. Selbstdurchdringung, Trance, Exzess, sogar die formale Disziplin – all dies kann verwirklicht werden, vorausgesetzt, man hat sich selbst völlig in Demut und ohne Gegenwehr hingegeben. Dieser Akt gipfelt in einem Höhepunkt. Er bringt Erleichterung. Keine der Übungen auf den verschiedenen Gebieten des Schauspieltrainings dürfen Fertigkeitsübungen sein. Sie sollten vielmehr ein System aus Hinweisen entwickeln, die dazu führen, sich als Geschenk hinzugeben – ein schwer fasslicher und unbeschreibbarer Vorgang.

Dies alles mag seltsam klingen und an irgendeine Art »Quacksalberei« erinnern. Wenn wir uns unbedingt an wissenschaftliche Formeln halten müssen, können wir sagen, dass es sich hier um einen besonderen Gebrauch der Suggestion handelt, die auf eine *ideoplastische* Verwirklichung zielt. Persönlich muss ich sagen, dass wir keine Scheu haben, diese »Quacksalber«-Formeln zu benutzen. Alles, was einen ungewöhnlichen oder magischen Klang hat, regt die Vorstellungskraft des Schauspielers wie die des Regisseurs an.

Ich glaube, man muss eine spezielle Anatomie des Schauspielers entwickeln; zum Beispiel muss man im Körper die verschiedenen Zentren der Konzentration für verschiedene Darstellungsweisen finden, indem man die Zonen des Körpers sucht, die der Schauspieler manchmal als seine Energiequellen spürt. Die Lendengegend, der Bauch und die Gegend um den Solarplexus fungieren oft als solche Quellen.

Ein wesentlicher Faktor bei diesem Prozess ist die Entwicklung eines lenkenden Zügels für die Form: der Kunsthaftigkeit. Der Schauspieler, der einen Akt der Selbstdurchdringung vollzieht, bricht zu einer Reise auf, die in verschiedenen Laut- und Bewegungsreflexen festgehalten wird, wodurch eine Art Einladung an den Zuschauer formuliert wird. Diese Zeichen müssen aber artikuliert sein. Expressivität ist immer mit gewissen Widersprüchen und Diskrepanzen verbunden. Undisziplinierte Selbstdurchdringung ist keine Befreiung, sondern nur als eine Art biologisches Chaos wahrnehmbar.

Wie verbinden Sie Spontaneität mit formaler Disziplin?

Die Entwicklung der Kunsthaftigkeit ist eine Frage von Ideogrammen – Lauten und Gesten –, die in der Psyche des Zuschauers Assoziationen auslösen. Sie erinnert an die Arbeit eines Bildhauers an einem Steinblock: den bewussten Gebrauch von Hammer und Meißel. Sie besteht beispielsweise aus der Analyse eines Handreflexes während eines psychischen Vorgangs und seiner sukzessiven Entwicklung über Schulter, Ellbogen, Handgelenk und Finger, um festlegen zu können, wie jede Phase dieses Vorgangs durch ein Zeichen, ein Ideogramm, ausgedrückt werden kann, das entweder unmittelbar die verborgenen Motivationen des Schauspielers verrät oder gegen sie steht.

Diese Entwicklung von Kunsthaftigkeit – als lenkender Zügel der Form – gründet sich oft auf eine bewusste Suche unseres Organismus nach Formen, deren Umrisse wir spüren, obwohl ihre Wirklichkeit uns noch entschlüpft. Wir nehmen an, dass diese Formen schon vollständig innerhalb unseres Organismus existieren. Hier berühren wir einen Typ Schauspieler, der als Kunstform der Bildhauerei nähersteht als der Malerei. Malerei impliziert das Hinzufügen von Farben, während der Bildhauer wegnimmt, was die Form verdeckt, die schon als solche im Inneren des Steinblocks existiert: auf diese Weise offenbart er sie, anstatt sie aufzubauen.

Diese Suche nach Kunsthaftigkeit macht wiederum eine Reihe zusätzlicher Übungen erforderlich, wobei ein Spielvorgang im Kleinen für jeden Körperteil aufgebaut wird. In jedem Fall bleibt das entscheidende Prinzip Folgendes: Je mehr wir uns durch Exzess, durch Bloßlegung, durch Selbstdurchdringung in das vertiefen, was in uns verborgen liegt, desto härter muss die äußere Disziplin sein: das bedeutet die Form, die Kunsthaftigkeit, das Ideogramm, das Zeichen. Hier liegt das ganze Prinzip der Ausdruckskraft.

Was erwarten Sie in dieser Art Theater vom Zuschauer?

Unsere Postulate sind nicht neu. Wir verlangen das Gleiche von den Leuten wie jedes wirkliche Kunstwerk, sei es Malerei, Skulptur, Musik, Dichtung oder Literatur. Wir wollen nicht denjenigen unterhalten, der ins Theater geht, um ein soziales Bedürfnis nach der Begegnung mit Kultur zu befriedigen: mit anderen Worten, um ein Gesprächsthema mit seinen Freunden zu haben, um sagen zu können, er habe dieses oder jenes Stück gesehen und es sei interessant gewesen. Wir sind nicht dazu da, seine »Kulturbedürfnisse« zu befriedigen. Das ist Betrug.

Wir arbeiten auch nicht für denjenigen, der ins Theater geht, um sich nach einem Tag harter Arbeit zu entspannen. Jeder hat das Recht, sich nach der Arbeit zu entspannen, und zu diesem Zweck gibt es zahlreiche Formen der Unterhaltung, die von bestimmten Filmen bis zum Kabarett und Varieté und anderen ähnlichen Unterhaltungstypen reichen.

Uns interessiert der Zuschauer, der echte geistige Bedürfnisse hat und sich durch die Konfrontation mit der Aufführung wirklich ergründen möchte. Uns interessiert der Zuschauer, der nicht bei einem elementaren Stadium der psychischen Integration haltmacht, der nicht zufrieden ist mit seiner eigenen banalen, geometrischen geistigen Stabilität, der nicht genau weiß, was richtig und was falsch ist, der nicht niemals Zweifel hegt. Denn nicht an ihn wandten sich El Greco, Norwid, Thomas Mann und Dostojewski, sondern an denjenigen, der einen unendlichen Prozess der Weiterentwicklung durchläuft, dessen Unruhe keine allgemeine ist, sondern sich auf die Suche nach der Wahrheit über sich und seinen Auftrag im Leben richtet.

Deutet das auf ein Theater für die Elite hin?

Ja, aber nicht für eine Elite, die durch den sozialen Hintergrund oder die finanzielle Situation des Zuschauers bestimmt ist, nicht mal durch seine Erziehung. Der Arbeiter, der niemals über die Grundschule hinausgekommen ist, kann diesen kreativen Prozess der Suche nach sich selbst sehr wohl aufnehmen, während der Universitätsprofessor abgestorben sein kann, für immer verformt, grauenhaft starr wie ein Leichnam. Dies muss von Anfang an klar sein. Wir interessieren uns nicht für irgendein Publikum, sondern für ein ganz besonderes.

Wir können nicht wissen, ob Theater heute noch notwendig ist, da alle gesellschaftlichen Attraktionen, Unterhaltungen, Form- und Farbeffekte von Film und Fernsehen adaptiert worden sind. Alle wiederholen dieselbe rhetorische Frage: Ist das Theater notwendig? Aber wir stellen diese Frage nur, um sie beantworten zu können: Ja! Denn es ist eine Kunstform, die immer jung ist, immer notwendig. Der Verkauf von Aufführungen wird in großem Stil organisiert. Das Film- und Fernsehpublikum organisiert niemand auf diese Weise. Wenn eines Tages alle Theater geschlossen würden, erführe ein großer Prozentsatz der Leute erst Wochen später davon, aber wenn man Kino und Fernsehen abschaffte, wäre schon am nächsten Tag die gesamte Bevölkerung ein einziger Aufschrei. Viele Theaterleute sind sich dieses Problems bewusst, setzen aber auf die falsche Lösung: Da der Film dem Theater in technischer Hinsicht überlegen ist, warum machen wir das Theater nicht technischer? Sie erfinden neue Bühnen, führen Vorstellungen mit blitzschnellem Bühnenbildwechsel, komplizierter Beleuchtung und Ausstattung usw. vor, aber die technischen Fähigkeiten von Film und Fernsehen können sie niemals erreichen. Das Theater muss seine eigenen Grenzen erkennen. Wenn es nicht reicher als der Film sein kann, dann soll es arm sein. Wenn es nicht so aufwendig wie Fernsehen sein kann, dann soll es asketisch sein. Wenn es keinen technischen

Reiz darstellen kann, dann soll es auf jegliche äußerliche Technik verzichten: So bleiben wir mit einem »heiligen« Schauspieler in einem armen Theater zurück.

Es gibt nur ein Element, das Film und Fernsehen dem Theater nicht rauben können: die Nähe des lebenden Organismus. Aus diesem Grunde wird jede Herausforderung durch den Schauspieler, jeder seiner magischen Akte (die das Publikum nicht nachmachen kann) zu etwas Großem, Außergewöhnlichem, zu etwas, das sich der Ekstase annähert. Deshalb muss die Distanz zwischen dem Schauspieler und dem Publikum abgeschafft werden, indem die Bühne eliminiert wird, alle Grenzschranken abgebaut werden. Die drastischsten Szenen sollen Auge in Auge mit dem Zuschauer stattfinden, so dass er auf Armeslänge vom Schauspieler entfernt ist, seinen Atem spüren kann, seinen Schweiß riecht … Dies macht ein Theater von der Größe eines Kammerspiels notwendig.

Wie kann solch ein Theater die Unruhe ausdrücken, die doch – wie man berechtigterweise annehmen kann – von Mensch zu Mensch unterschiedlich ist?

Damit der Zuschauer zur Selbstanalyse angeregt wird, wenn er mit dem Schauspieler konfrontiert wird, muss es eine gemeinsame Basis in beiden geben, die sie entweder mit einer Bewegung beiseiteschieben oder gemeinsam verehren. Deshalb muss Theater das angreifen, was man die Kollektivkomplexe der Gesellschaft nennen könnte, den Kern des kollektiven Unbewussten oder vielleicht Überbewussten (wie wir es nennen, ist unwichtig), die Mythen, die keine Erfindung des Geistes sind, sondern sozusagen mit dem Blut, der Religion, der Kultur, dem Klima zusammen ererbt sind.

Ich denke an so elementare und so eng verknüpfte Dinge, dass es uns schwerfiele, sie einer rationalen Analyse zu unterwerfen.

Religiöse Mythen zum Beispiel: der Mythos von Jesus und Maria; biologische Mythen: Geburt und Tod, Liebessymbolismen oder, in einem weiteren Sinne, Eros und Thanatos; nationale Mythen, die man schwer auf Formeln zurechtstutzen könnte, deren tatsächliches Vorhandensein wir jedoch in unserem Blut spüren, beispielsweise wenn wir den III. Teil von Mickiewicz' *Ahnenfeier,* Słowackis *Kordian* oder das Ave-Maria lesen.

Noch einmal – es geht nicht um eine spekulative Suche nach bestimmten Elementen, die bei einer Aufführung miteinander verbunden werden sollen. Wenn wir bei der Arbeit an einer Theateraufführung oder an einer Rolle damit beginnen, unserem allerinnersten Ich Gewalt anzutun, nach den Dingen zu suchen, die uns am tiefsten verletzen können, die uns aber gleichzeitig ein umfassendes Gefühl reinigender Wahrheit geben, das uns endlich inneren Frieden verschafft, dann werden wir unweigerlich bei den »représentations collectives« ankommen. Man muss mit diesem Konzept vertraut sein, um die richtige Spur nicht zu verlieren, wenn man sie einmal gefunden hat. Aber das kann nicht von vornherein aufgezwungen werden.

Wie funktioniert dies in einer Theateraufführung? Ich habe nicht vor, hier Beispiele zu geben. Ich glaube, es liegt genügend Erläuterung in der Beschreibung von *Akropolis, Dr. Faustus* oder anderen Aufführungen. Ich möchte nur die Aufmerksamkeit auf ein besonderes Charakteristikum dieser Theateraufführungen lenken, die Faszination und exzessive Verneinung, Annahme und Ablehnung, einen Angriff auf das Geheiligte (die »représentations collectives«), Profanierung und Verehrung miteinander verbinden.

Um diesen besonderen Prozess der Provokation im Publikum auszulösen, muss man sich von dem Sprungbrett lösen, das der Text darstellt und das schon mit einer Menge allgemeiner Assoziationen überladen ist. Dafür benötigen wir entweder einen klassischen Text, dem wir durch eine Art Profanierung gleichzeitig seine Wahrheit zurückgeben, oder einen modernen Text, der vielleicht inhaltlich banal und stereotyp sein mag, aber nichtsdestotrotz in der Psyche der Gesellschaft verankert ist.

Ist der »heilige« Schauspieler nicht ein Traum? Der Weg zur Heiligkeit ist nicht jedem gegeben. Nur wenige Auserwählte können ihn einschlagen.

Wie ich bereits sagte, darf man das Wort »heilig« nicht im religiösen Sinne verstehen. Es ist vielmehr eine Metapher, um eine Person zu benennen, die durch ihre Kunst auf den Scheiterhaufen steigt und einen Akt der Selbstaufopferung vollzieht. Natürlich haben Sie recht: Es ist eine unendlich schwere Aufgabe, eine Truppe »heiliger« Schauspieler um sich zu sammeln. Es ist viel leichter, einen »heiligen« Zuschauer zu finden – in meinem Verständnis des Wortes –, denn er kommt nur für einen kurzen Augenblick ins Theater, um eine Rechnung mit sich selbst zu begleichen, und dies erfordert nicht die harte Routine täglicher Arbeit.

Ist »Heiligkeit« deshalb ein unrealistisches Postulat? Ich finde, es ist ebenso wohlbegründet wie die Forderung nach der Fortbewegung in Lichtgeschwindigkeit. Damit meine ich, dass wir, auch ohne sie je zu erreichen, uns dennoch bewusst und systematisch in diese Richtung weiterbewegen können und auf diese Weise praktische Resultate erzielen.

Schauspielen ist eine ganz besonders undankbare Kunst. Sie stirbt mit dem Schauspieler. Nichts überlebt ihn außer den Kritiken, die ihm sowieso meistens keine Gerechtigkeit zuteilwerden lassen, ob er nun gut oder schlecht ist. Mithin ist seine einzige Befriedigungsquelle die Reaktion des Publikums. Im Armen Theater sind das nicht Blumen und endloser Applaus, sondern eine ganz eigene Stille, in der viel Faszination liegt, aber auch eine Menge Entrüstung und sogar Widerwillen, die der Zuschauer nicht gegen sich selbst, sondern gegen das Theater richtet. Es ist schwer, eine psychische Ebene zu erreichen, die einen dazu befähigt, solchen Druck auszuhalten.

Ich bin sicher, dass jeder Schauspieler, der zu einem solchen Theater gehört, oft davon träumt, überwältigende Ovationen zu empfangen, seinen Namen rufen zu hören, mit Blumen oder anderen Symbolen des Wohlgefallens aus dem kommerziellen Theater überhäuft zu werden. Des Schauspielers Arbeit ist auch undankbar, weil sie ununterbrochener Überwachung ausgesetzt ist. Das ist etwas anderes als Kreativität in einem Büro hinter einem Schreibtisch: unter dem Blick eines Regisseurs zu arbeiten, der – selbst in einem Theater, das auf der Kunst des Schauspielers aufbaut – hartnäckige Forderungen an ihn stellen muss, sogar in weit größerem Maße als in einem normalen Theater, und der den Schauspieler zu immer größeren Anstrengungen drängt, die schmerzvoll für ihn sind.

Das wäre unerträglich, wenn solch ein Regisseur nicht moralische Autorität besäße, wenn seine Forderungen nicht einsichtig wären und wenn ein Element des gegenseitigen Vertrauens nicht auch jenseits der Grenzen des Bewusstseins existierte. Aber selbst in diesem Falle ist er gleichwohl ein Tyrann, und der Schauspieler muss gewisse unbewusste, mechanische Reaktionen gegen ihn richten wie ein Schüler gegen seinen Lehrer, ein Patient gegen seinen Arzt oder ein Soldat gegen seine Vorgesetzten.

Das Arme Theater bietet dem Schauspieler nicht die Möglichkeit eines Erfolgs über Nacht. Es verachtet das bourgeoise Konzept vom Lebensstandard. Es setzt stattdessen den Austausch materiellen Reichtums gegen moralischen Reichtum als vorrangiges Lebensziel. Und doch, wer hegt nicht den geheimen Wunsch, zu plötzlichem Überfluss aufzusteigen? Auch dies kann Ablehnung und negative Reaktionen hervorrufen, selbst wenn sie nicht klar formuliert sind. Das Arbeiten in einem solchen Ensemble kann niemals gleichförmig sein. Es ist nichts als eine enorme Herausforderung, und darüber hinaus erweckt es so starke Aversionsreaktionen, dass sie oft die ganze Existenz des Theaters bedrohen. Wer sucht nicht nach Stabilität und Sicherheit in der einen oder anderen Form? Wer hofft nicht, morgen mindestens ebenso gut zu leben wie heute? Selbst wenn man einen solchen Status bewusst akzeptiert, sieht man sich unbewusst um nach jener unerreichbaren Zuflucht, die Feuer und Wasser aussöhnt, die »Heiligkeit« mit dem »Huren-Leben«.

Die Anziehungskraft einer derart paradoxen Situation ist jedoch stark genug, um all die Intrigen, den Klatsch und die Querelen über die Rollen auszuräumen, die in anderen Theatern ein Teil des Alltagsleben sind. Die Menschen aber bleiben Menschen, und Zeiten der Depression und des unterdrückten Grolls können nicht vermieden werden.

Trotzdem ist es erwähnenswert, dass eine solche Arbeit große Befriedigung verschafft. Der Schauspieler, der in diesem besonderen Prozess von Disziplin, Selbstaufopferung, Selbstdurchdringung und Formgebung sich nicht fürchtet, über alle normalerweise akzeptierten Grenzen hinauszugehen, erlangt eine Art innere Harmonie und geistigen Frieden. Er wird buchstäblich gesunden, geistig und körperlich, und seine Lebensweise ist viel normaler als die eines Schauspielers im Reichen Theater.

Dieser Analysevorgang ist eine Art Zerlegung der psychischen Struktur. Ist der Schauspieler, unter dem Gesichtspunkt der geistigen Hygiene, hier nicht in Gefahr, einen Schritt zu weit zu gehen?

Nein, vorausgesetzt, er gibt sich hundertprozentig hin. Halbherzig getane Arbeit ist psychisch schmerzhaft und stört das

Gleichgewicht. Wenn wir uns oberflächlich in diesen Prozess von Analyse und Bloßlegung begeben – und schon das kann reiche ästhetische Effekte erzielen –, wenn wir also unsere alltägliche Maske der Lügen nicht ablegen, dann werden wir einen Konflikt zwischen dieser Maske und uns selbst erleben. Wenn dieser Prozess aber bis zu seiner äußersten Grenze weiterverfolgt wird, können wir mit vollem Bewusstsein unsere Alltagsmaske wieder aufsetzen, da wir nun wissen, welchen Zwecken sie dient und was sich darunter verbirgt. Dies ist eine Bestätigung nicht des Negativen, sondern des Positiven in uns, nicht des Ärmsten, sondern des Reichsten, das wir haben. Es führt auch zu einer Befreiung von Komplexen, in ganz ähnlicher Weise wie die Psychoanalyse.

Das Gleiche lässt sich auf den Zuschauer anwenden. Ein Zuschauer im Publikum, der die Aufforderung des Schauspielers annimmt und seinem Beispiel in gewissem Maße folgt, indem er sich selbst in der gleichen Weise aktiviert, verlässt das Theater in einem Zustand größerer innerer Harmonie. Wer aber kämpft, um seine Lügenmaske um jeden Preis intakt zu halten, verlässt die Aufführung noch verwirrter. Ich bin davon überzeugt, dass die Aufführung, selbst im zweiten Fall, eine Art sozialer Psychotherapie darstellt, während die therapeutische Wirkung für den Schauspieler davon abhängt, ob er sich seiner Aufgabe mit ganzem Herzen hingegeben hat.

Es gibt gewisse Gefahren. Es ist wesentlich weniger riskant, sein ganzes Leben lang Herr Meier zu sein als Vincent van Gogh. Aber im vollen Bewusstsein unserer sozialen Verantwortung könnten wir uns wünschen, dass es mehr van Goghs gäbe als Meiers, auch wenn das Leben für die Letzteren viel leichter ist. Van Gogh ist ein Beispiel für einen unvollständigen Prozess der Integration. Seine geistige Umnachtung ist der Ausdruck einer niemals ganz erfüllten Entwicklung. Wenn wir große Persönlichkeiten wie zum Beispiel Thomas Mann betrachten, stoßen wir letztlich auf einen gewissen Einklang.

Mir scheint, der Regisseur hat eine sehr große Verantwortung in diesem Prozess der Selbstanalyse des Schauspielers. Wie äußert sich diese gegenseitige Abhängigkeit, und was könnten die Folgen falschen Verhaltens in diesem Zusammenhang sein?

Dies ist ein grundlegend wichtiger Punkt. Das mag seltsam klingen angesichts dessen, was ich gerade gesagt habe.

Die Aufführung erzeugt eine Art psychischen Konflikt mit dem Zuschauer, eine Herausforderung und einen Exzess, der aber nur dann irgendeine Wirkung zeitigen kann, wenn er sich auf menschliches Interesse und darüber hinaus auf ein Gefühl von Sympathie und Akzeptation gründet. In der gleichen Weise kann der Regisseur dem Schauspieler in diesem komplexen und quälenden Prozess nur dann helfen, wenn er sich ihm ebenso gefühlsbetont und warmherzig öffnet wie der Schauspieler ihm gegenüber. Ich glaube nicht daran, dass sich mit kalter Berechnung etwas bewirken lässt. Eine Art Wärme seinem Nächsten gegenüber ist wesentlich – Verständnis für die Widersprüche im Menschen, Verständnis dafür, dass er eine leidende Kreatur ist, die keine Verachtung verdient.

Dieses Element der Wärme und Offenheit ist arbeitstechnisch spürbar. Nur wenn es gegenseitig ist, erlangt der Schauspieler die Fähigkeit, die äußersten Anstrengungen zu unternehmen, ohne fürchten zu müssen, dass er ausgelacht oder gedemütigt wird. Die Arbeitsform, die ein solches Vertrauen schafft, macht Worte während der Proben überflüssig. Denn bei der Arbeit ist schon die Andeutung eines Lautes oder sogar ein Schweigen genug, um sich verständlich zu machen. Was im Schauspieler entsteht, wird *gemeinsam* erzeugt, aber am Ende ist das Ergebnis viel mehr ein Teil von ihm als jedes Resultat von Proben im »normalen« Theater.

Ich meine, wir haben es hier mit einer »Kunst« des Arbeitens zu tun, die sich unmöglich auf eine Formel reduzieren lässt oder einfach so gelernt werden könnte. Ebenso wie ein beliebiger Arzt nicht notwendigerweise einen guten Psychiater abgibt, kann nicht jeder Regisseur in dieser Theaterform Erfolg haben. Das Prinzip, das man als Ratschlag und als Warnung nehmen sollte, ist folgendes: »Primum non nocere.« (Zuallererst füge niemandem Schaden zu.) In technischer Ausdrucksweise heißt das: Es ist besser, mit Hilfe von Lauten oder Gesten Hinweise zu geben, als dem Schauspieler etwas »vorzuspielen« oder ihn mit intellektuellen Erläuterungen zu traktieren; es ist besser, sich mit Hilfe eines Schweigens oder eines Augenzwinkerns auszudrücken als durch Instruktionen; es ist besser, die Phasen des physiologischen Zusammenbruchs, des schauspielerischen Kollapses zu beobachten und ihm erst dann zu Hilfe zu kommen. Man muss streng sein, aber wie ein Vater oder ein älterer Bruder. Das zweite Prinzip haben alle Berufe gemeinsam: Wenn man seinen Kollegen etwas abverlangt, muss man sich selbst das Doppelte abverlangen.

Das heißt doch, dass für die Arbeit mit einem »heiligen« Schauspieler ein Regisseur da sein muss, der doppelt so »heilig« ist: also ein »Superheiliger«, der durch sein Wissen und seine Intuition die Fesseln der Theatergeschichte sprengt und der mit den neuesten Erkenntnissen in Wissenschaften wie Psychologie, Anthropologie, Mytheninterpretation und Religionsgeschichte hinlänglich vertraut ist.

Alles, was ich über die Erbärmlichkeit des Schauspielers gesagt habe, gilt ebenso für den Regisseur. Um die Metapher des »Huren-Schauspielers« weiterzuführen: das Äquivalent beim Regisseur wäre der »Zuhälter-Regisseur«. Und ebenso wie es unmöglich ist, alle Spuren der »Hure« im »heiligen« Schauspieler auszutilgen, lässt sich der »Zuhälter« im »heiligen« Regisseur nie völlig ausmerzen.

Die Arbeit des Regisseurs erfordert ein gewisses taktisches »savoir faire«, vor allem in der Kunst der Führung. Im Allgemeinen demoralisiert diese Art Macht. Sie bringt die Notwendigkeit mit sich, mit Menschen umgehen zu lernen. Sie verlangt diplomatisches Geschick, ein kaltes und unmenschliches Talent, mit Intrigen umgehen zu können. Diese Eigenschaften folgen dem Regisseur wie sein Schatten, selbst im Armen Theater. Was man beim Schauspieler die masochistische Komponente nennen könnte, ist die negative Variante dessen, was beim Regisseur in Form einer sadistischen Komponente kreativ ist. Hier wie überall ist Dunkel untrennbar mit Licht verbunden.

Wenn ich gegen Halbherzigkeit Stellung beziehe, gegen Mittelmäßigkeit und diese Heute-komm'-ich-morgen-geh'-ich-Haltung, die alles selbstverständlich voraussetzt, dann ganz einfach deshalb, weil wir etwas erschaffen müssen, das sich eindeutig entweder zum Licht oder zur Dunkelheit hin orientiert. Aber wir dürfen nicht vergessen, dass um das Leuchtende in uns ein Schleier der Dunkelheit herrscht, den wir durchdringen, aber nicht zerstören können.

Nach dem, was Sie gesagt haben, kann »Heiligkeit« im Theater durch eine besondere psychische Disziplin und verschiedene Körperübungen erzielt werden. An den Schauspielschulen und an traditionellen wie an experimentellen Theatern gibt es einen solchen Trend nicht, keine konsequente Bemühung, etwas Derartiges aufzubauen, zu erarbeiten. Wie kann man vorgehen, um für »heilige« Schauspieler und Regisseure und ihr Training den Weg zu bereiten? In welchem Maße ist es möglich, »klösterliches« Theater zu schaffen im Gegensatz zu den Theatern mit »Eintagsgemeinden«?

Ich glaube nicht, dass die Krise des Theaters vom Prozess der Krise in gewissen anderen Bereichen der zeitgenössischen Kultur getrennt werden kann. Eines ihrer wesentlichen Elemente – nämlich das Verschwinden des Geheiligten und seiner rituellen Funktion auf dem Theater – ist ein Resultat des offenkundigen und wahrscheinlich unvermeidlichen Niedergangs der Religion. Wir reden von der Möglichkeit, ein säkularisiertes »sacrum« auf dem Theater zu schaffen. Die Frage ist: Kann beim herrschenden Tempo in der Entwicklung der Zivilisation diese Forderung in einem kollektiven Maßstab verwirklicht werden? Ich habe darauf keine Antwort. Wir müssen zu ihrer Verwirklichung beitragen, denn ein säkularisiertes Bewusstsein anstelle des religiösen scheint für die Gesellschaft eine psychosoziale Notwendigkeit zu sein. Ein derartiger Übergang *sollte* stattfinden, aber das heißt noch nicht, dass er eintreten wird. Ich glaube, dass das in gewisser Weise ein ethisches Gesetz ist, wie jenes zum Beispiel, dass der Mensch nicht des Menschen Wolf sein soll. Aber wie wir alle wissen, werden solche Gesetze nicht immer befolgt.

Auf jeden Fall bin ich sicher, dass diese Erneuerung nicht aus dem derzeit vorherrschenden Theater kommen wird. Und doch gibt es – und hat es gegeben – im offiziellen Theater einige wenige, die man als säkularisierte Heilige betrachten muss: Stanislawski zum Beispiel. Er vertrat die Ansicht, dass die aufeinanderfolgenden Phasen des Erwachens und der Erneuerung im Theater unter Amateuren und nicht in den Kreisen verhärteter, demoralisierter Profis begonnen haben. Dies wurde durch Wachtangows Erfahrung bestätigt; oder nehmen wir ein Beispiel aus einer ganz anderen Kultur, das japanische Nō-Theater, das man aufgrund der technischen Fähigkeiten, die es verlangt, beinahe als »superprofessionell« bezeichnen könnte, obwohl seine eigentliche Struktur es zu einem halb amateurhaften Theater macht. Woher kann diese Erneuerung kommen? Von Menschen, die mit den Bedingungen des normalen Theaters nicht zufrieden sind, die es auf sich nehmen, Arme Theater mit wenigen Schauspielern zu schaffen, »Kammer-Ensembles«, die sie in Institute für Schauspielausbildung umwandeln könnten; oder auch von Amateuren, die am Rande des professionellen Theaters arbeiten und die eigenständig einen technischen Standard erreichen, der demjenigen weit überlegen ist, den das heute vorherrschende Theater derzeit fordert: kurz, ein paar Verrückte, die nichts zu verlieren haben und die harte Arbeit nicht scheuen.

Ich halte es für wesentlich, dass Anstrengungen unternommen werden, um höhere Schulen des Theaters zu organisieren. Der Schauspieler beginnt zu spät, seinen Beruf zu erlernen, nämlich wenn er schon psychisch geprägt ist und, was noch schlimmer ist, auch moralisch, so dass er sofort anfängt, an karrieristischen Tendenzen zu leiden, was eine Eigenschaft vieler Schauspielschüler ist.

Das Alter ist bei der Ausbildung eines Schauspielers so wichtig wie bei einem Pianisten oder Tänzer – das heißt, man sollte nicht älter als vierzehn sein, wenn man beginnt. Wenn das möglich wäre, würde ich sogar vorschlagen, noch früher anzufangen, mit einem vierjährigen technischen Kurs, der sich auf praktische Übungen konzentriert. Gleichzeitig sollte der Schüler eine angemessene humanistische Bildung erhalten, die aber nicht darauf abzielt, ein weitreichendes Wissen in Literatur, Theatergeschichte und so weiter zu vermitteln, sondern darauf, seine Sensibilität zu wecken und ihn mit den anregendsten Erscheinungen der Weltkultur vertraut zu machen.

Die höhere Schulausbildung des Schauspielers sollte danach mit vier Jahren Arbeit als Schauspiellehrling in einem Laboratoriumsensemble vervollständigt werden; währenddessen würde er nicht nur eine Menge Schauspielerfahrung sammeln, sondern auch seine Studien auf den Gebieten Literatur, Malerei, Philosophie usw. weiterführen können, in dem Maße, wie es für seinen Beruf notwendig ist, nicht, um damit vor den Snobs der Gesellschaft glänzen zu können. Nach der Vollendung dieser vier praktischen Jahre in einem Theaterlaboratorium sollte der Schauspielschüler eine Art Diplom verliehen bekommen. Auf diese Weise müsste der Schauspieler nach acht Jahren Arbeit dieser Art vergleichsweise gut für das gerüstet sein, was vor ihm liegt. Er würde den Gefahren, die jeden Schauspieler bedrohen, nicht entgehen, aber seine Fähigkeiten wären größer, sein Charakter fester ausgeprägt. Die ideale Lösung wäre es, Forschungsinstitute einzurichten, an denen wiederum Armut und rigorose Autorität herrschten. Die Kosten, ein solches Institut zu unterhalten, wären nur halb so hoch wie die für eine staatlich subventionierte Provinzbühne. Seine Belegschaft sollte aus einer kleinen Gruppe von Experten bestehen, die sich auf Probleme spezialisiert haben, die mit dem Theater zusammenhängen: zum Beispiel ein Psychoanalytiker, ein Sozialanthropologe. Es müsste eine Schauspieltruppe aus einem normalen Theaterlaboratorium geben und eine Gruppe von Pädagogen aus einer höheren Theaterschule, dazu einen kleinen Verlag, der die praktisch-methodischen Ergebnisse veröffentlichen könnte, die dann mit anderen ähnlichen Zentren ausgetauscht und interessierten Personen, die in benachbarten Bereichen Forschungsarbeit leisten, zugesandt werden könnten. Es ist unabdingbar notwendig, dass jede Forschungsarbeit dieser Art durch einen oder mehrere Theaterkritiker verfolgt wird, die von außen – wie des Teufels Advokat – die Schwächen des Theaters analysieren, jegliches besorgniserregende Element in den fertigen Aufführungen – wobei sie ihre Urteile auf dieselben ästhetischen Prinzipien stützen sollen, die auch das Theater selbst vertritt. Wie Sie wissen, erfüllt Ludwik Flaszen an unserem Theater diese Aufgabe.

Wie kann ein solches Theater unsere Zeit widerspiegeln? Ich denke da an Inhalt und Analyse unserer gegenwärtigen Probleme.

Ich werde Ihnen darauf antworten, indem ich von den Erfahrungen unseres Theaters ausgehe. Obwohl wir oft klassische Texte benutzen, ist unser Theater insofern ein zeitgenössisches, als es unsere Ursprünge mit unserem üblichen Verhalten, unseren Stereotypen konfrontiert: Es führt uns so unser »Heute« in der Perspektive des »Gestern« und das »Gestern« in der Perspektive des »Heute« vor. Auch wenn dieses Theater eine elementare Sprache der Zeichen und Laute benutzt – die jenseits des semantischen Wertes eines Wortes verständlich ist, selbst für eine Person, die die Sprache nicht versteht, in der das Stück aufgeführt wird –, muss es ein nationales Theater sein, da es sich auf Innensicht gründet, auf die Gesamtheit unseres sozialen Über-Ich, das in einem ganz bestimmten nationalen Klima geprägt worden ist und dadurch einer der integralen Bestandteile dieses Klimas geworden ist.

Wenn wir uns wirklich tief in die innere Logik unseres Geistes und unseres Verhaltens eingraben wollen, um deren verborgenen Schichten, ihren geheimen Motor zu erreichen, dann muss das gesamte Zeichensystem, das in die Aufführung eingearbeitet ist, unsere Erfahrungen ansprechen, die Wirklichkeit, die uns überrascht und geformt hat, jene Sprache der Gesten, des Murmelns, der Laute und Intonationen, die wir auf der Straße, bei der Arbeit, im Café aufgeschnappt haben – kurz, dieses Zeichensystem muss jegliches menschliche Verhalten ansprechen, das einen Eindruck in uns hinterlassen hat.

Wir sprechen von einer Profanierung. Doch was ist das denn anderes als eine Art Taktlosigkeit, die sich auf die brutale Konfrontation unserer Erklärungen mit unseren täglichen Aktionen gründet; auf die Konfrontation der Erfahrung unserer Vorfahren, die in uns weiterlebt, mit unserer Suche nach einer bequemen Lebensweise oder unserem Konzept des Überlebenskampfes; auf die Konfrontation unserer individuellen Komplexe mit denen der Gesellschaft als Ganzes?

Dies impliziert, dass jede klassische Aufführung wie ein Blick auf das Spiegelbild des eigenen Ich, unserer Ideen und Traditionen ist, nicht nur die Beschreibung dessen, was Menschen vergangener Jahrhunderte gedacht und gefühlt haben.

Jede Aufführung, die auf einem zeitgenössischen Thema aufbaut, ist eine Begegnung der oberflächlichen Züge der Gegenwart mit ihren tiefen Ursprüngen und verborgenen Motiven. Die Aufführung ist national, weil sie eine aufrichtige und absolute Erforschung unseres historischen Ich ist; sie ist realistisch, weil sie ein Exzess der Wahrheit ist; sie ist sozial, weil sie das soziale Wesen, den Zuschauer, herausfordert.

Theater ist eine Begegnung

Im Juni 1967, während der »Expo 67« in Kanada, nahm Jerzy Grotowski an einem internationalen Theatersymposion in Montreal teil. Während seines Aufenthaltes gab er Naïm Kattan folgendes Interview, das zuerst in *Arts et Lettres, Le Devoir* (Juli 1967) abgedruckt wurde.

Naïm Kattan: In einem Ihrer Texte haben Sie gesagt, dass das Theater ohne Kostüme, ohne Bühnenbild, ohne Musik und ohne Beleuchtungseffekte existieren könne – und sogar ohne einen Text. Sie fügten hinzu: »In der Entwicklung der Theaterkunst war der Text eines der letzten Elemente, die hinzukamen.« Ihrer Ansicht nach kann das Theater nur auf ein Element nicht verzichten, und das ist der Schauspieler. Seit der Commedia dell'Arte hat es jedoch Theaterschriftsteller gegeben. Kann ein heutiger Regisseur über die Theatertraditionen mehrerer Jahrhunderte hinwegsehen? Welchen Raum geben Sie als Regisseur dem Text?

Jerzy Grotowski: Das ist nicht der Kern des Problems. Der Kern ist die Begegnung. Der Text ist eine künstlerische Wirklichkeit, die im objektiven Sinne existiert. Wenn nun der Text alt genug ist und seine ganze Kraft bis heute bewahrt hat – mit anderen Worten, wenn dieser Text bestimmte Konzentrate menschlicher Erfahrungen, Vorstellungen, Illusionen, Mythen und Wahrheiten enthält, die auch heute noch aktuell für uns sind –, dann wird der Text zu einer Botschaft, die wir von früheren Generationen empfangen. Im gleichen Sinne kann der neue Text eine Art Prisma sein, das unsere Erfahrungen reflektiert. Der gesamte Wert des Textes ist schon gegenwärtig, sobald er geschrieben ist; dies ist Literatur, und wir können Theaterstücke auch als ein Stück »Literatur« lesen. In Frankreich werden die Buchausgaben von Theaterstücken mit dem Titel »Théâtre« versehen – meines Erachtens ein Fehler, denn das ist kein Theater, sondern dramatische Literatur. Angesichts dieser Literatur können wir zwei Positionen einnehmen: Entweder können wir den Text mit der Interpretation der Schauspieler illustrieren, durch die »mise-en-scène«, das Bühnenbild, die Spielsituation … In dem Fall ist das Ergebnis kein Theater, und das einzige lebendige Element in einer solchen Aufführung ist die Literatur. Oder wir können den Text buchstäblich ignorieren, ihn nur als Vorwand behandeln, Interpolationen und Änderungen durchführen, ihn auf ein Nichts reduzieren. Ich habe das Gefühl, dass beide Lösungen falsch sind, denn in jedem Fall erfüllen wir nicht unsere Pflicht als Künstler, sondern versuchen, uns an gewisse Vorschriften zu halten – und Kunst mag keine Vorschriften. Meisterwerke basieren immer auf der Überschreitung von Regeln. Obwohl sich das natürlich erst an der Aufführung überprüfen lässt.

Nehmen Sie Stanislawski zum Beispiel. Er hatte vor, alle Intentionen der Dramatiker zu verwirklichen, ein literarisches Theater zu schaffen. Und wenn wir vom Tschechow-Stil reden, spielen wir eigentlich auf den Stil der Stanislawskischen Produktion von Tschechow-Stücken an. Tatsächlich hat Tschechow selbst dagegen protestiert, als er sagte: »Ich habe Vaudeville geschrieben, und Stanislawski hat Sentimental-Dramen auf die Bühne gebracht.« Stanislawski war ein echter Künstler, und er verwirklichte unabsichtlich *seinen* Tschechow, keinen objektiven Tschechow. Meyerhold schlug seinerseits, mit den besten Absichten, ein der Literatur gegenüber autonomes Theater vor. Aber ich glaube, er lieferte das einzige Beispiel in der Theatergeschichte für eine Gogol-Aufführung, die so tief im Geist des Autors verwurzelt ist, dass sie seine tiefste Bedeutung erfasst; Meyerholds

Revisor war eine Art Collage Gogolscher Texte. Folglich sind es also nicht unsere guten Ideen, sondern es ist unsere Praxis, die den Prüfstand darstellt.

Welche Aufgabe hat das Theater in Bezug auf Literatur?

Der Kern des Theaters ist eine Begegnung. Ein Mensch, der einen Akt der Selbstoffenbarung vollzieht, nimmt sozusagen Kontakt mit sich selbst auf. Das bedeutet eine äußerste Konfrontation, aufrichtig, diszipliniert, präzise und total – nicht bloß eine Konfrontation mit seinen Gedanken, sondern eine, die sein ganzes Wesen von seinen Instinkten und seinem Unbewussten bis hin zu seinem klarsichtigsten Zustand einbezieht.

Das Theater ist auch eine Begegnung von kreativen Menschen. Ich selbst als Regisseur bin mit einem Schauspieler konfrontiert, und die Selbstoffenbarung des Schauspielers bringt mir eine Offenbarung meines Ich. Die Schauspieler und ich sind mit dem Text konfrontiert. Nun können wir nicht ausdrücken, was in dem Text objektiv ist, und tatsächlich geben uns nur wirklich schwache Texte lediglich eine einzige Interpretationsmöglichkeit. Alle großen Texte stellen für uns eine Art tiefen Abgrund dar. Nehmen Sie Hamlet: Zahllose Bücher sind dieser Figur gewidmet worden. Professoren wollen uns erzählen, dass sie, jeder für sich, einen objektiven Hamlet entdeckt haben. Sie setzen uns revolutionäre Hamlets vor, rebellische und impotente Hamlets, Hamlet, den Außenseiter, usw. Es gibt aber keinen objektiven Hamlet. Dazu ist das Werk zu großartig. Die Stärke großer Werke liegt in Wirklichkeit in ihrer Katalysatorwirkung: Sie öffnen uns Türen, setzen die Maschinerie unserer Selbst-Bewusstwerdung in Gang. Meine Begegnung mit dem Text ähnelt der Begegnung zwischen dem Schauspieler und mir. Für Regisseur wie Schauspieler ist der Text des Autors eine Art Skalpell, das es uns ermöglicht, uns selbst offenzulegen, über uns hinauszugehen, das in uns Verborgene aufzuspüren, den Akt der Begegnung mit anderen zu vollziehen; mit anderen Worten, unsere Einsamkeit zu überwinden. Wenn Sie so wollen, hat auf dem Theater der Text die gleiche Funktion, wie sie der Mythos für den Dichter der Antike hatte. Der Autor des *Prometheus* fand im Prometheus-Mythos sowohl einen Akt der Herausforderung als auch ein Sprungbrett, vielleicht sogar die Quelle für seine eigene Schöpfung. Aber sein *Prometheus* war das Produkt seiner persönlichen Erfahrung. Das ist alles, was sich dazu sagen lässt; alles weitere ist ohne Bedeutung. Ich wiederhole: Man kann den Text vollständig spielen, man kann seine gesamte Struktur verändern, man kann eine Art Collage daraus machen. Man kann auf der anderen Seite adaptieren oder interpolieren. In keinem Fall ist das eine Frage des Theaterschaffens, sondern nur eine Frage der Literatur. Brecht hat Beispiele für Bearbeitungen anderer Autoren gegeben, ebenso Shakespeare. Was mich betrifft, so möchte ich weder eine Literaturinterpretation noch eine -bearbeitung unternehmen, denn beides liegt jenseits meiner Kompetenz – mein Gebiet ist das theatralische Schaffen. Für mich, einen Theaterschaffenden, sind nicht die Wörter wichtig, sondern was wir mit diesen Wörtern tun, was den unbelebten Wörtern des Textes Leben einhaucht, was sie in »das Wort« verwandelt. Ich will weitergehen: Das Theater ist ein Akt, der durch menschliche Reaktionen und Impulse erzeugt wird, durch Kontakte zwischen Menschen. Das ist sowohl ein biologischer als auch ein spiritueller Akt. Ich will dabei ganz deutlich klarstellen, dass nicht ein Liebesakt mit dem Publikum gemeint ist – das würde bedeuten, sich selbst zu einer Art käuflichem Warenartikel zu machen.

Nichtsdestotrotz müssen Sie, um Stücke auf die Bühne zu bringen, immer noch Texte und Autoren auswählen. Nach welcher Methode gehen Sie dabei vor? Warum suchen Sie eher das eine als das andere Stück aus, warum eher den einen als den anderen Theaterschriftsteller?

Die Begegnung entsteht aus einer Faszination. Sie bringt einen Kampf mit sich und auch eine solche Ähnlichkeit in ihrer Tiefe, dass eine Identität zwischen denen entsteht, die an der Begegnung beteiligt sind. Jeder Regisseur muss Begegnungen suchen, die seiner eigenen Natur entsprechen. Für mich sind das die großen romantischen Dichter Polens. Aber auch Marlowe und Calderón. Ich sollte ganz deutlich machen, dass ich Texte, die in eine große Tradition gehören, überaus schätze. Sie sind für mich wie die Stimmen meiner Vorfahren, jene, die von den Ursprüngen unserer europäischen Kultur her zu uns dringen. Diese Werke faszinieren mich, weil sie uns die Möglichkeit einer aufrichtigen Konfrontation geben – einer brutalen und brüsken Konfrontation zwischen den Glaubensinhalten und Erfahrungen des Lebens der vorherigen Generationen einerseits und unseren eigenen Erfahrungen und Vorurteilen andererseits.

Gibt es Ihrer Meinung nach eine Beziehung zwischen einem dramatischen Werk und der Zeit, in der es entstand?

Ja, es gibt allerdings eine Beziehung zwischen dem historischen Kontext des Werks, zwischen dem Zeitalter und dem Text selbst. Aber nicht dieser Zusammenhang entscheidet über unsere Neigung und unseren Willen, die Konfrontation mit diesem Werk zu suchen. Der Kontext meiner Erfahrungen heute bestimmt meine Wahl. Nehmen wir ein Beispiel – Homer. Warum studieren wir heute noch die *Ilias* und die *Odyssee?* Um uns mit dem kulturellen und sozialen Leben der Menschen jenes Zeitalters bekannt zu machen? Ja, vielleicht – aber das ist eine Beschäftigung für Professoren. In der künstlerischen Perspektive sind die Werke immer lebendig. Die Figuren der *Odyssee* sind immer noch aktuell, weil es immer noch Pilger gibt. Auch wir sind Pilger. Ihre Pilgerreise unterscheidet sich von unserer, und aus diesem Grunde wirft sie ein neues Licht auf unsere Situation.

Man sollte im Bereich der Kunst nicht zu viele Spekulationen zulassen. Kunst ist nicht die Quelle der Wissenschaft. Sie ist die Erfahrung, die wir auf uns nehmen, wenn wir uns den anderen öffnen, wenn wir uns mit ihnen konfrontieren, um uns selbst zu verstehen – nicht im wissenschaftlichen Sinne, um den Kontext einer historischen Epoche wiederherzustellen, sondern in einem elementaren menschlichen Sinne. Und in der langen Prozession leidender Mütter ist es nicht der historische Zusammenhang der Niobe, der uns interessiert. Natürlich ist die Vergangenheit gegenwärtig, insofern als wir ihre Stimme immer noch hören und verstehen können. Niobes Stimme mag uns etwas eigenartig erscheinen. Sie unterscheidet sich zweifellos beträchtlich von der einer Mutter, die in Auschwitz ihre Kinder beweint, und dieser Unterschied schafft den gesamten historischen Zusammenhang. Er liegt verborgen; und wenn wir versuchen, ihn abzutrennen, zu unterstreichen, zu akzentuieren, dann verlieren wir alles, denn die künstlerische Erfahrung ist eine offene und direkte Erfahrung.

Akropolis: Umgang mit dem Text

Dieser Text von Ludwik Flaszen, dem literarischen Berater des Teatr Laboratorium, wurde veröffentlicht in: *Pamiętnik Teatralny* (Warszawa, 3/1964); *Alla Ricerca del Teatro Perduto* (Marsilio Editori, Padova 1965); *Tulane Drama Review* (New Orleans, T 27, 1965). *Akropolis* wurde von Jerzy Grotowski inszeniert. Sein Hauptmitarbeiter bei dieser Produktion war der bekannte polnische Bühnenbildner Józef Szajna, der auch die Kostüme und Requisiten entwarf. Die Bühnen-Architektur übernahm Jerzy Gurawski.

Hauptrollen: Jakob, der Harfenspieler, Anführer des sterbenden Volkes - Zygmunt Molik; Rebekka, Kassandra - Rena Mirecka; Isaak - Antoni Jahołkowski; Engel, Paris - Zbigniew Cynkutis oder Mieczysław Janowski; Esau - Ryszard Cieślak.

Wyspiańskis Drama ist in seinen Teilen abgewandelt worden, um sich der Intention des Regisseurs anzupassen. Die wenigen Interpolationen und Veränderungen des Originaltextes führen jedoch nicht vom Stil des Dichters ab. Das Gleichgewicht des Textes ist in gewisser Weise durch die absichtliche obsessive Wiederholung bestimmter Phrasen wie »unsere Akropolis« oder »der Friedhof der Völker« verschoben worden. Diese Freiheit ist gerechtfertigt, weil diese Sätze die Motive sind, um die sich das Stück dreht. Der Prolog ist ein Exzerpt eines Briefs von Wyspiański, der *Akropolis* als Symbol des höchsten Punktes jeglicher spezifischen Zivilisation bezeichnet.

Akropolis ist von allen Stücken, die Grotowski inszeniert hat, dasjenige, welches seinem literarischen Original am wenigsten treu bleibt. Der poetische Stil ist das Einzige, was dem Autor zuzurechnen ist. Das Stück wurde auf Bühnenbedingungen übertragen, die sich von denen, die der Dichter geplant hatte, völlig unterscheiden. In einer Art kontrapunktischem

Muster ist es mit Gedankenassoziationen angereichert worden, die als sekundäres Resultat des Unternehmens zu einem spezifischen Technikkonzept geführt haben: Das Wort-Fleisch des Werks musste transplantiert werden, aufgepfropft auf die Eingeweide einer fremden Bühnenausstattung. Diese Transplantation musste mit solcher Sorgfalt vorgenommen werden, dass die Worte spontan aus den vom Theater auferlegten Umständen zu erwachsen schienen.

Die Handlung des Stücks findet in der Kathedrale von Kraków statt. In der Nacht der Auferstehung leben die Statuen und die Figuren auf den dort befindlichen Wandteppichen Szenen des Alten Testaments und der Antike, die ursprünglichen Wurzeln europäischer Traditionen, noch einmal nach.

Der Autor verstand sein Werk als einen Gesamtblick auf die mediterrane Kultur, deren Hauptströme in dieser polnischen Akropolis vertreten sind. In dieser Idee des »Friedhofs der Völker«, um Wyspiański zu zitieren, trifft sich das Konzept des Regisseurs mit dem des Dichters. Sie wollen beide die Gesamtsumme einer Zivilisation zeigen und ihre Werte auf den Prüfstand zeitgenössischer Erfahrungen stellen. Für Grotowski heißt »zeitgenössisch« die zweite Hälfte des 20. Jahrhunderts. Darum ist seine Erfahrung unendlich grausamer als die Wyspiańskis, und die jahrhundertealten Werte der europäischen Kultur werden einer äußerst strengen Prüfung unterzogen. Sie fließen nicht mehr in dem friedlichen Ruheplatz der alten Kathedrale zusammen, wo der Dichter träumte und in Einsamkeit über die Geschichte der Welt meditierte. Sie stoßen im Getöse einer extremen Welt aufeinander, inmitten der Sprachenverwirrung, in die unser Jahrhundert sie projiziert hat; aber diese Werte erwecken nicht die Figuren zum Leben, welche die Denkmäler der Vergangenheit unsterblich gemacht haben, sondern den Rauch und Gestank von Auschwitz.

Das ist in der Tat ein »Friedhof der Völker«, aber nicht der gleiche, auf dem der alte galizische Dichter spazieren ging und träumte. Es ist wortwörtlich ein »Friedhof«, vollständig, perfekt, paradox; einer, der die gewagtesten poetischen Figuren in Wirklichkeiten verwandelt. »Unsere Akropolis«, blind vor Hoffnung, wird die Auferstehung von Christus-Apollo nicht erleben: Er ist zurückgelassen worden in den geheimnisvollen ferneren Bereichen der kollektiven Erfahrung. Das Drama formuliert eine Frage: Was geschieht mit der menschlichen Natur, wenn sie mit der totalen Gewalt konfrontiert wird? Der Kampf Jakobs mit dem Engel und die zermürbende Arbeit der Häftlinge, das Liebesduett von Paris und Helena und das Hohngeschrei der Gefangenen, die Auferstehung Christi und die Verbrennungsöfen – eine Zivilisation der Kontraste und der Korruption …

Dieses Bild der menschlichen Rasse, an der Wurzel gepackt, erweckt Schrecken und Mitleid. Die Tragikomödie der verfaulten Werte hat die leuchtende Apotheose ersetzt, die das philosophisch-historische Drama des alten Dichters abschloss. Der Regisseur hat gezeigt, dass das Leiden schrecklich und hässlich ist. Das Menschsein ist reduziert worden auf elementare tierische Reflexe. In einer rührseligen Intimität erscheinen Mörder und Opfer als Zwillinge.

In der Darstellung auf der Bühne ist alles Leuchtende absichtlich eliminiert worden. Die letzte Vision von Hoffnung ist mit blasphemischer Ironie zerstört worden. Das Stück, so, wie es aufgeführt wird, kann als ein Appell an das ethische Gedächtnis des Zuschauers, an sein moralisches Unterbewusstsein interpretiert werden. Was geschähe mit ihm, wenn er der äußersten Prüfung unterzogen würde? Würde er zu einer leeren menschlichen Hülse? Würde er das Opfer jener kollektiven Mythen, die nur zum gegenseitigen Trost aufgebaut worden sind?

Die Aufführung: Von der Tatsache zur Metapher

Das Stück ist als poetische Paraphrase eines Vernichtungslagers angelegt. Wörtliche Interpretation und Metapher sind wie in einem Tagtraum vermischt. Es ist im Theaterlaboratorium die Regel, dass die Handlung in das ganze Theater, unter die Zuschauer getragen wird. Diese sollen jedoch nicht an der Handlung teilnehmen. Für *Akropolis* wurde beschlossen, dass es keinen direkten Kontakt zwischen Schauspielern und Zuschauern geben sollte: Die Schauspieler stellen diejenigen dar, die in die letzte, äußerste Erfahrung eingeweiht sind, sie sind die Toten; die Zuschauer stellen jene dar, die außerhalb des Zirkels der Eingeweihten stehen, sie bleiben im Fluss des Alltagslebens, sie sind die Lebenden. Diese Trennung, verbunden mit der Nähe der Zuschauer, trägt zu dem Eindruck bei, dass die Toten aus einem Traum der Lebenden geboren sind. Die Häftlinge gehören zu einem Alptraum und scheinen von allen Seiten auf die schlafenden Zuschauer einzustürmen. Sie erscheinen an verschiedenen Orten, gleichzeitig oder nacheinander, und schaffen ein Gefühl des Schwindels und der bedrohlichen Allgegenwart.

In der Mitte des Raums steht eine große Kiste. Metallschrott ist auf ihr angehäuft. Ofenrohre verschiedener Länge und Stärke, eine Schubkarre, eine Badewanne, Nägel, Hämmer. Alles ist alt und rostig und sieht so aus, als wäre es auf dem Schrottplatz aufgelesen worden. Die Wirklichkeit der Requisiten besteht aus Rost und Metall. Mit ihnen werden die Schauspieler im Fortschreiten der Handlung eine absurde Zivilisation aufbauen; eine Zivilisation der Gaskammern, angedeutet durch Ofenrohre, die die ganze Raumausstattung prägen, wenn die Schauspieler sie an Schnüren aufhängen oder am Boden festnageln. Auf diese Weise vollzieht sich der Übergang von den Tatsachen zur Metapher.

Kostüme

Die Kostüme sind Säcke voller Löcher, die nackte Körper bedecken. Die Löcher sind von einem Material eingefasst, das an zerrissenes Fleisch erinnert: durch die Löcher sieht man unmittelbar in einen zerfetzten Körper. Schwere hölzerne Schuhe für die Füße; für die Köpfe anonyme Kappen. Dies ist eine poetische Version der Lageruniformen. Durch ihre Ähnlichkeit rauben die Kostüme den Menschen ihre Persönlichkeit, radieren die distinktiven Zeichen von Geschlecht, Alter und sozialer Klasse aus. Die Schauspieler werden zu vollständig identischen Wesen. Sie sind nichts als gemarterte Körper.

Die Häftlinge sind die Protagonisten und einem höheren, ungeschriebenen Gesetz folgend auch ihre eigenen Foltermeister. Die gnadenlosen Lebensbedingungen des Vernichtungslagers stellen das Milieu ihres Lebens dar. Ihre Arbeit ist so schwer und so sinnlos, dass sie darunter zusammenbrechen; die Wärter geben rhythmische Signale aus; die Häftlinge schreien gellend auf. Doch der Kampf um das Recht, dahinzuvegetieren und zu lieben, geht im Alltagstrott weiter. Bei jedem Befehl stehen die menschlichen Wracks, kaum noch lebendig, aufrecht wie wohldisziplinierte Soldaten. Der hämmernde Rhythmus des Stücks begleitet den Aufbau der neuen Zivilisation; die Arbeit drückt den zähen Lebenswillen der Häftlinge aus, der sich in jeder ihrer Handlungen ständig von neuem bestätigt.

Es gibt keinen Helden, keine Figur, die durch eine ihr eigene Individualität von den anderen abgehoben würde. Es gibt nur eine Gemeinschaft, die die gesamte Spezies in einer Extremsituation abbildet. Während der Fortissimi zerbricht der Rhythmus in einen Höhepunkt aus Worten, Gesängen, Schreien und Lärm. Das Ganze erscheint vielgestaltig und missgestaltet; es löst sich auf und formiert sich wieder zu einer vibrierenden Einheit. Es erinnert an einen Tropfen Wasser unter dem Mikroskop.

Mythos und Wirklichkeit

Während der Arbeitspausen gibt sich die phantastische Gemeinschaft Tagträumen hin. Die Unglücklichen nehmen die Namen biblischer und homerischer Helden an. Sie identifizieren sich mit ihnen und spielen, innerhalb ihrer begrenzten Möglichkeiten, ihre eigene Version der Legenden. Dies ist eine Verwandlung durch den Traum, ein Phänomen, das in Gemeinschaften von Gefangenen bekannt ist, die im Spiel eine Wirklichkeit erleben, die sich von ihrer eigenen unterscheidet. Sie geben ihren Träumen von Würde, Edelmut und Glück einen Hauch von Wirklichkeit. Es ist ein grausames und bitteres Spiel, das die Sehnsüchte der Gefangenen verspottet, sobald sie durch die Wirklichkeit verraten werden.

Jakob trampelt seinen zukünftigen Schwiegervater zu Tode, während er um Rachels Hand anhält. Seine Beziehung zu Laban ist auch tatsächlich nicht vom patriarchalischen Gesetz abhängig, sondern richtet sich nach den absoluten Forderungen des Überlebensrechts. Der Kampf zwischen Jakob und dem Engel ist ein Kampf zwischen zwei Gefangenen: Der eine kniet und trägt auf seinem Rücken eine Schubkarre, in der der andere liegt, mit dem Kopf nach unten und hintenüber. Der kniende Jakob versucht, seine Last, den Engel, abzuschütteln, der mit dem Kopf auf den Boden schlägt. Seinerseits versucht der Engel, Jakob zu vernichten, indem er dessen Kopf mit den Füßen tritt. Seine Füße treffen aber stattdessen die Kante der Schubkarre. Und Jakob kämpft mit aller Kraft, um seiner Last Herr zu werden. Die beiden Protagonisten können einander nicht entfliehen. Jeder ist an sein Gerät genagelt; ihre Folter ist umso brutaler, als sie ihrer sich steigernden Wut nicht freien Lauf lassen können. Die berühmte Szene des Alten Testaments ist interpretiert als eine von zwei Opfern, die sich unter dem Druck der Notwendigkeit gegenseitig foltern, der anonymen Macht folgend, die in ihrem Streit genannt wird.

Paris und Helena drücken den Zauber sinnlicher Liebe aus: Aber Helena ist ein Mann. Ihr Liebesduett wird unter Begleitung des Hohngelächters der versammelten Gefangenen durchgeführt. Degradierte Erotik regiert eine Welt, in der eine Intimsphäre unmöglich ist. Ihre sexuelle Sinnlichkeit ist die jeder eingeschlechtlichen Welt geworden, wie zum Beispiel der Armee. Ähnlich richtet Jakob seine Zärtlichkeitsbekundungen auf Kompensationsobjekte: Seine Braut ist ein Ofenrohr, das in einen Lumpen als Schleier gewickelt ist. Solchermaßen ausgerüstet führt er die Hochzeitsprozession an, feierlich gefolgt von allen Gefangenen, die ein Volkslied singen. Beim Höhepunkt dieser improvisierten Zeremonie ist der helle Klang einer Altarglocke zu hören, die naiv und ziemlich ironisch einen Traum vom einfachen Glück suggeriert.

Die Verzweiflung von Menschen, die ohne Hoffnung auf Gnade verurteilt sind, wird offenbar: Vier Gefangene pressen ihre Körper an die Wände des Theaters wie Märtyrer. Sie rezitieren das Gebet von der Hoffnung auf Gottes Hilfe, das der Engel in Jakobs Traum spricht. Man entdeckt darin das rituelle Leid und die traditionelle Klage der Bibel. Sie erinnern an die Juden vor der Klagemauer. Es gibt auch die aggressive Verzweiflung der Verdammten, die sich gegen ihr Schicksal auflehnen: Kassandra. Ein Gefangener, eine Frau, tritt beim Anwesenheitsappell aus der Reihe. Ihr Körper windet sich in Hysterie; ihre Stimme ist vulgär, sinnlich, rau; sie drückt die Qualen einer nur mehr nach innen gekehrten Seele aus. Plötzlich wechselt sie über zu einem Ton sanfter Klage und kündigt mit offensichtlichem Genuss an, was das Schicksal für die Gemeinschaft bereithält. Ihr Monolog wird unterbrochen durch die harten und gutturalen Stimmen der Gefangenen in den Reihen, die sich selbst abzählen. Die abgerissenen Laute des Appells ersetzen das Krächzen der Krähen, das Wyspiańskis Text vorschreibt.

Hoffnung findet die Gruppe menschlicher Wracks, vom Sänger angeführt, in ihrem Erlöser. Der Erlöser ist ein bläulicher, übel zugerichteter Leichnam ohne Kopf, der schrecklich an die erbarmungswürdigen Skelette der Konzentrationslager erinnert. Der Sänger hebt den Leichnam mit einer gefühlvollen Bewegung hoch, wie ein Priester den Kelch erhebt. Die Menge folgt dem Anführer, ehrfürchtig starrend, in einer Prozession. Sie beginnt, ein Weihnachtslied zu Ehren des Erlösers zu singen. Der Gesang wird lauter, verwandelt sich in eine ekstatische Klage, die von Schreien und hysterischem Gelächter zerrissen wird. Die Prozession umkreist die große Kiste in der Mitte des Raumes; Hände strecken sich nach dem Erlöser aus, Augen starren voller Anbetung. Einige stolpern, fallen, kommen schwankend wieder auf die Füße und drängen sich nach vorn, um den Sänger. Die Prozession erinnert an die religiösen Menschenmengen des Mittelalters, die Flagellanten, die Bettler überall. Ihre Ekstase ist die eines religiösen Tanzes. Zwischendurch hält die Prozession immer wieder inne, und die Menge ist still. Plötzlich wird das Schweigen zerrissen von den hingebungsvollen Litaneien des Sängers, und die Menge antwortet. In höchster Ekstase erreicht die Menge das Ende ihrer Pilgerreise. Der Sänger stößt einen frommen Schrei aus, öffnet ein Loch in der Kiste und kriecht hinein, wobei er die Leiche des Erlösers hinter sich herzieht. Die Häftlinge folgen ihm einer nach dem anderen mit fanatischen Gesängen. Sie scheinen sich selbst aus der Welt hinauszuschleudern. Wenn der Letzte der Verdammten verschwunden ist, schlägt die Klappe der Kiste zu. Das eintretende Schweigen ist sehr plötzlich; dann, nach einer Weile, hört man eine ruhige, sachliche Stimme. Sie sagt ganz einfach: »Sie sind fort, und der Rauch steigt in Spiralen auf.« Das freudige Delirium hat seine Erfüllung im Krematorium gefunden. Das Ende.

Requisiten als dynamische Orchestrierung

Die strikteste Unabhängigkeit von Requisiten ist eines der Hauptprinzipien des Theaterlaboratoriums. Es ist absolut verboten, irgendetwas ins Spiel einzuführen, das nicht von Anfang an dagewesen ist. Eine bestimmte Anzahl von Menschen und Gegenständen ist im Theater versammelt. Sie müssen genügen, um mit jeder Situation des Stücks umzugehen.

Es gibt kein »Bühnenbild« im üblichen Sinne des Wortes. Es ist auf die Gegenstände reduziert worden, die für die Handlung unerlässlich sind. Jeder muss beitragen, nicht zur Aussage, sondern zur Dynamik des Stücks; sein Wert liegt in seinen verschiedenen Verwendungsmöglichkeiten. Die Ofenrohre und der Metallschrott werden als Bühnenausstattung und als konkrete, dreidimensionale Metapher benutzt, die zur Schöpfung der Vision beiträgt. Aber die Metapher hat ihren Ursprung in der Funktion der Ofenrohre; sie geht aus der Aktivität hervor, die sie im Laufe der Handlung verdrängt. Wenn die Schauspieler das Theater verlassen, lassen sie die Rohre liegen, die eine konkrete Motivation für das Stück dargestellt haben.

Jeder Gegenstand wird vielfach verwendet. Die Badewanne ist eine sehr prosaische Badewanne; auf der anderen Seite ist sie eine symbolische Badewanne: Sie steht für alle Wannen, in denen menschliche Körper zur Herstellung von Seife und Leder verarbeitet wurden. Umgedreht wird dieselbe Badewanne zum Altar, vor dem ein Häftling ein Gebet singt. Auf einen erhöhten Platz gestellt wird sie zu Jakobs Hochzeitsbett. Die Schubkarren sind Geräte der täglichen Arbeit; sie werden zu seltsamen Leichenwagen für den Transport der Leichen; hochkant gegen die Wand gestellt sind sie Hekubas und Priamus' Thronsessel. Eines der Ofenrohre, durch Jakobs Vorstellungskraft verwandelt, stellt seine groteske Braut dar.

Diese Welt der Dinge liefert die musikalischen Instrumente der Aufführung: die monotone Kakophonie von Tod und sinnlosem Leiden – Metall, das gegen Metall scharrt, dröhnende Hämmer, das Knarren der Ofenrohre, durch die eine menschliche Stimme schallt. Ein paar Nägel, mit denen ein Häftling rasselt, klingen wie eine Altarglocke. Es gibt nur ein richtiges Instrument, eine Geige. Ihr Leitmotiv wird als lyrischer und melancholischer Hintergrund für eine brutale Szene benutzt oder als rhythmisches Echo der Pfiffe und Befehle der Wärter. Das visuelle Bild wird fast immer von einem akustischen begleitet. Die Anzahl der Requisiten ist äußerst begrenzt; jedes hat vielfältige Funktionen. Wie in den Spielen der Kinder und in Improvisationen werden mit sehr gewöhnlichen Gegenständen Welten erschaffen. Wir haben es mit einem Theater zu tun, das in seinem Embryonalzustand festgehalten wurde, mitten im kreativen Prozess, wenn der erweckte Instinkt spontan die Werkzeuge seiner magischen Verwandlung aussucht. Ein lebender Mensch, ein Schauspieler, ist die kreative Kraft, die hinter allem steht.

Das Arme Theater

Im Armen Theater muss der Schauspieler sich mit seinen Gesichtsmuskeln eine organische Maske aufbauen, und so trägt jede Figur während des ganzen Stücks den gleichen Gesichtsausdruck. Während der ganze Körper sich entsprechend den Umständen bewegt, bleibt die Maske fest in einem Ausdruck von Verzweiflung, Leiden und Gleichgültigkeit. Der Schauspieler vervielfacht sich selbst in eine Art bastardisiertes Wesen, das seine Rolle polyphon ausspielt. Die verschiedenen Teile seines Körpers lassen verschiedenen Reflexen freien Lauf, die oftmals widersprüchlich sind, während die Zunge nicht nur die Stimme, sondern auch die Bewegungen und das Schauspiel Lügen straft.

Alle Schauspieler verwenden Gesten, Haltungen und Rhythmen, die der Pantomime entlehnt sind. Jeder hat seine eigene, unwiderruflich fixierte Silhouette. Das Ergebnis ist eine Entpersönlichung der Figuren. Wenn die individuellen Züge entfernt werden, werden die Schauspieler zu Stereotypen der Gattung.

Die verbalen Ausdrucksmittel sind bemerkenswert erweitert worden, denn alle Mittel des stimmlichen Ausdrucks werden benutzt, vom verwirrten Lallen des Kleinkindes bis hin zu den ausgesuchtesten rednerischen Vorträgen. Unartikuliertes Grunzen, Tiergebrüll, sanfte Volkslieder, liturgische Gesänge, Dialekte, deklamierte Gedichte: alles ist dabei. Die Klänge sind zu einer komplexen Partitur verwoben, die flüchtig die Erinnerung an alle Formen der Sprache zurückbringt. Sie sind in diesem neuen Turm zu Babel, im Zusammenprall fremder Menschen und fremder Sprachen vermischt, die sich kurz vor ihrer Vernichtung begegnen.

Die Mischung aus unvereinbaren Elementen, verbunden mit den Verzerrungen der Sprache, bringt elementare Reflexe zum Vorschein. Kümmerliche Reste verfeinerter Kultur stehen neben tierischem Verhalten. Buchstäblich »biologische« Ausdrucksmittel sind mit sehr konventionellen Kompositionen verbunden. In *Akropolis* wird die Menschheit durch ein sehr feines Sieb gepresst: Sie kommt in höchst verfeinerten Fasern wieder hervor.

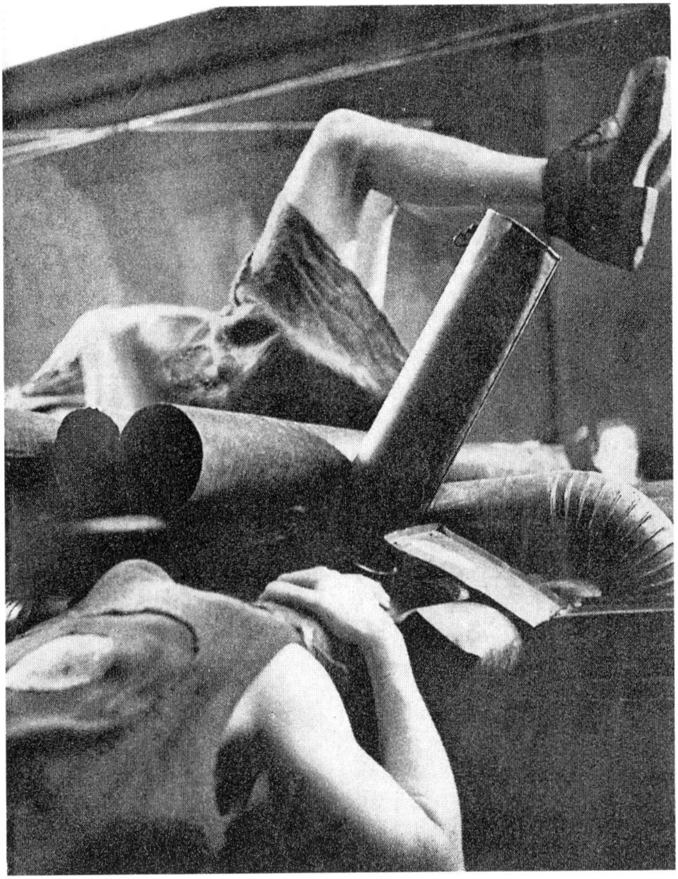

(1) *Akropolis*: Dialog zwischen zwei Denkmälern
(Rena Mirecka und Zbigniew Cynkutis). (Alle Fotos: Teatr Laboratorium)

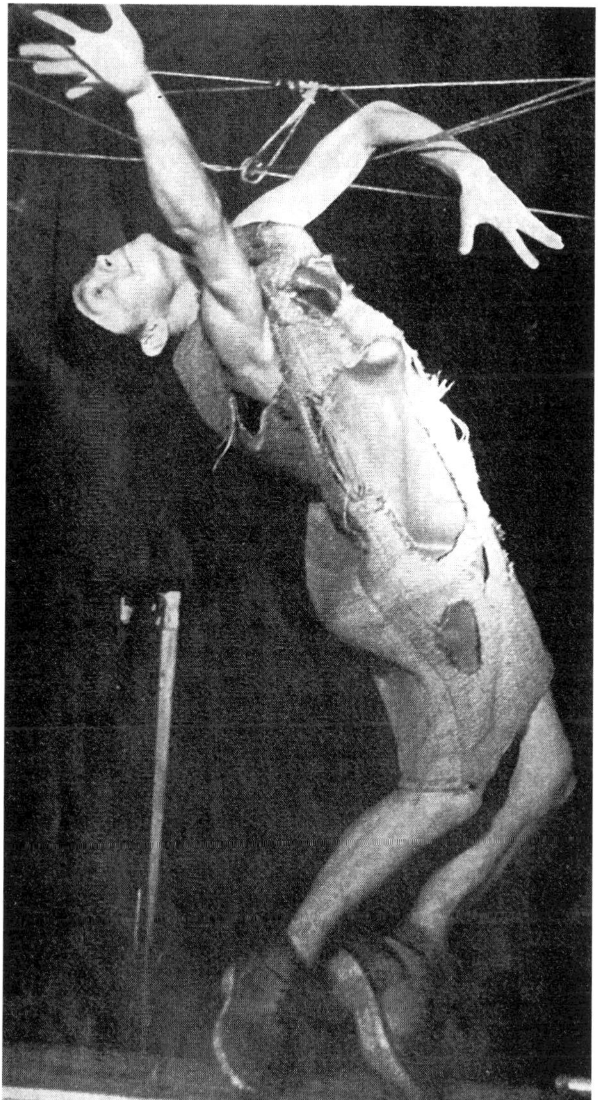

(2) *Akropolis*: Esau (Ryszard Cieślak) singt das Lob der Freiheit des Jägerlebens.

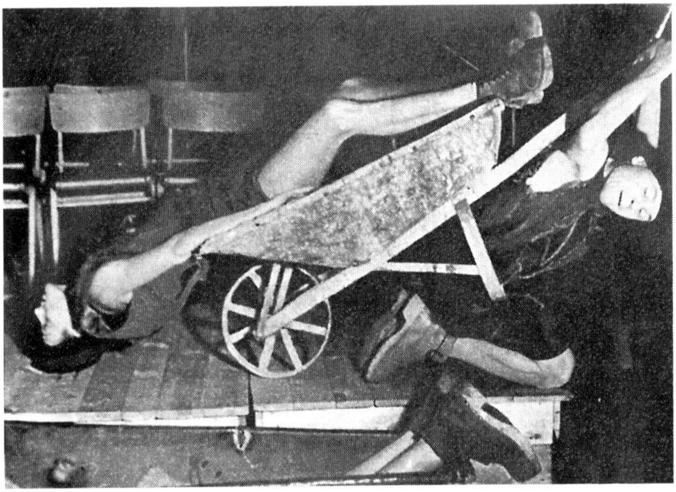

(3) *Akropolis*: Der Kampf zwischen Jakob und dem Engel
(Zbigniew Cynkutis und Zygmunt Molik).

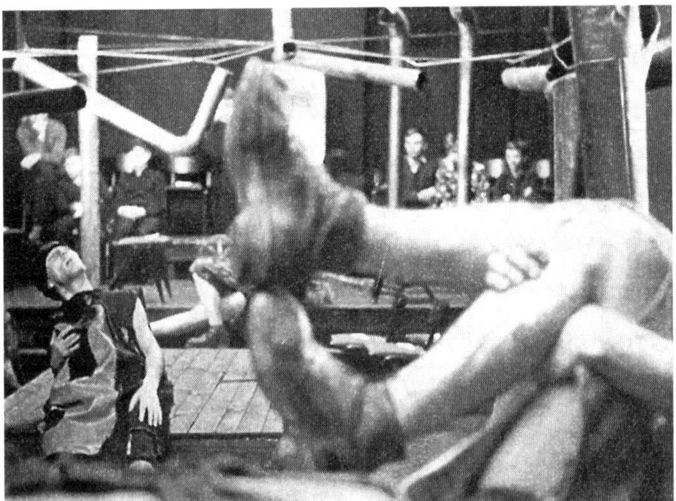

(4) *Akropolis*: Die Gefangenen ruhen aus.

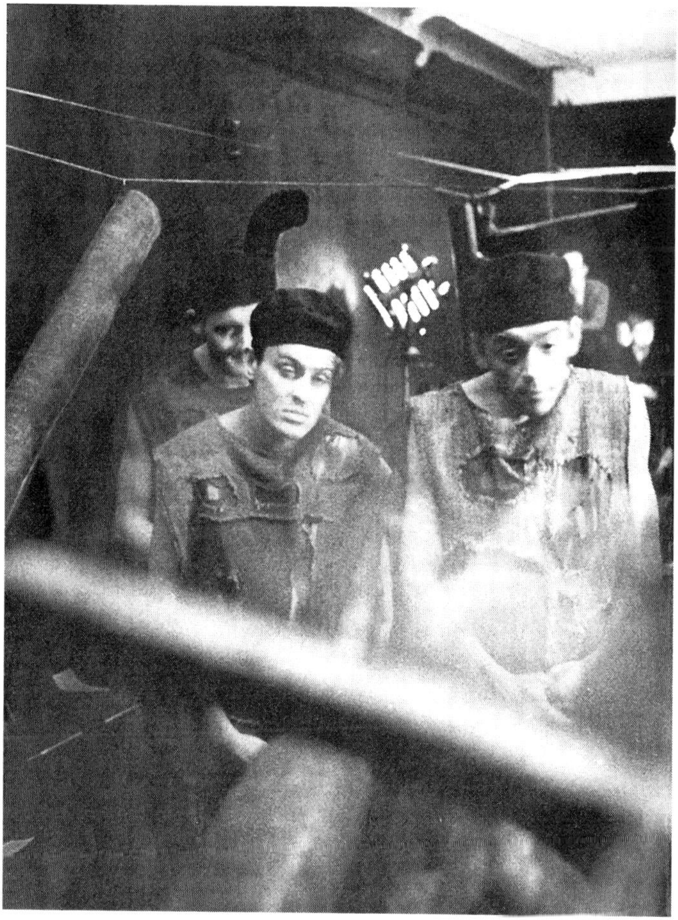

(5) *Akropolis*: Der Weg zur Arbeit, um die Akropolis unserer Zeit zu bauen: ein Vernichtungslager (Zbigniew Cynkutis und Ryszard Cieślak).

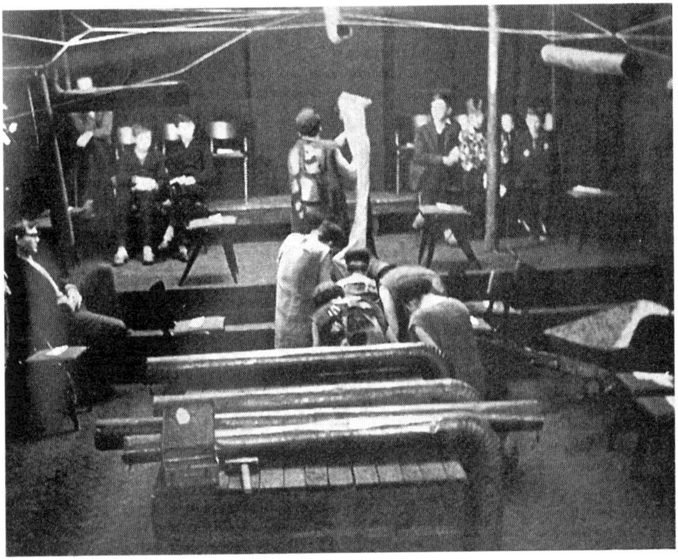

(6) *Akropolis*: Die Hochzeitsprozession von Rebekka und Jakob. Jakob (Zygmunt Molik) führt den Weg, wobei er zärtlich ein Stück Ofenrohr als Ersatz für seine Braut trägt.

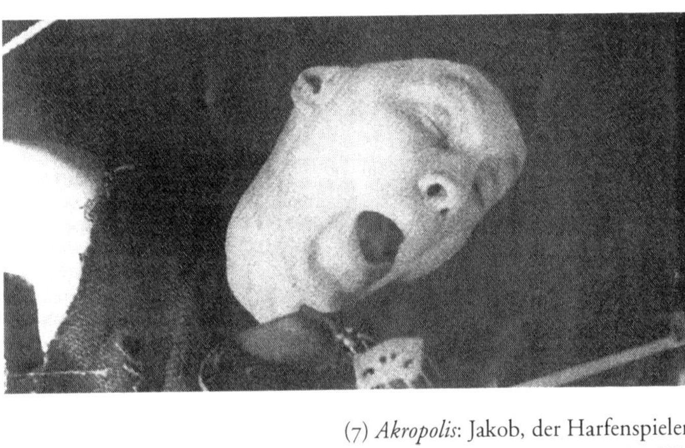

(7) *Akropolis*: Jakob, der Harfenspieler, der Anführer des sterbenden Volkes (Zygmunt Molik).

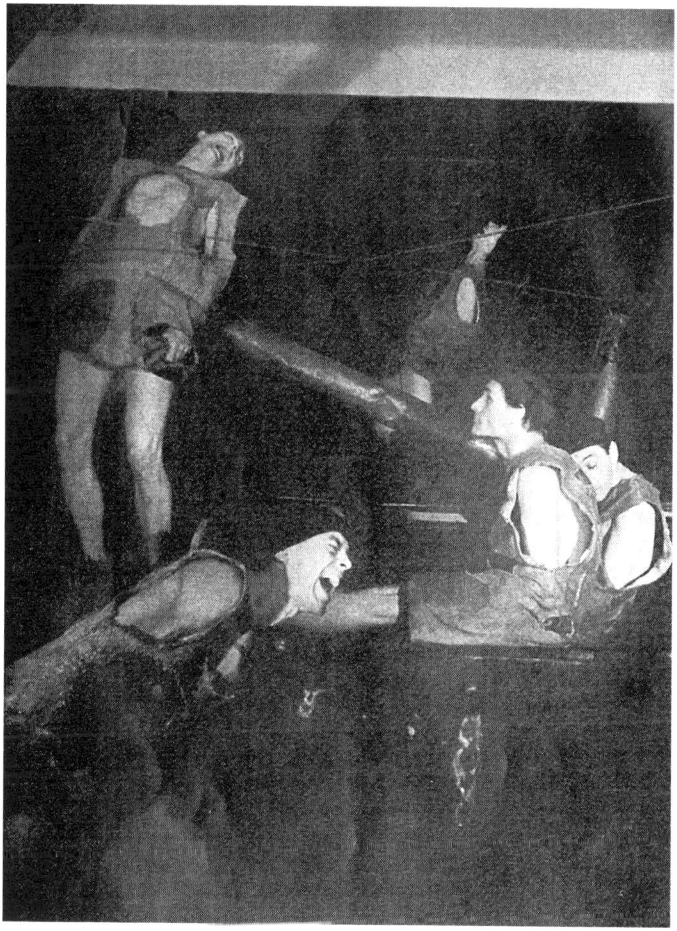

(8) *Akropolis*: Paris und Helena stellen die Wonnen der sinnlichen Liebe dar, aber hier ist Helena ein Mann. Ihr gefühlvolles Gurren wird von den gemeinsamen Spottrufen der anderen Gefangenen unterbrochen.

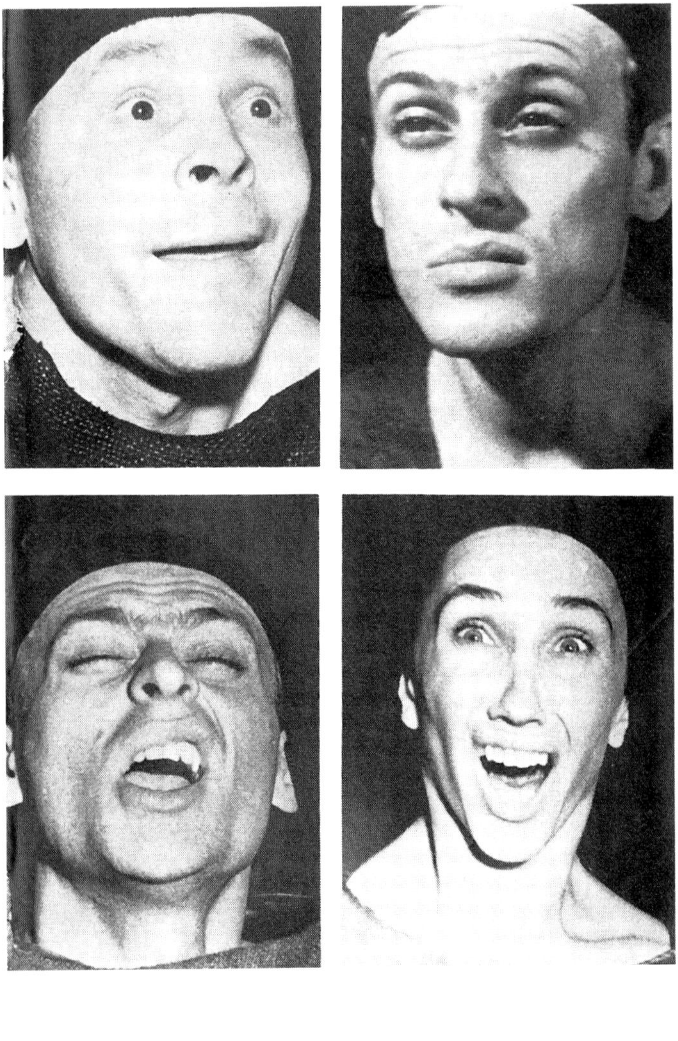

(9 12) *Akropolis*: Masken, die nur durch die Gesichtsmuskeln geschaffen werden (Zygmunt Molik, Zbigniew Cynkutis, Rena Mirecka)

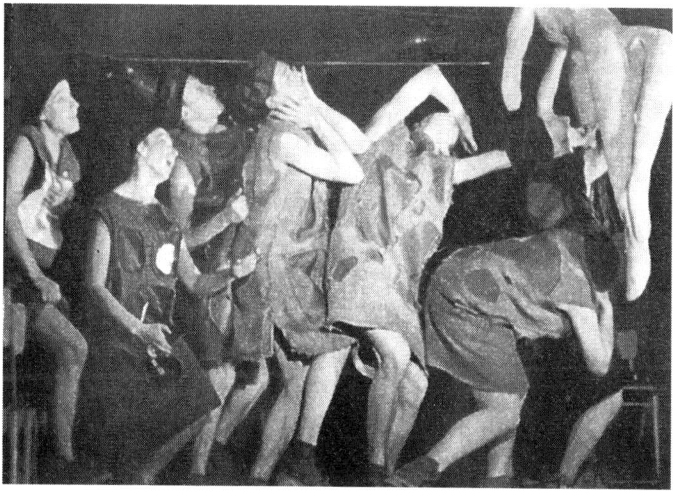

(13) *Akropolis*: Der Erlöser ist gekommen. Ein Leichnam ohne Kopf wird für Christus gehalten, und die Gefangenen, ekstatisch vor Freude, folgen ihm in ihre Erlösung.

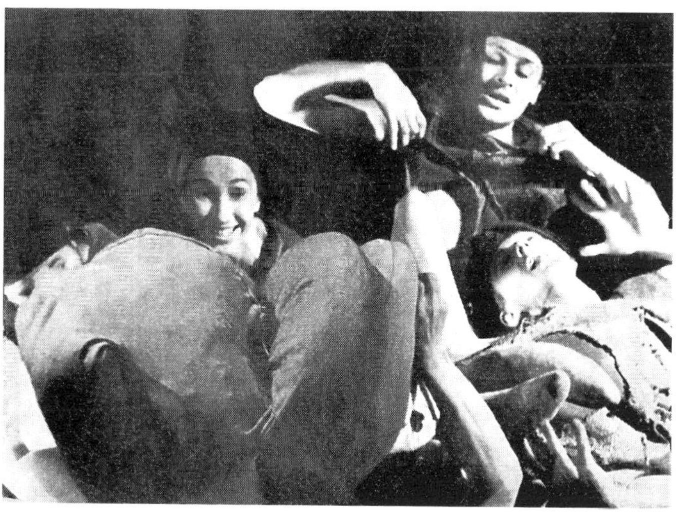

(14) *Akropolis*: Der Abstieg der Erlösung: das Krematorium.

Dr. Faustus: Eine Textmontage

Nicht ein Wort von Marlowes Originaltext wurde verändert, aber der Text wurde zu einer »Montage« umgestellt, in der die Reihenfolge der Szenen abgewandelt, neue Szenen geschaffen und einige der ursprünglichen gestrichen wurden. In den vorliegenden Notizen erinnert sich Eugenio Barba an diese Produktion. Der Text wurde veröffentlicht in: *Tulane Drama Review* (New Orleans, T 24, 1964) sowie in: *Alla Ricerca del Teatro Perduto* (Marsilio Editori, Padova 1965).
Dr. Faustus wurde von Jerzy Grotowski inszeniert. Die Kostüme entwarf Waldemar Kryger, die Bühnen-Architektur schuf Jerzy Gurawski.
Hauptrollen: Faustus - Zbigniew Cynkutis; Mephistopheles - Rena Mirecka und Antoni Jahołkowski; Benvolio - Ryszard Cieślak.
(Zitate wurden der deutschen Ausgabe Christopher Marlowe: *Die tragische Historie von Doktor Faustus,* deutsche Fassung, Nachwort und Anmerkungen von Adolf Seebass, Stuttgart, 1964 entnommen.)

Faust hat bis zu seinem Martyrium von Hölle und ewiger Verdammnis noch eine Stunde zu leben. Er lädt seine Freunde zu einem letzten Abendmahl, einer öffentlichen Beichte, während derer er ihnen Episoden aus seinem Leben darbietet, so wie Christus seinen Leib und sein Blut darbot. Faust heißt seine Gäste – das Publikum – bei ihrer Ankunft willkommen und bittet sie, an zwei langen Tischen an den Seitenwänden des Raumes Platz zu nehmen. Faust nimmt seinen Platz an einem dritten, kleineren Tisch ein wie der Prior in einem Refektorium. Die Atmosphäre ist die eines mittelalterlichen Klosters, und die Geschichte betrifft anscheinend nur Mönche und ihre Gäste: das ist der dem Text zugrunde liegende Archetypus. Faust und die anderen Figuren tragen die Tracht verschiedener Orden. Faust ist ganz in Weiß; Mephistopheles in Schwarz, er wird gleichzeitig von einem Mann und einer Frau gespielt; andere Figuren sind als Franziskaner gekleidet. Zwei der Schauspieler sitzen mit den Zuschauern an einem Tisch, in Alltagskleidung. Zu ihnen später mehr.

Dieses Stück basiert auf einem religiösen Thema. Gott und der Teufel schmieden Ränke mit den Protagonisten – deshalb ist das Stück in einem Kloster angesiedelt. Es herrscht eine Dialektik zwischen Verhöhnung und Anbetung. Faust ist ein Heiliger, und seine Heiligkeit äußert sich als ein absolutes Bedürfnis nach reiner Wahrheit. Wenn der Heilige und seine Heiligkeit eins werden sollen, muss er sich gegen Gott auflehnen, den Schöpfer der Welt, weil die Gesetze der Welt Fallen sind, in denen Moral und Wahrheit in Widerspruch zueinander stehen.

> »Stipendium peccati mors est. – Ha! Stipendium!
> Der Lohn der Sünde ist der Tod. – Wie hart!
> Si peccasse negamus, fallimur,
> Et nulla est in nobis veritas.
> So wir sagen, wir haben keine Sünde, so verführen
> wir uns selbst, und die Wahrheit ist nicht in uns.
> Das heißt:
> Wir *müssen* sündigen und folglich sterben,
> ja, müssen sterben eines ewigen Todes.«
> (I, 1, S. 7)

Was wir auch tun, Gutes oder Schlechtes, wir sind verdammt. Der Heilige ist nicht in der Lage, sich als ein Ebenbild dieses Gottes, der dem Menschen hinterlistig in den Rücken fällt, anzusehen. Gottes Gesetze sind Lügen. Er liegt auf der Lauer nach der Ehrlosigkeit in unserer Seele, um uns umso besser verdammen zu können. Deshalb muss man gegen Gott sein, wenn man in den Stand der Heiligkeit eintreten will.

Doch worum muss sich der Heilige kümmern? Um seine Seele natürlich. Oder, um einen modernen Ausdruck zu gebrauchen:

um seine Selbsterkenntnis. Philosophie oder Theologie interessieren Faust also nicht. Er muss diese Art Wissen zurückweisen und nach etwas anderem suchen. Seine Suche beginnt genau bei seiner Rebellion gegen Gott. Doch wie rebelliert er? Indem er seinen Pakt mit dem Teufel schließt. In der Tat ist Faust nicht nur ein Heiliger, sondern auch ein Märtyrer – mehr noch als die christlichen Heiligen und Märtyrer, denn Faust erwartet keine Belohnung. Im Gegenteil, er weiß, dass ihm die ewige Verdammnis zuteilwerden wird.

Hier haben wir den Archetypus des Heiligen vor uns. Die Rolle wird von einem Schauspieler gespielt, der jung und unschuldig aussieht – seine psycho-physischen Eigenschaften ähneln dem heiligen Sebastian. Aber dieser heilige Sebastian ist antireligiös, er kämpft gegen Gott.

Die Dialektik aus Hohn und Anbetung besteht also aus einem Konflikt zwischen laizistischer Heiligkeit und religiöser Heiligkeit, die unsere übliche Vorstellung von einem Heiligen verhöhnt. Gleichzeitig jedoch spricht dieser Kampf unser zeitgenössisches »spirituelles« Engagement an, und darin liegt die Apotheose. In der Produktion sind die Taten Fausts eine groteske Paraphrase der Taten eines Heiligen; und doch offenbart er gleichzeitig das flammende Pathos eines Märtyrers.

Der Text ist derart neu geordnet, dass Akt V, Szene 2 von Marlowes Original – Faust diskutiert mit den drei Schülern – die Produktion eröffnet. Faust begrüßt seine Gäste, während er an seinem kleinen Tisch sitzt, voller Demut, mit leerem Blick, verloren, da sein Martyrium unmittelbar bevorsteht, seine Arme weit geöffnet wie gekreuzigt. Dann beginnt er seine Beichte. Was wir für gewöhnlich Tugenden nennen, bezeichnet er als Sünde – seine theologischen und wissenschaftlichen Studien; und was wir Sünde nennen, ist für ihn Tugend – sein Pakt mit dem Teufel. Während seiner Beichte leuchtet Fausts Gesicht von innen heraus.

Wenn Faust über den Teufel und seine ersten magischen Kunststücke zu sprechen beginnt, tritt er in die zweite Wirklichkeit ein (Rückblenden). Die Handlung schwenkt dann zu den beiden Tischen, wo Faust sich an die Episoden seines Lebens wie an eine Art biographischen Reisebericht erinnert.

Szene 1: Faust begrüßt seine Gäste.

Szene 2: Wagner kündigt an, dass sein Herr bald sterben muss.

Szene 3: Ein Monolog, in dem Faust seine Studien öffentlich als Sünden beichtet und seinen Pakt mit dem Teufel zur Tugend erhöht.

Szene 4: In einer Rückblende beginnt Faust, die Geschichte seines Lebens zu erzählen. Zuerst kommt ein Monolog, der den Augenblick heraufbeschwört, wo er beschloss, die Theologie aufzugeben und sich der Magie zu widmen. Dieser innere Konflikt wird dargestellt durch den Konflikt zwischen einer Eule, die die gelehrte Persönlichkeit symbolisiert, und einem Esel, dessen starrköpfige Trägheit der Gelehrsamkeit der Eule widersteht.

Szene 5: Faust spricht mit Cornelius und Valdes, die ihn in die Magie einweihen. Cornelius verwandelt einen Tisch in einen Beichtstuhl. Faust beginnt sein neues Leben, indem er die Beichte ablegt und die Absolution erhält. Der gesprochene Text steht oft im Widerspruch zu seiner Interpretation; diese Zeilen beschreiben die Freuden der Magie. Dann offenbart Cornelius Faust die magischen Zeremonien und lehrt ihn eine okkulte Beschwörungsformel – die nichts anderes ist als ein bekanntes polnisches Kirchenlied.

Szene 6: Faust im Wald. Während er einen Windstoß, fallende Blätter, die Geräusche der Nacht und die Schreie von Nachttieren imitiert, singt er zugleich das gleiche Kirchenlied, mit dem er Mephistopheles ruft.

Szene 7: Die Erscheinung von Mephistopheles (Mariä Verkündigung). Faust kniet in demütiger Haltung nieder. Mephistopheles, ein erhabener Engel auf einem Bein, singt seine Textzeilen, begleitet von einem Engelschor. Faust sagt ihm, dass er bereit ist, dem Teufel seine Seele hinzugeben für 24 Jahre Leben gegen Gott.

Szene 8: Die Demütigung Fausts. Eine masochistische Szene, die durch die Argumente der Guten und der Bösen Engel entsteht. Faust reibt sich die eigene Spucke ins Gesicht, schlägt den Kopf gegen die Knie, reißt an seinen Genitalien – all das, während er mit ruhiger Stimme seine Zeilen spricht.

Szene 9: Bei einem Spaziergang teilt Faust Mephistopheles mit, dass er entschlossen ist, ihm seine Seele hinzugeben.

Szene 10: Fausts Taufe. Bevor er den Vertrag unterschreibt, wird Faust beinahe in einem Fluss (dem Raum zwischen den Tischen) ertränkt. Auf diese Weise wird er gereinigt und für sein neues Leben vorbereitet. Dann verspricht der weibliche Mephistopheles, ihm alle seine Wünsche zu erfüllen. Sie tröstet Faust, indem sie ihn in ihrem Schoß wiegt (die Pietà).

Szene 11: Der Vertrag wird unterschrieben. Faust liest seinen Vertrag zusammen mit Mephistopheles in geschäftsmäßigem Ton vor. Aber seine Bewegungen enthüllen einen Kampf, die Angst zu unterdrücken, die ihn bestürmt. Schließlich überwindet er sein Zögern und reißt sich in einer Art Selbstvergewaltigung die Kleider vom Leib.

Szene 12: Der doppelte Mephistopheles zeigt Faust mit liturgischen Gesten seine neue Kleidung.

Szene 13: Szene mit seiner »Teufels-Gemahlin«. Faust behandelt sie, als wäre sie ein Buch, das alle Geheimnisse der Natur enthält.

> »Weiter möcht ich ein Buch mit allen
> Himmelszeichen und Sternbildern, damit ich ihre
> Bewegungen und ihre Einflüsse kennenlerne.
>
> (…) ein Buch mit allen Pflanzen, Kräutern
> und Bäumen, die die Erde hervorbringt.«
> (II, 5, S. 25)

Der Heilige untersucht die Hure, als ob er sorgfältig ein Buch läse. Er berührt alle Teile ihres Körpers und liest sie als »Planeten«, »Pflanzen« usw.

Szene 14: Mephistopheles versucht Faust. In Szene 13 hat der junge Heilige bereits angefangen, den Verdacht zu hegen, dass auch der Teufel in Gottes Diensten steht. Szene 14 entspricht einem echten Bruch in der Wirklichkeit, Mephistopheles ist an dieser Stelle der Aufführung wie ein Polizeispitzel. Er nimmt drei Rollen ein: Mephistopheles selbst, den Guten Engel und den Bösen Engel. Nicht zufällig ist der doppelte Mephistopheles als Jesuit gekleidet, der Faust zu sündigen Taten verführen will. Doch als Faust die Konsequenzen zu verstehen beginnt, wägt er ruhig die Worte des Guten Engels ab. In dieser Szene bietet Mephistopheles, als Guter Engel, Faust ein Treffen mit Gott an. Sie handeln, als ob es spät in der Nacht in einem Kloster wäre, als sprächen zwei unzufriedene Mönche in aller Ruhe miteinander, ohne von irgendjemandem gehört zu werden. Aber Faust weigert sich, irgendetwas zu bereuen.

Szene 15: Astrologische Diskussionen. Mephistopheles spielt die Rolle eines loyalen Dieners, der die Harmonie und Perfektion der Schöpfung seines Meisters lobpreist, indem er den Klang himmlischer Sphären verdoppelt. Das Gespräch wird von zwei Gästen unterbrochen, die von Bier und Huren reden. Es sind die beiden Schauspieler, die während der ganzen Aufführung unter den Zuschauern gesessen haben. Sie haben alle komischen Rollen gespielt (Robin, Vintner, Dick, Carter, Schüler, den Alten Mann usw.). In ihrer Szene stellen sie die Banalität dar, die unser Alltagsleben kennzeichnet. Eine dieser komischen Szenen (mit dem Rennpferd) wird gespielt, gleich nachdem Faust Mephistopheles fragt: »Nun sage mir, wer hat die Welt erschaffen?« Unsere täglichen Plattitüden sind in sich Argumente gegen Gott. Unser Heiliger fragt, wer für die Erschaffung einer solchen Welt verantwortlich ist. Mephistopheles, Diener von Gottes bösem Trieb, gerät in echte Panik und verweigert die Antwort: »Ich will nicht.«

Szene 16: Luzifer zeigt Faust die Sieben Todsünden, eine nach der anderen. Faust erteilt ihnen die Absolution, so wie Christus Maria Magdalena. Die Sieben Todsünden werden von denselben Personen gespielt: dem doppelten Mephistopheles.

Szene 17: Faust wird von zwei Drachen, dem doppelten Mephistopheles, in den Vatikan gebracht.

Szene 18: Faust, unsichtbar zu Füßen des Papstes, ist bei einem Bankett in Sankt Peter anwesend. Der Tisch für das Bankett wird durch die Körper des doppelten Mephistopheles gebildet, der die Zehn Gebote aufsagt. Faust ohrfeigt den Papst und bricht damit dessen Stolz und seine Eitelkeit. Er verwandelt den Papst in einen demütigen Menschen – dies ist das Wunder des Faust.

Szene 19: Im Palast von Kaiser Karl V. vollbringt Faust Wunder in der Tradition von Volkslegenden. Er lässt die Erde sich auftun und Alexander den Großen hervorbringen. Dann überlistet Faust Benvolio, einen Höfling, der ihn töten will: Benvolios Wut richtet sich gegen die Tische – er demoliert tatsächlich die Tischplatten und stürzt Teile der Tische um, während er die ganze Zeit denkt, er zerreiße Faust. Dann verwandelt Faust ihn in ein kleines Kind.

Szene 20: Rückkehr in die Gegenwart – Fausts letztes Abendmahl. Faust nimmt das Gespräch mit seinen Gästen wieder auf. Auf Drängen eines Freundes beschwört er Helena von Troja herauf und enthüllt durch komische Anspielungen die weiblichen biologischen Funktionen. Helena beginnt einen Liebesakt mit ihm – und gebiert augenblicklich einen Säugling. Dann, noch in dieser erotischen Haltung, wird sie selbst zu dem jammernden Kind. Schließlich wird sie in ein gierig nuckelndes Baby verwandelt.

Szene 21: Der doppelte Mephistopheles zeigt Faust das Paradies. Dies wäre ihm gewiss gewesen, wenn er Gottes Gebote befolgt hätte: ein guter, ruhiger, frommer Tod. Dann zeigt er ihm die Hölle, die ihn erwartet: ein konvulsivischer, gewaltsamer Tod.

Szene 22: Die Schlussszene. Faust hat nur noch wenige Minuten zu leben. Ein langer Monolog, der seine letzte und unerhörteste Herausforderung Gottes darstellt.

»Ah, Fauste!
Nun hast du nur ein einzig Stündlein noch zu leben,
dann kommt ewige Verdammnis.«
(V, 16, S. 66)

Im Originaltext drückt dieser Monolog Fausts Reue darüber aus, dass er seine Seele dem Teufel verkauft hat; er bietet Gott an, zu ihm zurückzukehren. In der Produktion ist dies ein offener Kampf, das große Aufeinandertreffen zwischen dem Heiligen und Gott. Faust macht große Gesten, um mit dem Himmel zu hadern, und ruft das Publikum zu seinen Zeugen auf, macht Vorschläge, die seine Seele retten würden, wenn Gott es wollte, wenn Er wirklich gnädig und mächtig genug wäre, um eine Seele im Augenblick ihrer Verdammnis zu retten. Zuerst schlägt Faust vor, dass Gott die Himmelssphären – die Zeit – aufhalten soll, doch vergebens:

»Steht still, ihr rastlos regen Himmelssphären!
Zeit, höre auf! Nie werd' es Mitternacht!«
(V, 16, S. 66)

Er spricht zu Gott, antwortet aber selbst: »Oh – ich will hinauf zu meinem Gott! – Wer reißt mich abwärts?!« (V, 16, S. 66) Faust beobachtet ein interessantes Phänomen: Der Himmel ist mit dem Blut Christi bedeckt, und nur ein halber Tropfen davon würde ihn retten. Er verlangt Erlösung:

»Sieh:
Wie Christi Blut einströmt ins Firmament!
Ein Tropfen
ein halber Tropfen – könnte meine Seele erlösen!«
(V, 16, S. 66)

Doch Christus entschwindet, sogar als Faust ihn beschwörend bittet, und das bringt Faust dazu, zu seinen Gästen zu sagen: »Wo ist es nun? – Es schwand ...« (V, 16, S. 66) Dann erscheint Gottes zorniges Antlitz, und Faust bekommt Angst:

»... Doch sieh, wie Gott,
das Antlitz zornverdüstert, seinen Arm reckt!«
(V, 16, S. 66)

Faust möchte, dass die Erde sich auftue und ihn verschlinge, und er wirft sich zu Boden:

»Kommt, Berge, Hügel, kommt, fallt über mich
und deckt mich vor dem heiligen Zorne Gottes.«
(V, 16, S. 66)

Aber die Erde bleibt für seine Bitten taub, und er steht schreiend auf: »Oh, willst du mich nicht bergen?« (V, 16, S. 66) Der Himmel hallt wider von dem Wort, und in allen Ecken des Raums singen die versteckten Schauspieler wie rezitierende Mönche Gebete wie das Ave-Maria und das Vaterunser. Es schlägt Mitternacht. Fausts Ekstase wird zu seiner Passion. Der Augenblick ist gekommen, wo der Heilige – nachdem er seinen Gästen die Schuld der Gleichgültigkeit, ja sogar die Sünde Gottes gezeigt hat – bereit ist für sein Martyrium: die ewige Verdammnis. Er gerät in Verzückung, sein Körper schüttelt sich in Krämpfen. Das ekstatische Versagen seiner Stimme wird zum Zeitpunkt seiner Passion zu einer Reihe unartikulierter Schreie – die durchdringenden, mitleiderregenden Schreie eines Tieres, das in einer Falle gefangen ist. Sein Körper erschauert, und dann ist alles Schweigen. Der doppelte Mephistopheles, als zwei Priester gekleidet, kommt herein und schafft Faust zur Hölle.

Der männliche Mephistopheles schleppt Faust auf seinem Rücken fort, hält ihn bei den Füßen, der Kopf des Heiligen hängt nach unten bis fast auf den Boden, seine Hände schleifen über die Erde. So geht er seiner ewigen Verdammnis entgegen, wie ein Opfertier, wie einer, der zum Kreuz geschleift wird.

Der weibliche Mephistopheles folgt ihnen und summt einen Trauermarsch, der bald darauf zu einem melancholischen Kirchenlied wird (die Mutter der Schmerzen folgt ihrem Sohn zum Kalvarienberg). Aus dem Munde des Heiligen kommen raue Schreie; diese unartikulierten Laute sind nicht menschlich. Faust ist kein Mensch mehr, sondern ein keuchendes Tier, ein unbrauchbares, einst menschliches Wrack, das ohne Würde stöhnt. Der Heilige gegen Gott hat seinen »Höhepunkt« erreicht, er hat Gottes Grausamkeit durchlebt. Er ist der Sieger – moralisch. Aber er hat für diesen Sieg den vollen Preis gezahlt: ewiges Martyrium in der Hölle, wo ihm alles genommen wird, selbst seine Würde.

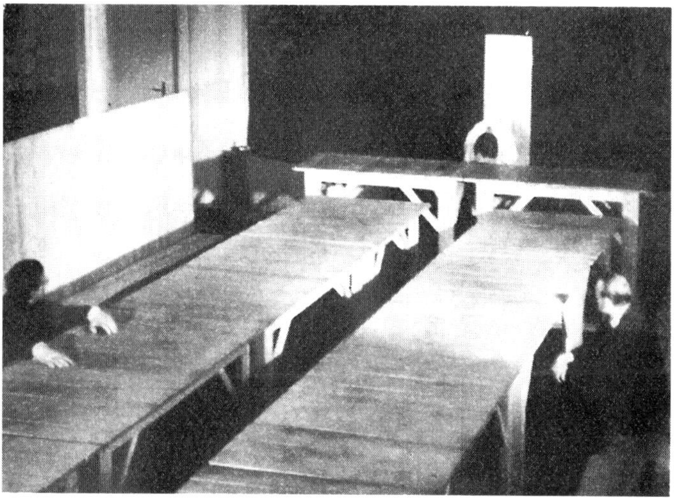

(15) *Dr. Faustus*: Gesamtansicht der Bühnenordnung. Faust (Zbigniew Cynkutis) erwartet die Ankunft seiner Gäste (der Zuschauer). (Fotos: Bogumił J. Opiołaj-Andrzej Moskwiak)

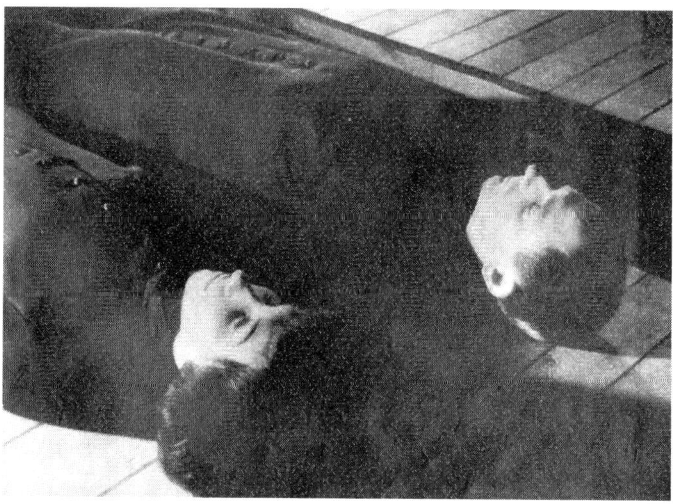

(16) *Dr. Faustus*: Der doppelte, androgyne Mephistopheles (Rena Mirecka und Antoni Jahołkowski).

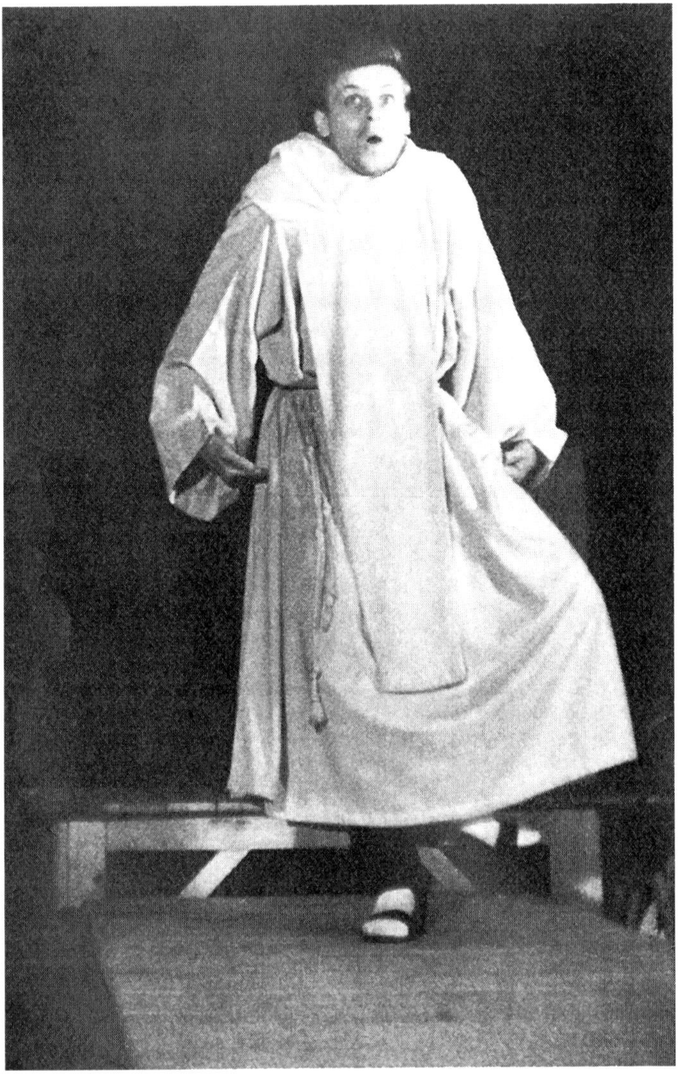

(17) *Dr. Faustus*: Monolog des Faust, in dem er beschließt, sich der Magie zuzuwenden (Zbigniew Cynkutis).

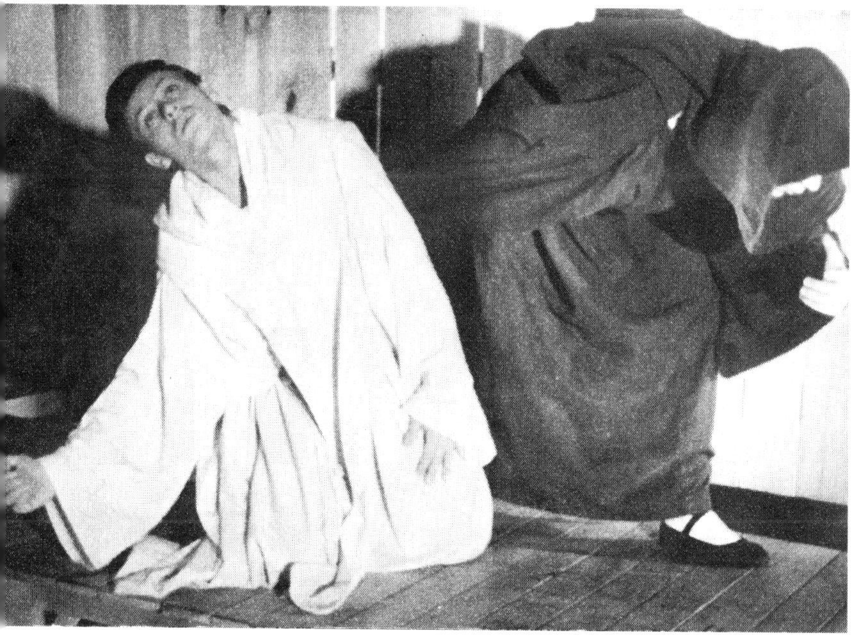

(18) *Dr. Faustus*: Faust wird in die Magie eingeweiht (Zbigniew Cynkutis und Ryszard Cieślak).

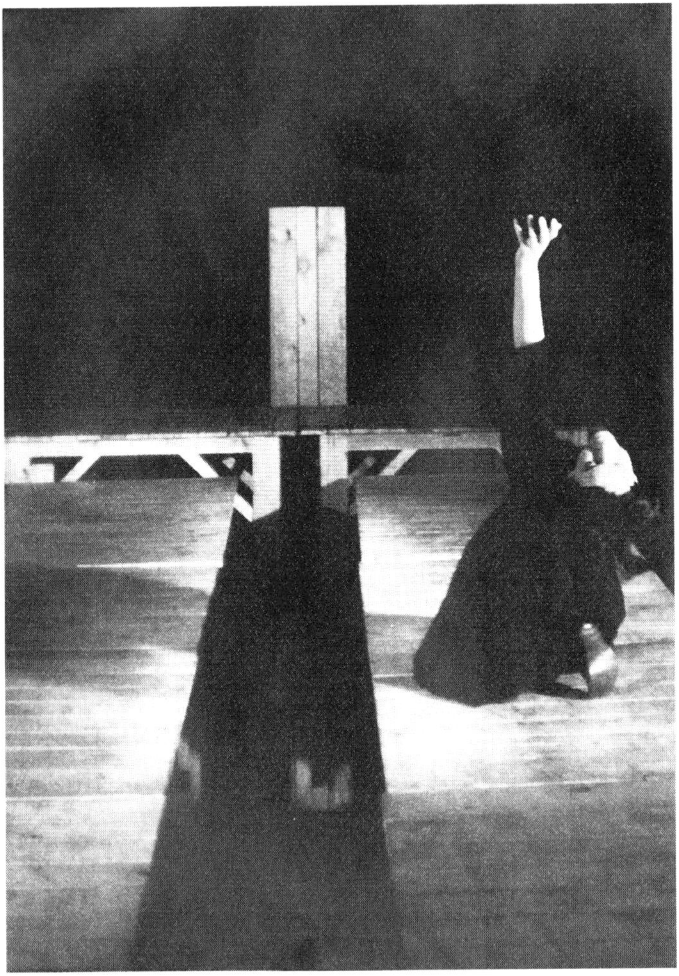

(19) *Dr. Faustus*: Eine der Sieben Todsünden (Rena Mirecka).

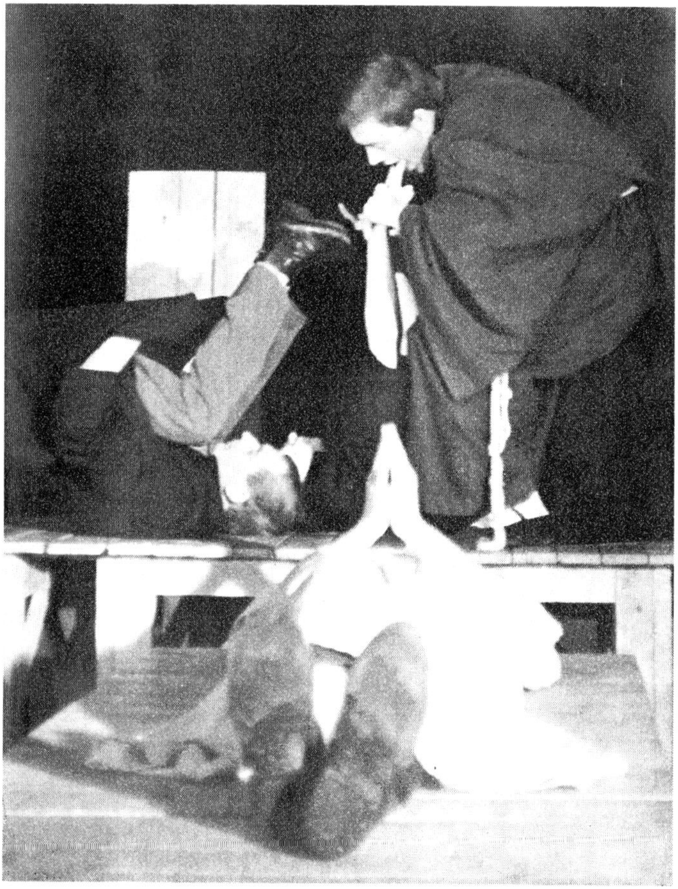

(20) *Dr. Faustus*: Faust nimmt, unsichtbar, am Mahl des Papstes teil. Der Thron des Papstes besteht aus dem doppelten Mephistopheles (Antoni Jahołkowski, Rena Mirecka, Zbigniew Cynkutis, Ryszard Cieślak).

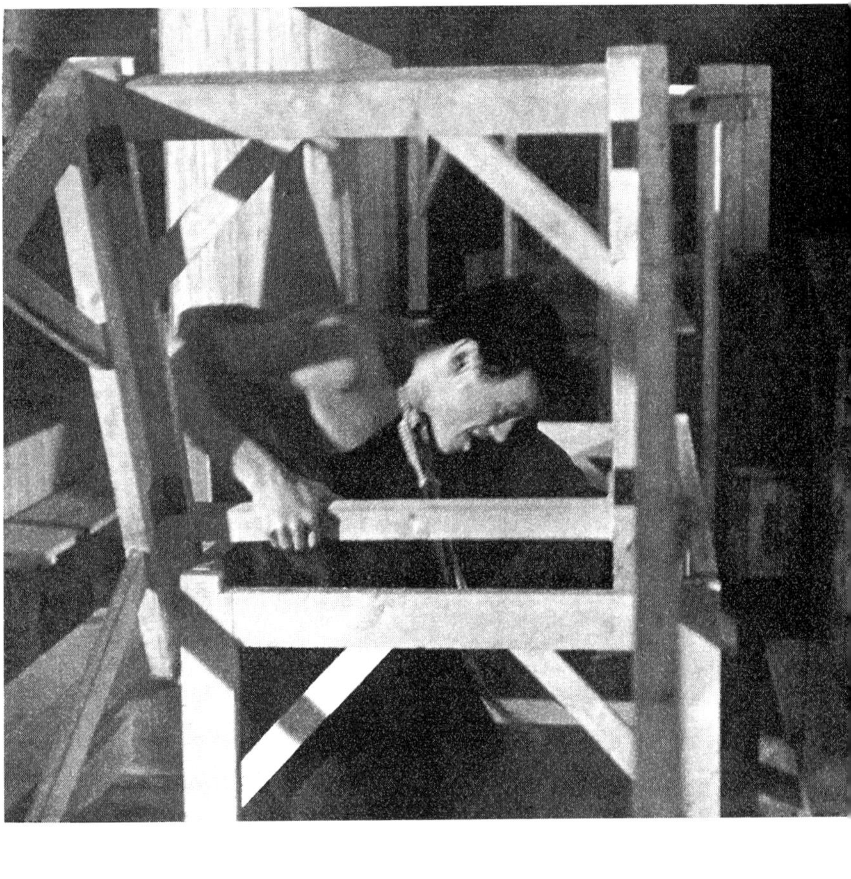

(21) *Dr. Faustus*: Benvolio (Ryszard Cieślak) zerstört voller Wut die Requisiten in dem Bemühen, Faust zu töten.

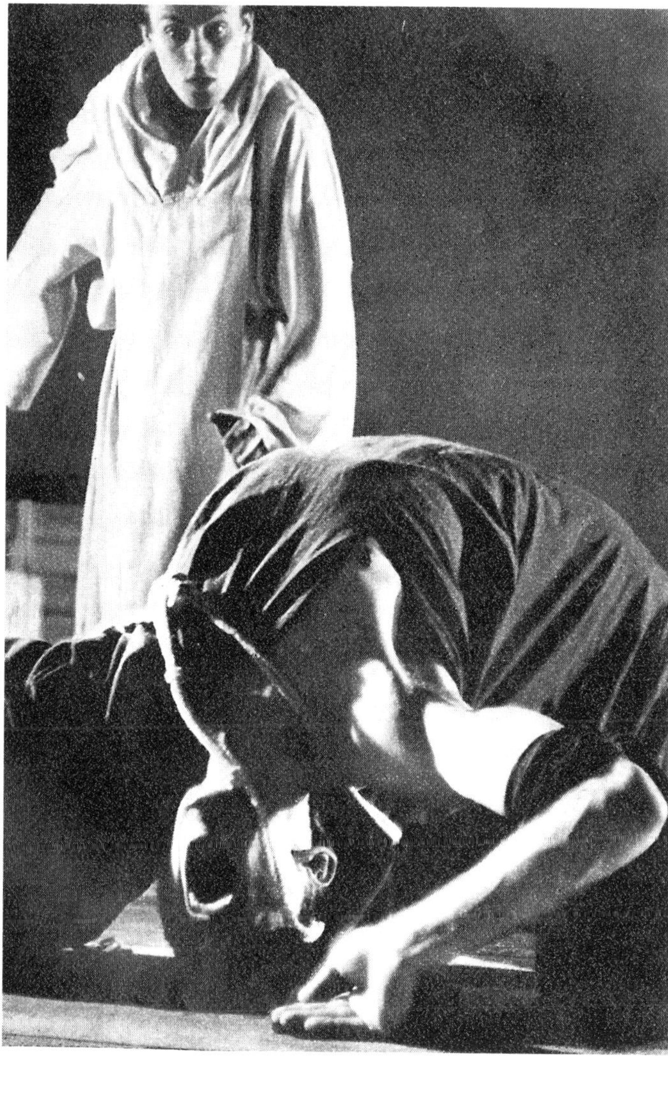

(22) *Dr. Faustus*: Faust zähmt Benvolio (Zbigniew Cynkutis, Ryszard Cieślak).

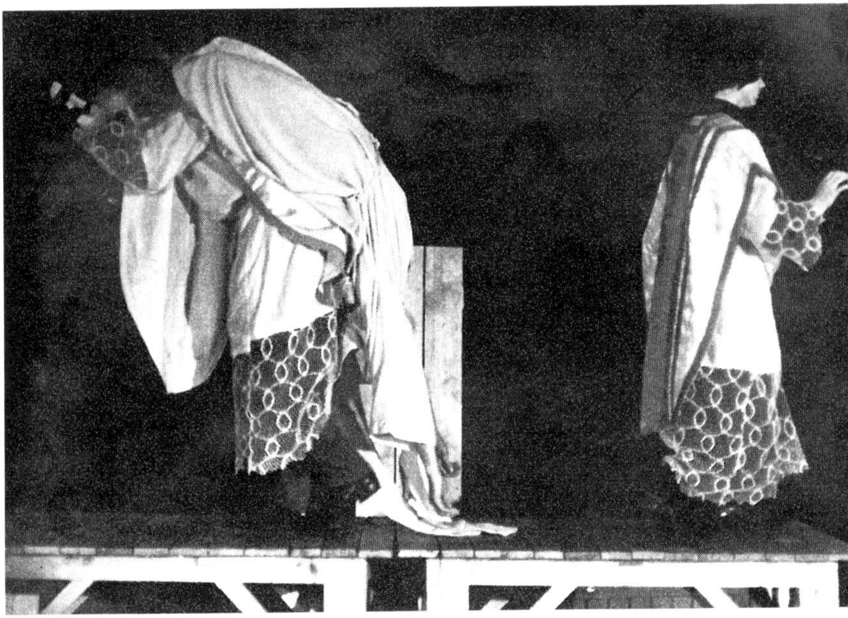

(23) *Dr. Faustus*: Der doppelte Mephistopheles trägt Faust zur Hölle (Antoni Jahołkowski, Zbigniew Cynkutis, Rena Mirecka).

Der standhafte Prinz

Diese Einführung von Ludwik Flaszen erschien im polnischen Programmheft. *Der standhafte Prinz* wurde von Jerzy Grotowski inszeniert. Die Kostüme entwarf Waldemar Kryger, die Bühnen-Architektur schuf Jerzy Gurawski.
Hauptrollen: Der standhafte Prinz – Ryszard Cieślak; der König – Antoni Jahołkowski; Fenixana – Rena Mirecka; Tarudant, die Peinigerin – Maja Komorowska; Muley, der Peiniger – Mieczysław Janowski; der Erste Gefangene – Stanisław Scierski.

Das Szenarium dieser Aufführung basiert auf dem Text des großen spanischen Dramatikers des 17. Jahrhunderts, Calderón de la Barca, in der hervorragenden polnischen Übertragung von Julius Słowacki, dem bedeutenden romantischen Dichter. Der Regisseur will jedoch *Der standhafte Prinz* nicht so aufführen, wie er vorliegt. Er zielt darauf ab, seine eigene Vision des Stücks zu zeigen, und die Beziehung seines Szenariums zum Originaltext gleicht derjenigen einer musikalischen Variation zum Originalthema.

In der Eröffnungsszene kollaboriert der Erste Gefangene mit seinen Peinigern. Er liegt auf einem rituellen Bett, wo er zunächst symbolisch kastriert wird und dann, nachdem man ihm eine Uniform angezogen hat, »einer von der Truppe« wird. Die Aufführung ist eine Studie der »Unbeugsamkeit«, die nicht darin besteht, Stärke, Würde und Mut zu manifestieren. Den Menschen um ihn herum, die ihn wie eine Art seltsames Tier betrachten, hält der Zweite Gefangene – der Prinz – nur Passivität und Freundlichkeit entgegen, er bezieht sich auf eine höhere spirituelle Ordnung. Er scheint den hässlichen und gemeinen Taten der Menschen um ihn herum keinen Widerstand entgegenzusetzen, er diskutiert nicht einmal mit ihnen. Sie sind ganz einfach jenseits seiner Beachtung. Er weigert sich, einer von ihnen zu sein. Auf diese Weise haben die Feinde des Prinzen, die ihn scheinbar in ihrer Gewalt haben, in Wahrheit keinerlei Einfluss auf ihn. Während er sich ihren Misshandlungen unterwirft, bewahrt er seine Unabhängigkeit und Reinheit bis zur Ekstase.

Die Gestaltung von Bühne und Zuschauerraum erinnert an etwas, das angesiedelt ist zwischen einer Arena und einem Operationssaal. Man könnte das, was man unten sieht, als eine Art grausamen Sport in einer alten römischen Arena oder als eine chirurgische Operation sehen, wie sie auf Rembrandts »Anatomie des Dr. Tulp« abgebildet ist.

Die Menschen, die den Prinzen umgeben – eine entfremdete, eigenartige Gesellschaft –, tragen Togen, Hosenträger und Stulpenstiefel, um zu zeigen, dass sie Vergnügen daran haben, ihre Macht zu gebrauchen, dass sie auf ihr Urteil vertrauen, vor allem, wenn es Menschen betrifft, die anders sind als sie. Der Prinz trägt ein weißes Hemd – ein naives Symbol der Reinheit – und einen roten Mantel, der hin und wieder in einen Schleier verwandelt werden kann. Am Ende des Stücks ist er nackt, hat nichts als seine eigene menschliche Identität, um sich zu verteidigen.

Die Gefühle der Gesellschaft dem Prinzen gegenüber sind nicht einmütig feindselig. Sie sind eher der Ausdruck eines Gespürs für das Unterschiedliche und die Seltsamkeit, verbunden mit einer Art Faszination, und diese Verbindung enthält in sich die Möglichkeit solch gegensätzlicher Reflexe wie Gewalt und Verehrung. Jeder will den Märtyrer für sich haben, am Ende der Aufführung kämpfen sie um ihn, als wäre er ein wertvoller Gegenstand. Währenddessen ist der Held unablässig konfrontiert mit endlosen Widersprüchen, dem Willen seiner Feinde unterworfen. Sobald die Tat einmal vollbracht ist, bereuen die Menschen, dass sie den Prinzen zu Tode gefoltert haben, und bejammern sein Schicksal. Die Raubvögel verwandeln sich in Turteltauben.

Schließlich verkörpert er eine lebendige Hymne zu Ehren der menschlichen Existenz, obwohl er doch gepeinigt und töricht gedemütigt worden ist. Die Ekstase des Prinzen ist eine Passion, die er nur ertragen kann, indem er sich der Wahrheit wie in einem Liebesakt hingibt. In dieser Hinsicht bemüht sich die Aufführung, die tragische Pose zu überwinden, was paradox scheint. Das geschieht, indem alle Elemente ausgeschaltet werden, die uns dazu zwingen könnten, den tragischen Aspekt zu akzeptieren.

Der Regisseur glaubt, dass er, obwohl er sich nicht buchstabengetreu an Calderóns Text gehalten hat, nichtsdestotrotz die innere Bedeutung des Stücks bewahrt hat. Die Aufführung ist eine Übertragung der tiefgehenden Antinomien und typischen Züge des Barockzeitalters wie zum Beispiel sein visionärer Aspekt, seine Musik, seine Wertschätzung des Konkreten und sein Spiritualismus.

Die Aufführung ist auch eine Art Übung, die die Überprüfung von Grotowskis Schauspielmethode ermöglicht. Alles nimmt im Schauspieler Gestalt an: in seinem Körper, seiner Stimme und seiner Seele.

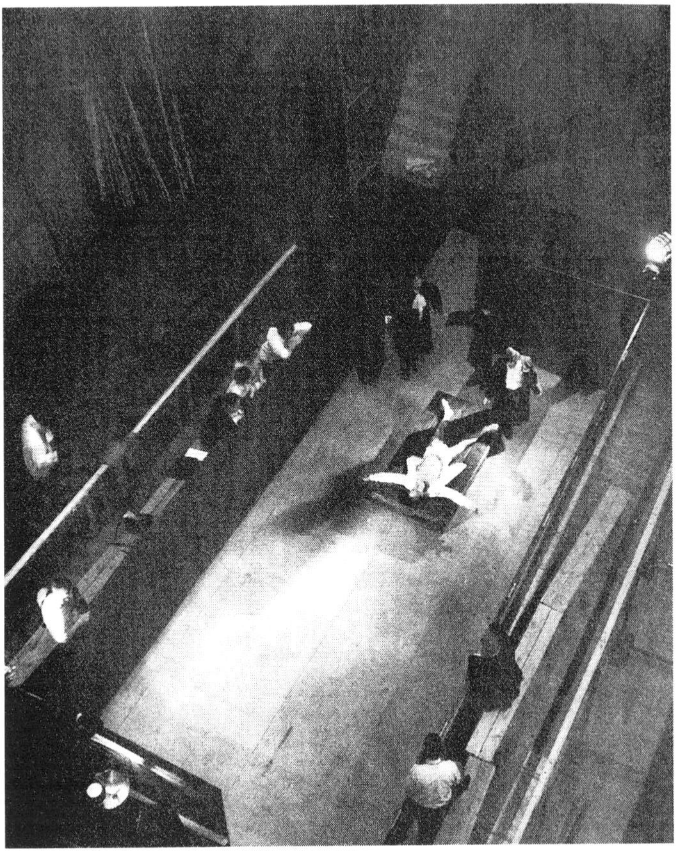

(24) *Der standhafte Prinz*: Gesamtansicht der Bühnenanordnung. Die Zuschauer-Voyeure blicken darauf wie auf einen verbotenen Akt. In der Mitte der Erste Gefangene (Stanisław Scierski). (Foto: Marc Enguérand/Collection Armelle & Marc Enguérand)

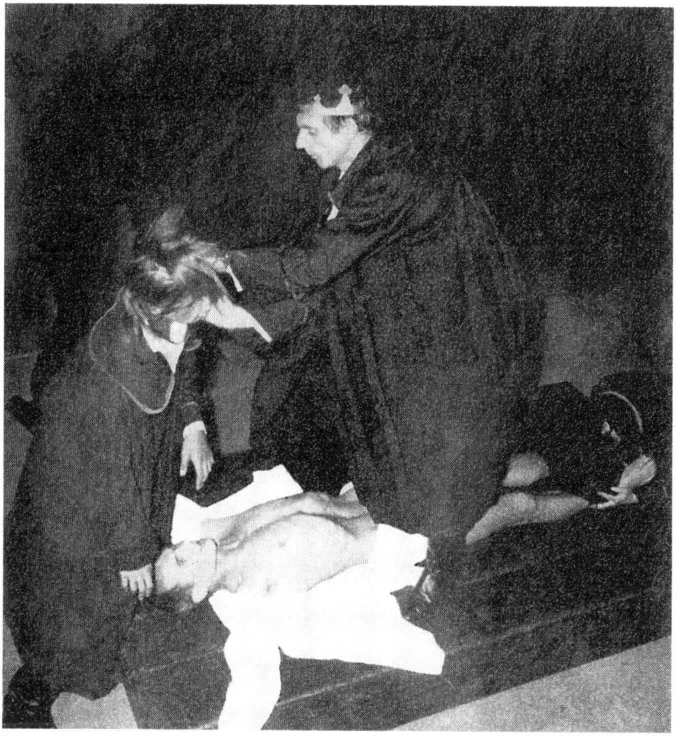

(25) *Der standhafte Prinz*: Behandlung des Ersten Gefangenen; Faszination und Rivalität ergreifen seine Peiniger, die ihn in ihren Clan aufnehmen. (Foto: Marc Comte/Collection Armelle & Marc Enguérand)

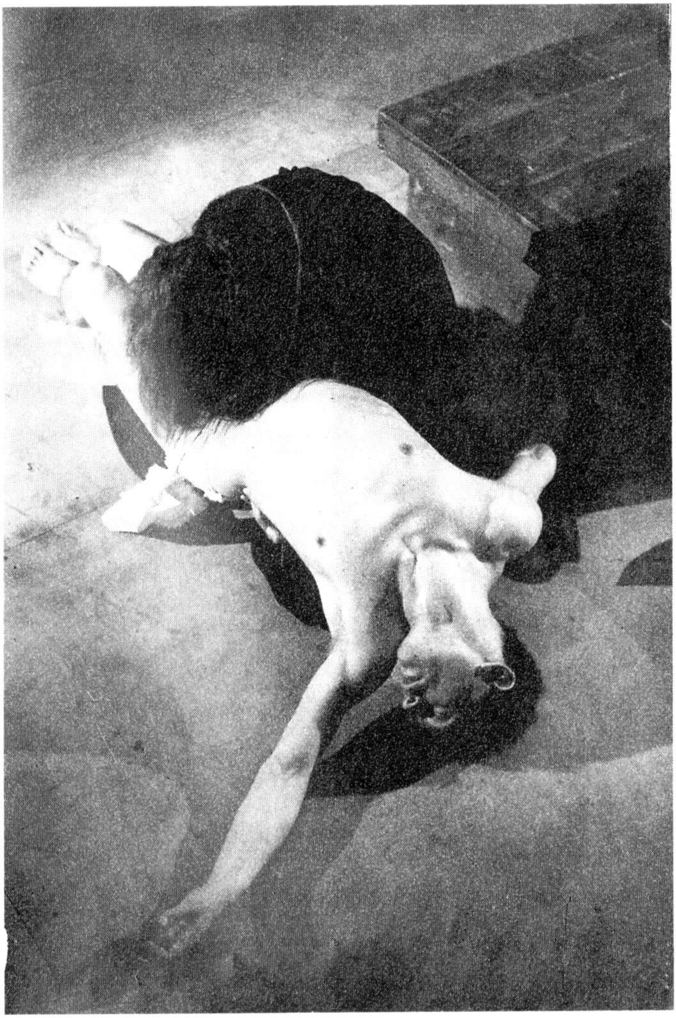

(26) *Der standhafte Prinz*: Pietà.
Der standhafte Prinz wird von einem seiner Peiniger umarmt.
(Foto: Marc Enguérand/Collection Armelle & Marc Enguérand)

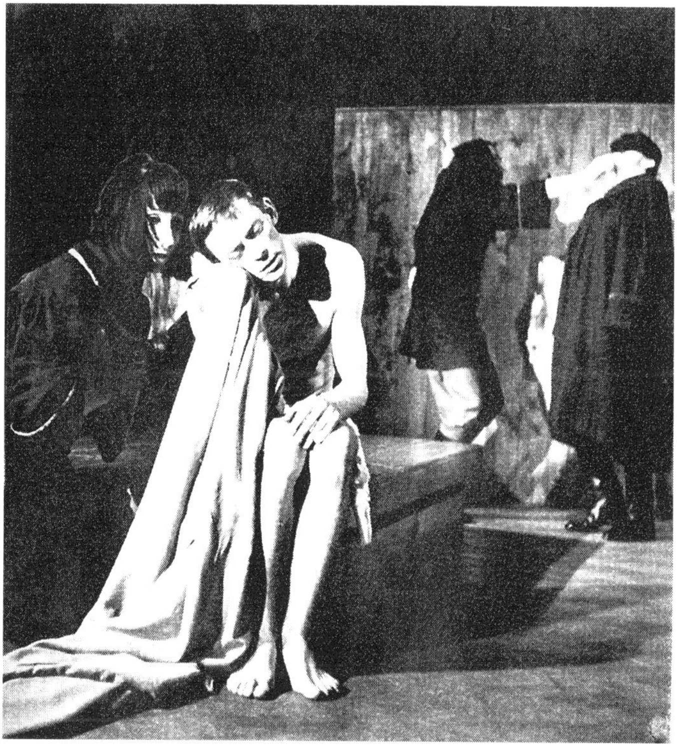

(27) *Der standhafte Prinz*: Die Peiniger beichten ihrem Opfer ihre Sünden (Rena Mirecka und Ryszard Cieślak). (Fotos 27–31: Teatr Laboratorium)

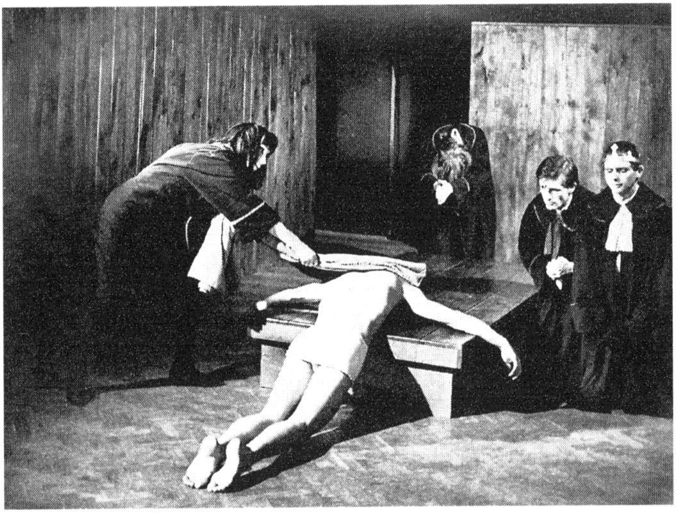

(28) *Der standhafte Prinz*: Während die Höflinge beten, wird der standhafte Prinz (Ryszard Cieślak) gefoltert, da er sich weigert, mit seinen Peinigern zu kollaborieren.

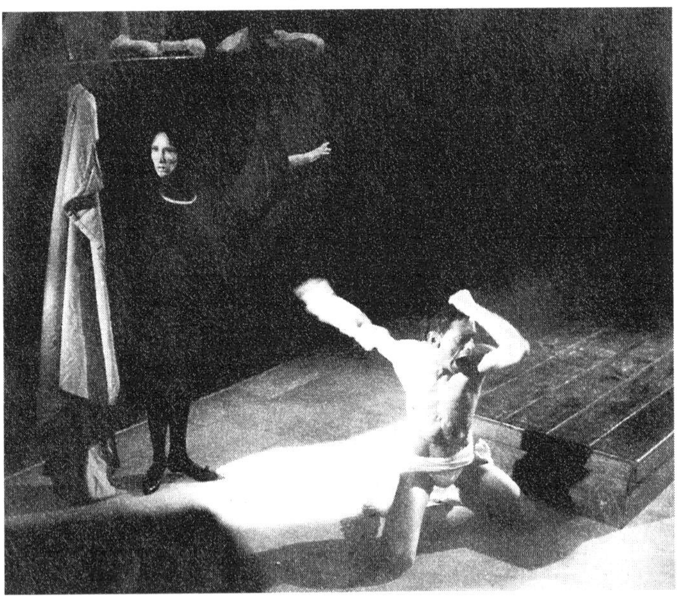

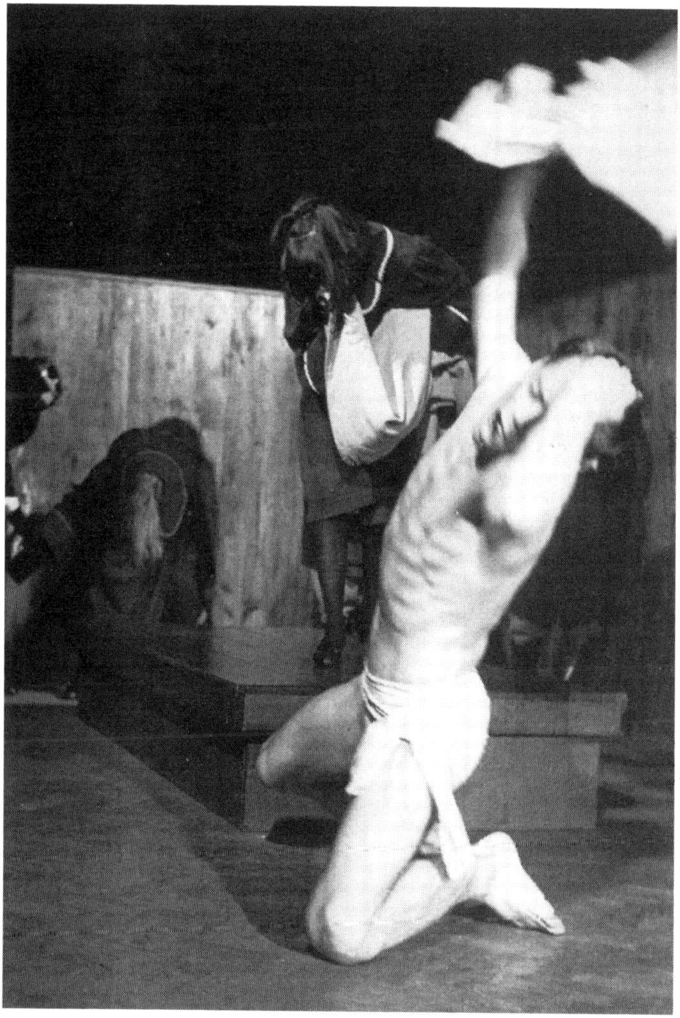

(29) und (30) *Der standhafte Prinz*: Am Hofe wird ein Ball gegeben. Die Schreie des Gefolterten sind die Musik zum Menuett (Rena Mirecka und Ryszard Cieślak).

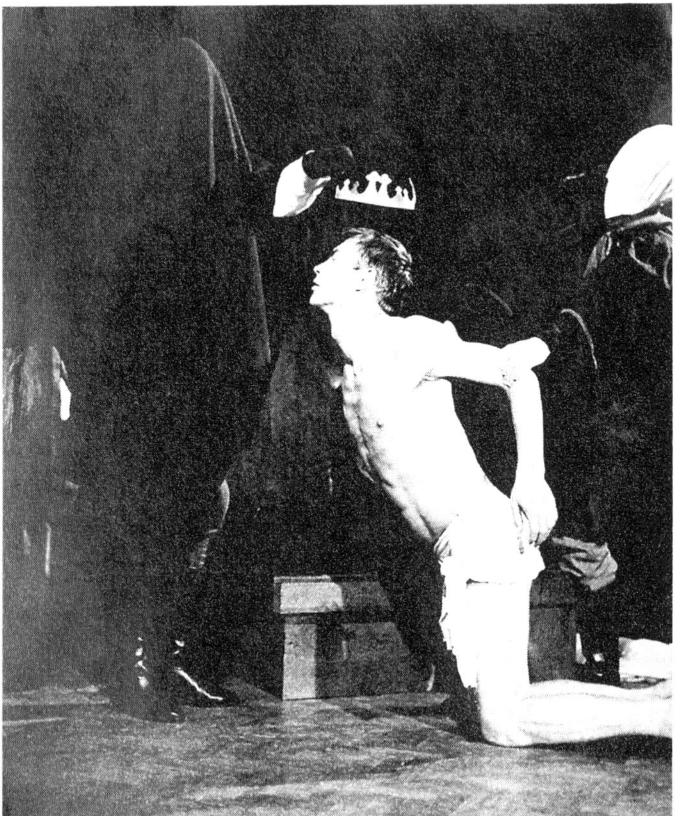

(31) *Der standhafte Prinz*: Bevor er den standhaften Prinzen zum Märtyrer macht, leiht der König ihm seine Kroone, um seine Absolution zu erhalten.

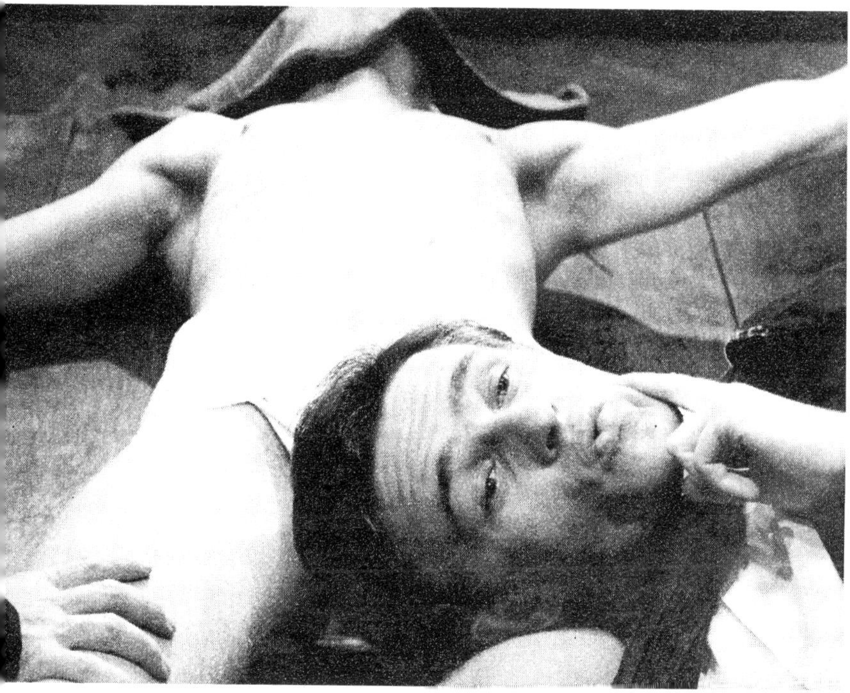

(32) *Der standhafte Prinz*: Der standhafte Prinz ist tot. Nun ist der Augenblick gekommen, ihn zum Gott zu machen und andere in seinem Namen zu töten. (Foto: Zygmunt Samosiuk)

Die Monologe des Ryszard Cieślak als standhafter Prinz (Abb. 33 bis 40): Schritte auf seinem Weg zum Höhepunkt

Meiner Meinung nach ist die Kraft und darüber hinaus der Erfolg des *Standhaften Prinzen* hauptsächlich der Hauptfigur zu verdanken. In der Schöpfung des Schauspielers nehmen die wesentlichen Elemente von Grotowskis Theorie präzise, greifbare Formen an, die nicht nur an der Demonstration seiner Methode überprüft werden kann, sondern auch an den wunderschönen Früchten, die sie trägt.

Das Wesentliche hierbei liegt in Wahrheit weder in der Tatsache, dass der Schauspieler seine Stimme auf erstaunliche Weise gebraucht, noch darin, dass er seinen fast nackten Körper einsetzt, um bewegliche Formen zu skulpturieren, die in ihrer Expressivität tief beeindruckend sind; noch liegt es in der Art und Weise, wie die Technik von Körper und Stimme während der langen, erschöpfenden Monologe, die stimmlich und physisch ans Akrobatische grenzen, eine Einheit bilden. Es handelt sich dabei um etwas ganz anderes.

Wir haben die bemerkenswerten technischen Ergebnisse, die Grotowski in seiner Arbeit mit dem Schauspieler erzielt, immer verfolgt und oft anerkennend miterlebt. Wir haben dennoch eine gewisse Skepsis in Bezug auf die Argumente zurückbehalten, die er gebraucht, wenn er die Arbeit des Schauspielers mit einem psychischen Akt der Überschreitung, einer Erforschung, einer Sublimierung, einer Verlagerung tiefliegender psychischer Substanzen vergleicht. Angesichts der Schöpfung von Ryszard Cieślak wird diese Skepsis in Frage gestellt.

In meinem Beruf als Theaterkritiker habe ich noch nie das Bedürfnis verspürt, jenen grässlich banalen und abgenutzten Ausdruck zu gebrauchen, der in diesem besonderen Falle einfach wahr ist: Diese Schöpfung ist »inspiriert«. Ich kann nicht anders, ich muss dieses Wort mit einem gewissen Maß an Überraschung betrachten, es durch ein Vergrößerungsglas untersuchen, aber wenn es noch einen legitimen Platz in der Welt der Theaterkritik hat, könnte ich gewiss keine bessere Gelegenheit finden, es anzuwenden. Bis heute akzeptierte ich mit Vorbehalten Begriffe wie »säkularisierte Heiligkeit«, »Akt der Demut«, »Reinigung«, die Grotowski benutzt. Heute gebe ich zu, dass sie sich perfekt auf die Figur des standhaften Prinzen anwenden lassen. Eine Art psychischer Erleuchtung geht von dem Schauspieler aus. Ich kann keine andere Definition finden. In den Höhepunkten der Rolle ist alles Technische wie von innen heraus erleuchtet, leuchtend, buchstäblich schwerelos. Jeden Moment wird der Schauspieler zu schweben beginnen... Er ist in einem Zustand der Gnade. Und dieses »grausame Theater« um ihn herum, mit seinen Blasphemien und Exzessen, verwandelt sich in ein Theater im Zustand der Gnade.

Józef Kelera
ODRA XI, 1965

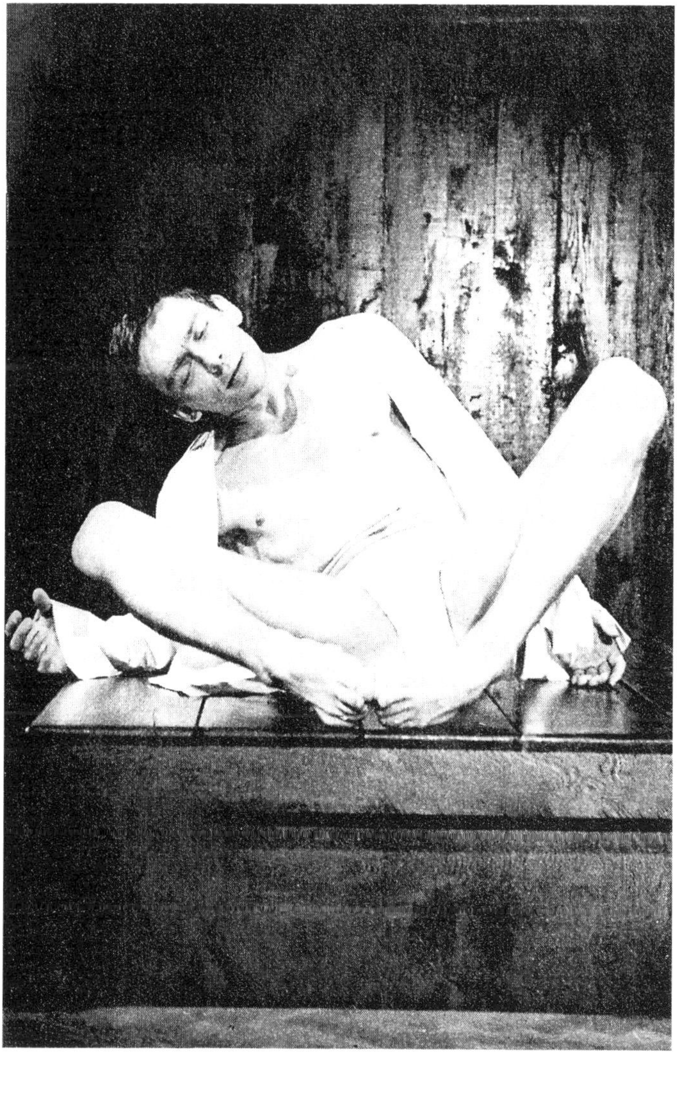

(33–40) *Der standhafte Prinz*: Die Monologe des Ryszard Cieślak als standhafter Prinz: Schritte auf seinem Weg zum Höhepunkt. (Fotos: Teatr Laboratorium)

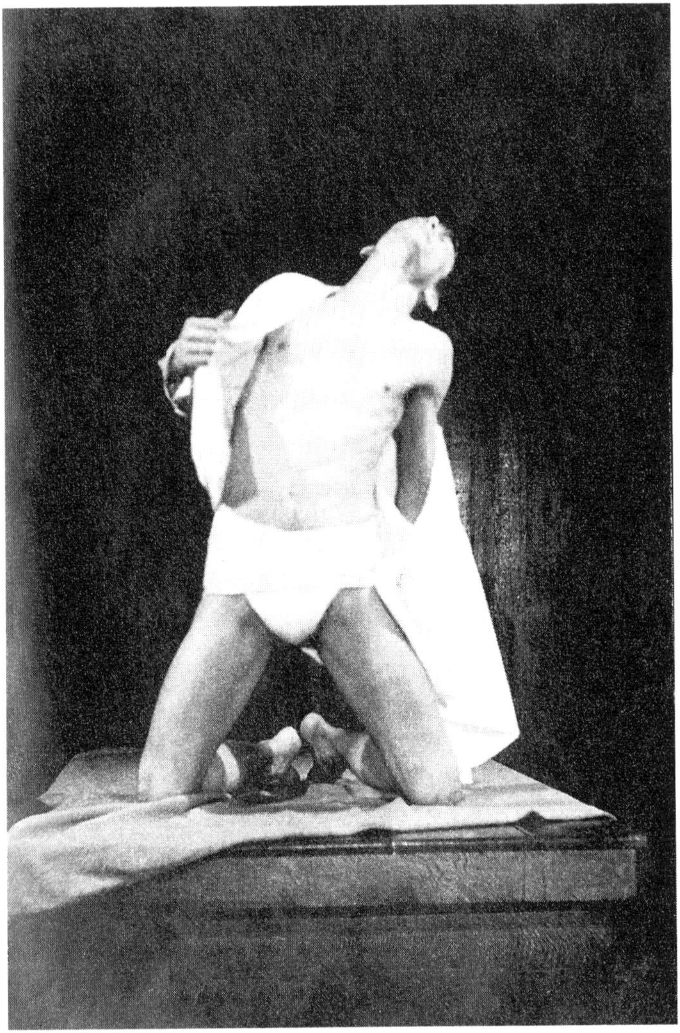

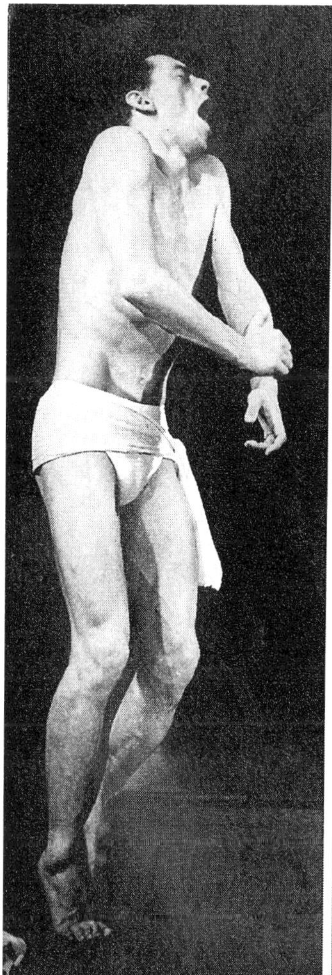

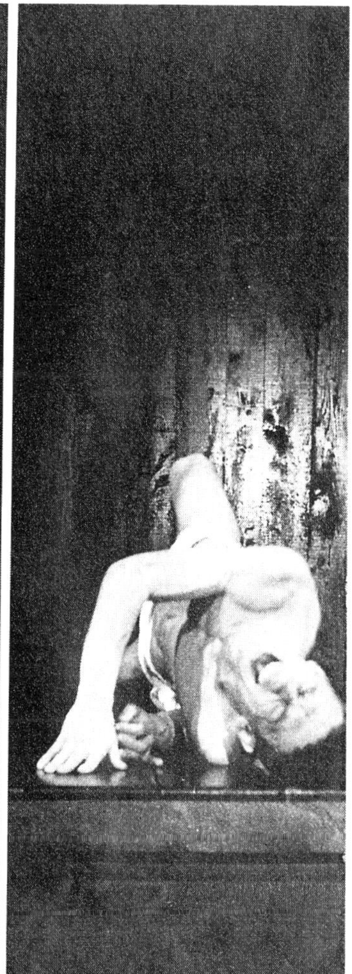

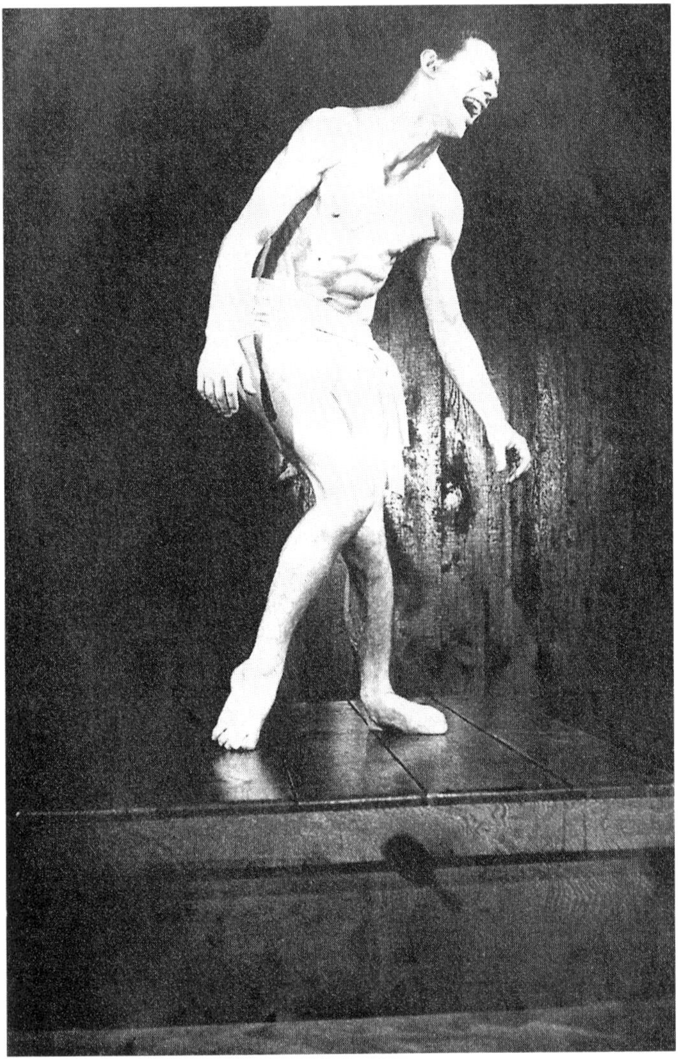

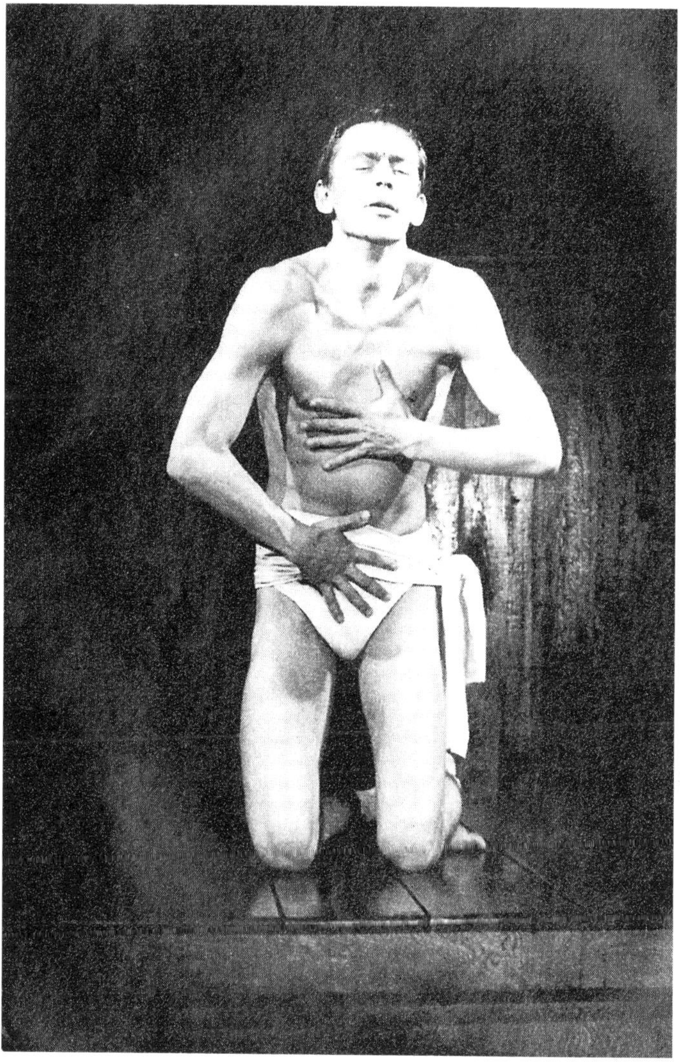

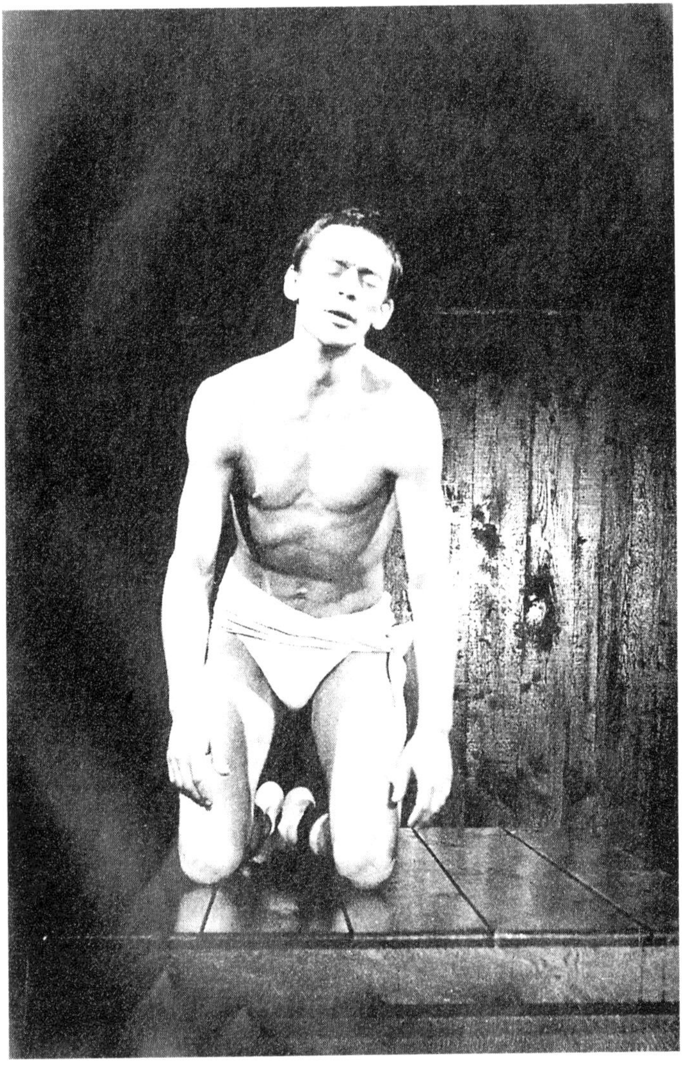

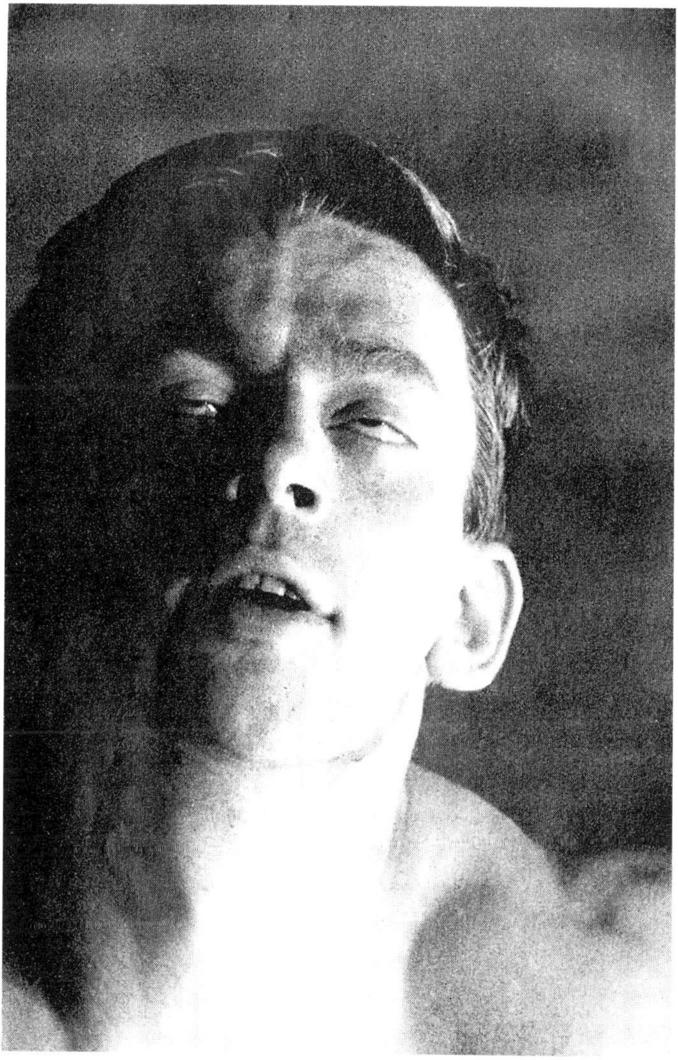

Er war nicht ganz er selbst

Dieser Artikel von Jerzy Grotowski wurde veröffentlicht in: *Les Temps Modernes* (Paris, April 1967) und in *Flourish,* der Zeitschrift des Royal Shakespeare Theatre Club (Sommer 1967).

Stanislawski wurde durch seine Schüler gefährdet. Er war der erste große Schöpfer einer Schauspielmethode im Theater, und alle diejenigen unter uns, die mit Theaterproblemen zu tun haben, können nicht mehr tun als persönliche Antworten auf Fragen zu geben, die er aufgeworfen hat. Wenn wir in zahlreichen europäischen Theatern Aufführungen anschauen, die von der Brechtschen Theorie inspiriert sind, und uns gezwungen sehen, gegen die pure Langeweile anzukämpfen, weil der Mangel an Überzeugung bei Schauspielern wie Regisseuren die Stelle des sogenannten Verfremdungseffekts einnimmt, denken wir an Brechts eigene Produktionen zurück. Sie waren vielleicht seiner Theorie weniger treu, dagegen aber sehr persönlich und subversiv, und sie bewiesen ein tiefes professionelles Wissen, hinterließen uns nie in einem Zustand der Ermattung.

Wir treten in das Zeitalter Artauds ein. Das »Theater der Grausamkeit« ist kanonisiert, das heißt trivial gemacht worden, für Tand eingetauscht, auf verschiedene Weisen gequält worden. Wenn ein hervorragender Theaterschaffender mit ausgeprägtem Stil und mit Persönlichkeit wie Peter Brook sich Artaud zuwendet, so geschieht das nicht, um seine eigene Schwäche zu verbergen oder um den Mann nachzuäffen. An einem bestimmten Punkt seiner Entwicklung tritt der Moment ein, wo er sich in Übereinstimmung mit Artaud befindet, das Bedürfnis nach einer Konfrontation verspürt, Artaud *erprobt* und zurückbehält, was dieser Probe standhält. Er bleibt er selbst. Was aber die üblen Aufführungen betrifft, die man in der Theater-*Avantgarde* vieler Länder zu sehen bekommt, diese chaotischen Fehlgeburten, voll von sogenannter Grausamkeit, die kein Kind erschrecken könnte, wenn wir diese ganzen Happenings sehen, die nur einen Mangel an professioneller Fertigkeit offenbaren, ein Gefühl des Herumtappens und einen Hang zu simplen Lösungen, all die Aufführungen, die nur an der Oberfläche Gewalt ausstellen (sie wollen uns verletzen, schaffen es aber nicht) – wenn wir diese Subprodukte sehen, deren Produzenten Artaud ihren Vater-im-Geiste nennen, dann können wir in der Tat auf den Gedanken kommen, dass es sich hier um Gewalt handelt, aber nur gegen Artaud selbst.

Das Paradox Artauds liegt in der Tatsache, dass es unmöglich ist, seine Vorschläge auszuführen. Bedeutet das, dass er Unrecht hatte? Sicher nicht. Aber Artaud hinterließ keine konkrete Technik, gab keine Methode vor. Er ließ Visionen, Metaphern zurück. Dies war sicher ein Ausdruck von Artauds Persönlichkeit und ist teilweise Folge des Mangels an Zeit und Mitteln, um die Dinge in die Praxis umzusetzen, die er erahnte. Es liegt aber auch in dem begründet, was man Artauds Fehler nennen könnte oder zumindest seine Eigentümlichkeit: Während er sich auf scharfsinnige, alogische, fast unsichtbare und ungreifbare Weise vorarbeitete, benutzte Artaud eine Sprache, die beinahe ebenso ungreifbar und schwebend war. Doch Mikroorganismen werden mit einem Präzisionsinstrument, dem Mikroskop, untersucht. Alles, was nicht wahrnehmbar ist, erfordert Präzision.

Artaud sprach von der Magie des Theaters, und die Art, wie er es heraufbeschwor, hinterlässt Bilder, die uns auf eine bestimmte Weise berühren. Vielleicht verstehen wir sie nicht ganz, aber wir erkennen, dass es ihm um ein Theater ging, das den diskursiven Verstand und die Psychologie überschritt. Und wenn wir eines schönen Tages entdecken, dass die Essenz des Theaters weder im Erzählen einer Begebenheit noch in der Diskussion einer Hypothese mit dem Publikum noch in der Darstellung des Lebens, wie es von außen gesehen erscheint, noch gar in einer Vision zu finden ist, sondern dass Theater ein Akt ist, der *hier und jetzt* in den Organismen der Schauspieler ausgeführt wird, vor anderen Menschen, wenn wir entdecken, dass die theatralische Wirklichkeit unmittelbar ist, nicht eine Illustration des Lebens, sondern etwas, das *nur durch Analogie* mit dem Leben verbunden ist, wenn wir all das erkennen, dann fragen wir uns: Hat Artaud nicht genau das gemeint und sonst nichts?

Denn wenn wir im Theater die Tricks der Schminke, der Kostüme, der ausgestopften Bäuche und der falschen Nasen endgültig beseitigen und wenn wir dem Schauspieler vorschlagen, er solle sich vor den Augen des Zuschauers verwandeln, indem er nur seine inneren Impulse, seinen Körper einsetzt, wenn wir feststellen, dass die Magie des Theaters in dieser Verwandlung besteht, *in dem Augenblick, wo sie das Licht der Welt erblickt,* stellen wir noch einmal die Frage: Hat Artaud je irgendeine andere Art Magie gemeint?

Artaud spricht von der »kosmischen Trance«. Das bringt uns ein Echo der Zeit zurück, als der Himmel von seinen traditionellen Bewohnern entvölkert wurde und diese zum Gegenstand eines Kults wurden. Die »kosmische Trance« führt unausweichlich zum »magischen Theater«. Artaud erklärt jedoch das Unbekannte mit dem Unbekannten, das Magische mit dem Magischen. Ich weiß nicht, was mit der »kosmischen Trance« gemeint ist, da ich, allgemein gesprochen, nicht glaube, dass der Kosmos in einem physikalischen Sinne für den Menschen zu einem transzendentalen Bezugspunkt werden kann. Die Bezugspunkte sind andere. Der Mensch ist einer von ihnen.

Artaud stellte sich gegen das diskursive Prinzip im Theater, das heißt gegen die gesamte französische Theatertradition. Doch wir können ihn nicht als Pionier auf diesem Gebiet akzeptieren. Viele mitteleuropäische und östliche Theater haben eine lebendige Tradition des nicht-diskursiven Theaters. Und wie ordnen wir Wachtangow oder Stanislawski ein?

Artaud wies ein Theater zurück, das sich damit zufriedengab, dramatische Texte zu illustrieren; er forderte, das Theater solle eine kreative Kunst in sich selbst sein und nicht nur verdoppeln, was in der Literatur geschehe. Dies war ein Zeichen großen Mutes, großen Bewusstseins von seiner Seite, denn er schrieb in einer Sprache, in der die Gesammelten Werke von Theaterschriftstellern nicht »Stücke« oder »Komödien« heißen, sondern »Das Theater Molières« oder »Das Theater Montherlants«. Die Idee eines autonomen Theaters drang jedoch viel früher zu uns, sie kam von Meyerhold aus Russland.

Artaud beabsichtigte, die Schranke zwischen den Schauspielern und dem Publikum abzuschaffen. Das erscheint bemerkenswert, aber man beachte, dass er weder vorschlug, die Bühne als einen vom Zuschauerraum abgetrennten Teil abzuschaffen, noch eine jeder neuen Produktion angepasste unterschiedliche Struktur des Raumes zu suchen, um auf diese Weise eine echte Grundlage für die Konfrontation der beiden »Größen« Schauspieler und Zuschauer zu schaffen. Er schlug lediglich vor, das Publikum in die Mitte zu setzen und in allen vier Ecken des Raumes zu spielen. Dies ist kein Eliminieren der Bühne-Zuschauerraum-Schranke, sondern das Ersetzen des klassischen Puppentheaters durch eine andere, ebenso rigide Struktur. Und Jahre vor all den Ideen Artauds waren entscheidende Schritte in dieser Richtung bereits von Reinhardt, Meyerhold in seiner Produktion der Mysterienspiele und noch einmal später von Syrkus in Polen mit seinem bereits elaborierten Konzept des »simultanen Theaters« getan worden.

Auf diese Weise haben wir Artaud seine angedichteten Verdienste entzogen, um sie ihren ursprünglichen Vätern zurückzuerstatten. Man könnte vielleicht meinen, wir bereiteten eine Szene des Martyriums vor, in der wir Artaud seine Lumpen vom Leibe reißen wollten, so, wie er Beatrice Cenci in seiner Aufführung entblößt. Aber es liegt ein Unterschied darin, ob man jemanden auszieht, um ihn zu foltern, oder ob man das tut, um herauszufinden, wer er wirklich ist. Die Tatsache, dass andere an anderen Orten ähnliche Vorschläge gemacht haben, ändert nichts an der grundlegenden Tatsache, dass Artaud von selbst zu diesen Einsichten gekommen ist, durch sein eigenes Leiden, durch das Spektrum seiner eigenen Obsessionen, und dass er, was sein Land betrifft, wirklich alles erfunden hat.

Muss denn wirklich noch einmal wiederholt werden, dass Artaud, hätte er das nötige Material zur Verfügung gehabt, seine Visionen vom Unbestimmten zum Bestimmten hin entwickelt hätte, er sie sogar in eine Form oder, noch besser, eine Technik umgesetzt hätte? Dann wäre er in der Lage gewesen, all die anderen Reformer vorwegzunehmen, denn er hatte den Mut und die Kraft, sich über die Grenzen der üblichen diskursiven Logik hinaus vorzuwagen. All dies hätte geschehen können, geschah aber nie.

Artauds Geheimnis ist es vor allem anderen, besonders fruchtbare Fehler und Missverständnisse hervorgebracht zu haben. Seine Beschreibung des balinesischen Theaters, so suggestiv sie für die Vorstellungskraft sein mag, ist wirklich eine einzige große Fehlinterpretation. Artaud entzifferte Elemente der Darstellung, die konkrete Expression waren, spezifische theatralische Lettern eines Zeichenalphabets, das von den Balinesen universell verstanden wird, als »kosmische Zeichen« und »Gesten, die höhere Mächte anrufen«.

Das balinesische Theater war für Artaud wie die Kristallkugel für den Wahrsager. Es brachte eine völlig andere Aufführung in ihm hervor, die in seinen Tiefen geschlummert hatte, und diese

Arbeit Artauds, angeregt durch das balinesische Theater, gibt uns eine Vorstellung von seinen großen kreativen Möglichkeiten. Sobald er jedoch von der Beschreibung zur Theorie übergeht, beginnt er Magisches mit Magischem, kosmische Trance mit kosmischer Trance zu erklären. Es ist eine Theorie, die alles bedeuten kann, was man will.

Aber in seiner Beschreibung berührt er etwas Wesentliches, dessen er sich selbst nicht ganz bewusst wird. Es ist die wahre Lehre vom heiligen Theater; ob wir vom mittelalterlichen europäischen Theater sprechen, ob vom balinesischen oder vom indischen Kathakali: dieses Wissen, dass Spontaneität und Disziplin, weit davon entfernt, sich gegenseitig zu schwächen, sich vielmehr verstärken; dass das Elementare das Komponierte nährt und umgekehrt, um die echte Quelle einer Schauspielweise zu werden, die Ausstrahlung hat. Diese Lehre wurde weder von Stanislawski verstanden, der die natürlichen Impulse vorherrschen ließ, noch von Brecht, der der Konstruktion einer Rolle zu viel Gewicht beimaß.

Artaud sah den Mythos intuitiv als das dynamische Zentrum der Theateraufführung. Nur Nietzsche war ihm auf diesem Gebiet voraus. Er wusste auch, dass die Überschreitung des Mythos seine wesentlichen Werte erneuerte und »zu einem Element der Bedrohung wurde, das die geschmähten Formen wiederherstellte« (Ludwik Flaszen). Er trug der Tatsache jedoch keine Rechnung, dass in unserem Zeitalter, wo sich alle Sprachen untereinander vermischen, die Gemeinschaft des Theaters sich unmöglich mit dem Mythos *identifizieren* kann, da es nicht einen einzigen Glauben gibt. Nur eine *Konfrontation* ist möglich.

Artaud träumte davon, durch das Theater neue Mythen zu produzieren, aber dieser wunderschöne Traum entstand aus seinem Mangel an Präzision. Denn obwohl der Mythos die Grundlage oder den Rahmen für die Erfahrungen ganzer Generationen darstellt, liegt es bei den folgenden Generationen, ihn zu schaffen, nicht beim Theater. Das Theater könnte höchstens zur Kristallisation des Mythos beigetragen haben. Doch dann wäre es den gängigen Ideen zu ähnlich gewesen, um noch kreativ zu sein.

Eine Konfrontation ist ein »Ausprobieren«, ein Test all dessen, was ein traditioneller Wert ist. Eine Aufführung, die wie ein elektrischer Transformator unsere Erfahrung an die vergangener Generationen anschließt (und umgekehrt), eine Aufführung, die als ein Kampf gegen traditionelle und zeitgenössische Werte konzipiert ist (daher »Überschreitung«) – dies scheint mir die einzige reelle Chance für den Mythos zu sein, im Theater zu funktionieren. Eine ehrliche Erneuerung kann nur in diesem doppelten Spiel der Werte, dieser Bindung und Zurückweisung, dieser Auflehnung und Unterwerfung liegen.

Nichtsdestotrotz war Artaud ein Prophet. Hinter seinen Texten verbergen sich ein so besonderes und komplexes Gewebe der Voraussagen und so unmögliche Anspielungen, suggestive Visionen und Metaphern, die langfristig irgendwie gesund wirken. Denn all dies wird notwendig eintreten. Keiner weiß wie, aber es ist unvermeidlich. Und es geschieht wirklich.

Wir schreien voller Triumph, wenn wir dumme Missverständnisse bei Artaud entdecken. Das Zeichen, das im orientalischen Theater einfach ein Teil eines universell bekannten Alphabets ist, kann nicht – wie Artaud es haben wollte – ins europäische Theater transferiert werden, wo ja jedes Zeichen einzeln entstehen muss, in Beziehung zu vertrauten psychologischen oder kulturellen Assoziationen, bevor es zu etwas ganz anderem wird. All seine Unterteilungen des Atmens in männlich, weiblich und sächlich sind bloße Fehlinterpretationen orientalischer Texte, und in der Praxis sind die Unterschiede so geringfügig, dass man sie nicht nachvollziehen kann. Seine Studie »Eine Gefühlsathletik« (in: *Das Theater und sein Double,* Frankfurt/Main 1983) hat einige scharfe Einsichten, würde aber in der Praxis zu stereotypisierten Bewegungen führen, je eine für jedes Gefühl.

Und doch rührt er an etwas, das wir vielleicht über einen anderen Weg zu erreichen imstande sind. Ich meine die eigentliche Crux der Schauspielkunst: dass das, was der Schauspieler schafft, ein (fürchten wir uns nicht vor dem Wort) totaler Akt sein sollte, dass er alles, was er tut, mit seinem ganzen Wesen tut und nicht nur eine mechanische (und deshalb steife) Geste von Arm oder Bein oder eine Grimasse macht, die unter Hilfestellung einer logischen Wendung und eines Gedankens zustande kommt. Kein Gedanke kann den ganzen Organismus eines Schauspielers auf eine irgendwie lebendige Weise lenken. Das Denken muss ihn stimulieren, aber das ist auch schon alles, was es wirklich tun kann. Ohne Engagement hört sein Organismus auf zu leben, seine Impulse werden oberflächlich. Zwischen einer totalen Reaktion und einer Reaktion, die von einem Gedanken gelenkt ist, besteht der gleiche Unterschied wie zwischen einem Baum und einer Pflanze. Im Endeffekt geht es uns um die Unmöglichkeit, Geistiges und Körperliches voneinander zu trennen. Der Schauspieler sollte seinen Organismus nicht benutzen, um eine »Bewegung der Seele« zu illustrieren, er sollte diese Bewegung mit seinem Organismus erfüllen.

Artaud gibt uns eine große Lehre, der keiner von uns sich verschließen kann. Diese Lehre ist seine Krankheit. Artauds Unglück ist es, dass seine Krankheit, Paranoia, sich von der Krankheit seiner Zeit unterscheidet. Die Zivilisation leidet an Schizophrenie, einem Bruch zwischen Intelligenz und Gefühl, Körper und Seele. Die Gesellschaft konnte es nicht zulassen, dass Artaud auf eine andere Weise krank war. Man behandelte ihn, marterte ihn mit einer Elektroschockbehandlung, versuchte, ihn zur Anerkennung der diskursiven und zerebralen Vernunft zu zwingen, das heißt, die Krankheit der Gesellschaft in sich aufzunehmen.

Artaud definierte seine Krankheit auf bemerkenswerte Weise in einem Brief an Jacques Rivière: »Ich bin nicht ganz ich selbst.« Er war nicht einfach nicht nur er selbst, er war jemand anderes. Er erfasste die Hälfte seines Dilemmas: Wie kann ich ich selbst sein. Er ließ die andere Hälfte unberührt: Wie bin ich ein Ganzes, wie bin ich vollständig.

Er konnte die tiefe Kluft zwischen der Zone der Visionen (Intuitionen) und seinem bewussten Geist nicht überbrücken, denn er hatte alles aufgegeben, was geordnet war, und machte keine Anstrengung, Präzision oder Beherrschung der Dinge zu erzielen. Stattdessen machte er sein Chaos und seine Selbstspaltung objektiv. Sein Chaos war ein authentisches Bild der Welt. Es war keine Therapie, sondern eine Diagnose, zumindest in den Augen anderer. Seine chaotischen Ausbrüche waren heilig, denn sie ermöglichten es anderen, zur Selbsterkenntnis zu gelangen.

Unter seinen Nachfolgern ist das Chaos in keiner Weise heilig oder genügend definiert: Es hat keine Existenzberechtigung außer der, etwas Unvollendetes zu verbergen, eine Gebrechlichkeit zu verstecken. Artaud gab diesem Chaos einen Ausdruck, was etwas ganz anderes ist.

Artaud vertritt die Idee einer großen Befreiung, einer großen Überschreitung von Konventionen, einer Läuterung durch Gewalt und Grausamkeit; er behauptet, dass die Anrufung blinder Mächte auf der Bühne uns im Leben vor ihnen schützen kann. Doch wie können wir von ihnen verlangen, dass sie uns so beschützen sollen, wenn es ganz offenkundig ist, dass sie nichts dergleichen tun werden? Nicht auf dem Theater können dunkle Mächte kontrolliert werden; viel wahrscheinlicher ist es, dass sie das Theater zu ihren eigenen Zwecken missbrauchen werden (obwohl ich nicht glaube, dass sie das Theater interessiert, da sie bereits massive Mittel der Beherrschung zu ihrer Verfügung haben). Schließlich und endlich kann uns das Theater weder schützen, noch lässt es uns völlig schutzlos. Ich glaube nicht, dass das explosive Porträt von Sodom und Gomorrha auf einer Bühne in irgendeiner Weise die sündigen Impulse, für die diese beiden Städte bestraft wurden, beruhigt oder sublimiert.

Und doch, wenn Artaud von Befreiung und Grausamkeit spricht, spüren wir, dass er an eine Wahrheit rührt, die wir auf andere Weise verifizieren können. Wir spüren, dass ein Schauspieler die Essenz seiner Berufung erreicht, immer wenn er einen Akt der Aufrichtigkeit vollzieht, wenn er sich bloßlegt, sich in einer äußersten feierlichen Geste öffnet und hingibt und sich von keinem durch Sitten und Gebräuche errichteten Hindernis aufhalten lässt. Und weiter, wenn dieser Akt der äußersten Aufrichtigkeit in einem lebenden Organismus geformt wird, in Impulsen, einer Art zu atmen, einem Rhythmus der Gedanken und im Blutkreislauf, wenn er geordnet und zum Bewusstsein gebracht wird, sich nicht in Chaos und formale Anarchie auflöst – mit einem Wort, wenn dieser durch das Theater vollzogene Akt total ist, dann ermöglicht er uns, wenn er uns auch vielleicht nicht vor den dunklen Mächten schützt, so doch zumindest eine ebenso totale Antwort, das heißt, unsere Existenz steht erst an ihrem Beginn. Denn jeden Tag reagieren wir nur mit unserem halben Potential.

Wenn ich von einem totalen Akt spreche, so deshalb, weil ich das Gefühl habe, dass es eine Alternative zum »Theater der Grausamkeit« gibt. Doch an dieser Stelle steht Artaud als eine Herausforderung vor uns: vielleicht weniger wegen seiner Arbeit als wegen seiner Idee der Erlösung durch das Theater. Dieser Mann hat uns mit seinem Martyrium einen strahlenden Beweis für das Theater als Therapie gegeben. Ich habe zwei Ausdrücke bei Artaud gefunden, die Aufmerksamkeit verdienen. Der erste erinnert daran, dass Anarchie und Chaos (die er als Ansporn für seinen eigenen Charakter brauchte) mit einem Sinn für Ordnung verknüpft werden sollten, den er im Geist konzipierte und nicht als Körpertechnik. Es lohnt sich nichtsdestotrotz, diesen Satz für Artauds sogenannte Schüler zu zitieren: »Grausamkeit ist Unnachgiebigkeit.«

Der andere Satz enthält die Grundlage schlechthin für die Kunst des Schauspielers, nämlich eine äußerste, letzte Tat zu vollbringen. »Schauspieler sollen sein wie Märtyrer; während sie bei lebendigem Leib verbrannt werden, geben sie uns von ihrem Scheiterhaufen herab noch Zeichen.« Ich will hinzufügen, dass diese Zeichen artikuliert sein müssen und nicht bloß Kauderwelsch oder Delirium sein dürfen, das zu allem und keinem schreit – es sei denn, ein vorgegebenes Werk erfordert genau das. Mit einem solchen Vorbehalt betonen wir, dass dieses Zitat in einem orakelhaften Stil das gesamte Problem der Spontaneität und der Disziplin enthält, dieses Zusammenfallen der Gegensätze (coincidentia oppositorum), das den totalen Akt gebiert.

Artaud war ein großer Theaterpoet, das heißt ein Poet der Möglichkeiten des Theaters, nicht der dramatischen Literatur. Wie der mythische Prophet Jesaja sagt er dem Theater etwas Bestimmtes voraus, eine neue Bedeutung, eine neue mögliche Inkarnation. »Dann wurde Immanuel geboren.« Wie Jesaja wusste Artaud von Immanuels Kommen und was es verhieß. Er sah es abgebildet durch ein Glas, dunkel.

Methodische Erforschung

Dieser Artikel wurde von Jerzy Grotowski geschrieben, um die Ziele seines Instituts zu erläutern. Er wurde erstmals veröffentlicht in *Tygodnik Kulturalny* (Warszawa, 17/1967).

I

Was ist das Bohr-Institut in Kopenhagen?

Bohr und sein Team gründeten eine Institution von ganz außergewöhnlicher Art. Es ist eine Begegnungsstätte, in der Physiker aus verschiedenen Ländern experimentieren und ihre ersten Schritte ins Niemandsland ihres Berufes unternehmen. Hier vergleichen sie ihre Theorien und beziehen Anregungen aus dem »kollektiven Gedächtnis« des Instituts.

Dieses »Gedächtnis« führt ein detailliertes Inventarium aller Forschungsarbeiten, selbst der kühnsten, und es wird kontinuierlich mit neuen Hypothesen und Ergebnissen angereichert, die die Physiker entwickelt haben.

Der verstorbene Niels Bohr und seine Mitarbeiter versuchten, in dieser Flut gemeinsamer Forschung gewisse vorherrschende Trends zu entdecken. Sie sorgten für Impulse und Anregungen im Bereich ihrer Disziplin. Dank der Arbeit all jener, die sie gleichzeitig aufnahmen und ermunterten, waren sie in der Lage, wesentliche Daten zu sammeln und von den industriellen Möglichkeiten der am weitesten entwickelten Länder der Welt zu profitieren.

Das Bohr-Institut hat mich lange Zeit als Modell für eine bestimmte Art Aktivität fasziniert. Gewiss ist Theater keine Wissenschaftsdisziplin, noch weniger die Kunst des Schauspielers, auf die sich meine Aufmerksamkeit konzentriert. Das Theater, und insbesondere die Technik des Schauspielers, kann sich jedoch nicht – wie auch Stanislawski meinte – nur auf die Inspiration oder auf andere gleichermaßen unvorhersehbare Faktoren wie die Explosion des Talents, das plötzliche und überraschende Wachsen der kreativen Möglichkeiten usw. gründen. Warum? Weil die Kreation des Schauspielers, anders als in den anderen Kunstdisziplinen, unausweichlich ist, das heißt, sie ist festgelegt auf einen bestimmten Zeitabschnitt und sogar auf einen ganz präzisen Augenblick. Ein Schauspieler kann nicht auf das Auftauchen von Talent oder auf den Augenblick der Inspiration warten.

Wie kann man nun diese Faktoren dazu bringen, präsent zu sein, wenn sie benötigt werden? Indem man den Schauspieler, der kreativ sein möchte, dazu verpflichtet, eine Methode zu beherrschen.

II

Unserer Meinung nach sind die wesentlichen Grundbedingungen für Kunst, die zum Gegenstand methodischer Untersuchung gemacht werden sollten, folgende:

a) Um einen Prozess der Selbstoffenbarung anzuregen, geht man auf das Unterbewusste zurück, wobei dieser Stimulus gleichzeitig kanalisiert werden muss, um die erforderliche Reaktion zu erzielen.
b) Um diesen Prozess artikulieren zu können, muss er diszipliniert und in Zeichen umgewandelt werden. Konkret aus-

gedrückt bedeutet das, eine Partitur zu komponieren, deren Noten winzige Elemente des Kontakts sind, Reaktionen auf die Anregungen durch die Außenwelt: was wir »Geben« und »Nehmen« nennen.

c) Die Widerstände und Hindernisse des eigenen Organismus, sowohl physische als auch psychische (die beiden Komponenten bilden ein Ganzes), müssen aus dem kreativen Prozess eliminiert werden.

Wie können die Gesetze, die derartig persönliche und individuelle Prozesse bestimmen, objektiv erläutert werden? Wie kann man objektive Gesetzlichkeiten definieren, ohne ein »Rezept« zu formulieren (denn alle »Rezepte« enden lediglich in der Banalität)?

Wir glauben, dass es bei der Erfüllung dieser Individualität nicht so sehr darum geht, neue Dinge zu lernen, als vielmehr darum, alte Gewohnheiten loszuwerden. Für jeden einzelnen Schauspieler muss ganz klar ermittelt werden, was bei ihm seine intimen Assoziationen blockiert und dementsprechend auch seinen Mangel an Entschlussfähigkeit, das Chaos seines Ausdrucks und seinen Mangel an Disziplin hervorruft; was ihn daran hindert, das Gefühl seiner eigenen Freiheit zu erfahren, zu erleben, dass sein Organismus völlig frei und kraftvoll ist und dass nichts außerhalb seiner Fähigkeiten liegt. Mit anderen Worten: Wie können diese Hindernisse aus dem Weg geräumt werden?

Wir räumen beim Schauspieler weg, was ihn isoliert, aber wir lehren ihn nicht, wie er erschaffen soll – zum Beispiel, wie er Hamlet spielen soll, worin der tragische Gestus besteht, wie man eine Farce spielt –, denn gerade in diesem »Wie« liegt die Saat der Banalität und der Klischees, welche die Kreativität bedrohen.

Forschungsarbeit wie diese zu leisten heißt, sich bereits an die Grenzen wissenschaftlicher Disziplinen wie Phonologie, Psychologie, Kulturanthropologie, Semiologie usw. zu begeben.

Ein Institut, das sich dieser Art Forschung verschrieben hat, sollte, wie das Bohr-Institut, ein Ort der Begegnungen, Beobachtungen und der Auswertung von Experimenten sein, die von den in diesem Bereich produktiven Personen verschiedener Theater in jedem Land zusammengetragen werden. Auch wenn man in Betracht zieht, dass das Gebiet, auf das sich unsere Hauptaufmerksamkeit richtet, kein wissenschaftliches ist und nicht alles darin definiert werden kann (tatsächlich dürfen viele Dinge nicht definiert werden), versuchen wir dennoch, unsere Ziele mit all der Präzision und Folgerichtigkeit zu bestimmen, die der wissenschaftlichen Forschung eigen ist.

Der Schauspieler, der hier arbeitet, ist bereits ein Profi, denn nicht nur sein kreativer Akt, sondern auch die Gesetze, die ihn bestimmen, werden zum Gegenstand seiner Beschäftigung. Ein Institut für Methodenforschung darf nicht mit einer Schule verwechselt werden, die Schauspieler ausbildet und deren Aufgabe es ist, sie zu »lancieren«. Diese Tätigkeit sollte ebenso wenig mit Theater (im normalen Sinne des Wortes) verwechselt werden, obwohl eine Forschungsarbeit wesentlich auch das Entstehen einer Aufführung und ihre Konfrontation mit einem Publikum erfordert. Man kann keine Methode aufstellen, dem kreativen Akt selbst dann aber ausweichen.

III

Der Schauspieler interessiert mich, weil er ein menschliches Wesen ist. Das bezieht zwei grundsätzliche Tatsachen ein: erstens meine Begegnung mit einer anderen Person, die Berührung, das beiderseitige Gefühl des Verständnisses und den Eindruck, der durch die Tatsache entsteht, dass wir uns einem anderen Wesen öffnen, dass wir versuchen, es zu verstehen: kurz, die Überwindung unserer Einsamkeit; zweitens die Bemühung darum, sich selbst durch das Verhalten eines anderen Menschen zu verstehen, sich selbst in ihm wiederzufinden. Wenn der Schauspieler eine Aktion reproduziert, die ich ihn gelehrt habe, dann ist das eine Art »Dressur«. Von einem methodischen Standpunkt aus ist das Resultat eine banale Handlung, und im Innersten meines Herzens finde ich das steril, denn nichts hat sich vor mir geöffnet. Wenn wir aber in enger Zusammenarbeit jenen Punkt erreichen, wo der Schauspieler, befreit von seinen tagtäglichen Widerständen, sich in einer Bewegung zutiefst offenbart, dann halte ich die Arbeit von einem methodischen Standpunkt aus für effektiv. Dann werde ich persönlich bereichert sein, denn in jener Bewegung wird sich eine Art menschlicher Erfahrung offenbart haben, etwas ganz Besonderes, das als ein Schicksal, eine menschliche Grundbedingung definiert werden könnte.

Dies ist anwendbar auf die Beziehung zwischen dem Regisseur und einem einzelnen Schauspieler, aber wenn dieses Konzept auf die ganze Truppe ausgeweitet wird, werden die Grenzen dieses kollektiven Lebens und der gemeinsamen Basis unserer Überzeugungen, unseres Glaubens, unseres Aberglaubens und der Bedingungen des heutigen Lebens erweitert, erhalten eine neue Perspektive.

Wenn eine solche gemeinsame Basis existiert, werden wir in aller Aufrichtigkeit unvermeidlich anlangen bei der Konfrontation von Tradition und Zeitgenössischem, von Mythos und Unglaube, von Unterbewusstem und kollektiver Vorstellungskraft.

Ich inszeniere kein Stück, um anderen das beizubringen, was ich schon weiß. Erst nachdem die Produktion abgeschlossen ist, nicht vorher, bin ich klüger. Jede Methode, die nicht ins Unbekannte vorstößt, ist eine schlechte Methode.

Wenn ich sage, dass die Handlung die gesamte Persönlichkeit des Schauspielers einbinden muss, wenn die Reaktion nicht ohne Leben sein soll, spreche ich nicht von irgendetwas »Äußerlichem« wie etwa übertriebenen Bewegungen oder Tricks. Was meine ich dann? Es ist eine Frage der eigentlichen Essenz der Berufung eines Schauspielers, eine Frage der Reaktion von seiner Seite, die es ihm gestattet, die verschiedenen Schichten seiner Persönlichkeit, eine nach der anderen, zu offenbaren, von der biologisch-instinktiven Quelle durch den Kanal von Bewusstsein und Denken bis hin zu jenem Höhepunkt, der so schwer zu definieren ist, in dem alles zu einer Einheit verschmilzt. Dieser Akt der völligen Enthüllung seines Wesens wird zum Geschenk des Ich, das an Grenzüberschreitung, an Liebe grenzt. Ich nenne dies den totalen Akt. Wenn der Schauspieler so spielt, wird er für den Zuschauer zu einer Art Provokation.

Von einem methodischen Standpunkt aus ist dies effektiv, denn es gibt ihm ein Maximum an Suggestionskraft, nur unter der Bedingung natürlich, dass er Chaos, Hysterie und Exaltation vermeidet. Es muss ein objektiver Akt sein, das heißt ein artikulierter, disziplinierter Akt. Doch über und jenseits der methodischen Effizienz eröffnet sich auch für den Zuschauer eine neue Perspektive. Die Erfüllung des Schauspielers transzendiert die Halbheiten des täglichen Lebens, den inneren Konflikt zwischen Körper und Seele, Intellekt und Gefühl, physiologischen Genüssen und geistigem Streben. Einen Augenblick lang befindet sich der Schauspieler außerhalb der halbherzigen Verpflichtungen, die für uns in unserem täglichen Leben charakteristisch sind. Hat er das für den Zuschauer getan? In dem Ausdruck »für den Zuschauer« schwingt eine gewisse Koketterie mit, eine gewisse Falschheit, ein Sich-zu-Markte-Tragen. Man sollte vielmehr sagen »in Beziehung zu« dem Zuschauer oder vielleicht: an seiner Stelle. Genau hier liegt die Provokation.

Ich spreche von der Methode, vom Überwinden von Grenzen, von einer Konfrontation, von einem Prozess der Selbsterkenntnis und in gewissem Sinne von einer Therapie. Eine derartige Methode muss offen bleiben – denn ihre ganze Existenz hängt von dieser Bedingung ab –, und sie ist für jeden Einzelnen eine andere. So sollte sie sein, denn ihr inneres Wesen verlangt von ihr, individuell zu sein.

Das Training des Schauspielers (1959–1962)

Die Übungen in diesem Kapitel sind das Ergebnis von Forschung und Arbeit der Jahre 1959–1962. Sie wurden von Eugenio Barba während der Zeit, die er am Theaterlaboratorium verbrachte, aufgezeichnet und durch meine Kommentare und die unserer Lehrer, die unter meiner Anleitung das Training durchführten, ergänzt. Während jener Zeit suchte ich nach einer positiven Technik oder, mit anderen Worten, nach einer bestimmten Trainingsmethode, die dem Schauspieler objektiv eine kreative Fertigkeit geben sollte, die in seiner Vorstellungskraft und seinen persönlichen Assoziationen wurzelte. Bestimmte Elemente aus diesen Übungen wurden im Training während der folgenden Periode beibehalten, aber ihr Ziel hatte sich verändert. Alle Übungen, die lediglich eine Antwort auf die Frage: »Wie kann das und das gemacht werden?« darstellten, wurden herausgenommen. Die Übungen sind nun ein Anlass geworden, eine jeweils persönliche Form des Trainings auszuarbeiten. Der Schauspieler muss jene Widerstände und Hindernisse entdecken, die ihn in seiner schöpferischen Aufgabe behindern. Auf diese Weise werden die Übungen ein Mittel zur Überwindung dieser persönlichen Hemmnisse. Der Schauspieler fragt sich nicht mehr: »Wie kann ich das und das tun?« Stattdessen muss er wissen, was er *nicht* tun darf, was ihn beeinträchtigt. Durch eine Anpassung der Übungen an die jeweilige Persönlichkeit muss eine Lösung zur Beseitigung dieser Hindernisse gefunden werden, die sich von Schauspieler zu Schauspieler unterscheiden. Das ist es, was ich mit *via negativa* meine: einen Prozess der Eliminierung. Der Unterschied zwischen dem Training von 1959 bis 1962 und der darauffolgenden Phase ist am deutlichsten in den Körper- und Stimmübungen ausgeprägt. Die meisten Grundelemente der Körperübungen sind beibehalten worden, aber sie wurden mehr auf Kontaktsuche hin orientiert: das Empfangen äußerlicher Stimuli und die Reaktion darauf (das ist der schon an anderer Stelle erwähnte Prozess von »Geben und Nehmen«). Die Resonatoren werden in den Stimmübungen immer noch benutzt, aber sie werden nun durch verschiedene Typen von Impulsen und durch Kontakte mit der Außenwelt in Gang gesetzt.
In der Theorie gibt es keine Atemübungen. Ich habe meine Gründe dafür, diese herauszunehmen, in »Die Technik des Schauspielers« (s. S. 224 ff.) erläutert. Die fraglichen Schwierigkeiten werden bei jedem individuellen Fall entsprechend entdeckt, ihre Ursachen bestimmt und danach beseitigt. Wir arbeiten nicht direkt mit der Atmung, korrigieren sie aber indirekt mit Hilfe individueller Übungen, die fast immer psycho-physischer Natur sind.

Jerzy Grotowski

Das Training besteht aus Übungen, die von den Schauspielern ausgearbeitet oder von anderen Systemen übernommen wurden. Selbst die Übungen, die nicht das Ergebnis persönlicher Forschungsarbeit des Schauspielers sind, wurden entwickelt und weitergeführt, um die präzisen Zwecke der Methode erfüllen zu können. Dann ist die Terminologie, die zu den ausgewählten Übungen gehört, verändert worden. Wenn die Schauspieler eine gegebene Übung einmal übernommen haben, legen sie selbst einen Namen dafür fest, auf der Grundlage ihrer persönlichen Assoziationen und Ideen. Man tendiert bewusst dazu, eine Art professionellen Jargons zu benutzen, da dies eine stimulierende Wirkung auf die Vorstellungskraft hat.

Im Folgenden werden die groben Umrisse eines Trainingstages dargestellt.

A) Körperübungen

I. Warmwerden (warming-up)

1. Rhythmisches Gehen, während Arme und Hände kreisen.
2. Laufen auf Zehenspitzen. Der Körper muss ein Gefühl des Fließens, des Fliegens, der Schwerelosigkeit verspüren. Der Impuls für das Laufen kommt aus den Schultern.
3. Gehen mit gebeugten Knien, die Hände auf den Hüften.
4. Gehen mit gebeugten Knien, die Fußknöchel werden umfasst.
5. Gehen mit leicht gebeugten Knien, die Hände berühren die Außenkante der Füße.
6. Gehen mit leicht gebeugten Knien, die Zehen werden mit den Fingern umschlossen.

7. Gehen mit gestreckten Beinen, die steif sind, als würden sie von imaginären Schnüren gezogen, die von den Händen gehalten werden (die Arme sind nach vorn ausgestreckt).
8. In zusammengekauerter Haltung beginnen, kurze Sprünge vorwärts machen, wobei man immer in der zusammengekauerten Ausgangsposition landet, die Hände neben den Füßen.

Bemerkung: Selbst während dieser Aufwärmübungen muss der Schauspieler jedes Detail seines Trainings mit einem präzisen Bild rechtfertigen, sei es wirklich oder imaginär. Die Übung ist nur dann korrekt ausgeführt, wenn der Körper während der Umsetzung des jeweiligen Bildes keinerlei Widerstand bietet. Der Körper sollte deshalb schwerelos scheinen, so geschmeidig wie Knetmasse auf die Impulse reagieren, so hart wie Stahl sein, wenn er als Stütze dient, und sogar das Gesetz der Schwerkraft überwinden können.

II. Übungen zum Lockern der Muskeln und der Wirbelsäule

1. Die »Katze«. Diese Übung basiert auf der Beobachtung einer Katze, die aufwacht und sich streckt. Die betreffende Person liegt ausgestreckt mit dem Gesicht nach unten, völlig entspannt. Die Beine sind geöffnet, und die Arme liegen im rechten Winkel zum Körper, die Handflächen zeigen zum Boden. Die »Katze« erwacht und zieht die Hände nach innen zur Brust, wobei die Ellbogen nach oben gehalten werden, so dass die Handflächen eine Stützgrundlage bilden können. Die Hüften werden angehoben, während die Füße auf Zehenspitzen zu den Händen »gehen«. Das linke Bein zur Seite heben und ausstrecken, gleichzeitig

den Kopf heben und vorrecken. Das linke Bein wieder auf den Boden legen, auf Zehenspitzen abgestützt. Die gleichen Bewegungen mit dem rechten Bein wiederholen, wobei der Kopf immer nach oben gereckt ist. Die Wirbelsäule strecken, indem der Körperschwerpunkt zuerst in das Zentrum der Wirbelsäule platziert wird, dann weiter nach oben, in Richtung Nacken. Dann umdrehen und auf den Rücken fallen, entspannen.

2. Vorstellen, ein Metallband sei um den Brustkorb gespannt. Durch kräftiges Aufblasen des Brustkorbs das Band dehnen.
3. Handstand mit geschlossenen Füßen gegen die Wand. Die Beine öffnen sich langsam so weit wie möglich.
4. Ruhestellung. In der Hocke, der Kopf hängt vornüber, die Arme baumeln zwischen den Knien.
5. Aufrechte Position, mit geschlossenen und gestreckten Beinen. Den Rumpf nach unten beugen, bis der Kopf die Knie berührt.
6. Kräftiges Kreisen des Rumpfes von der Taille aufwärts.
7. Mit geschlossenen Beinen auf einen Stuhl springen. Der Impuls für den Sprung kommt nicht aus den Beinen, sondern aus dem Rumpf.
8. Spagat, ganz oder teilweise.
9. In aufrechter Position beginnen, den Körper zurückbeugen, um eine »Brücke« zu bilden, bis die Hände den Boden berühren.
10. Liegende Position, ausgestreckt auf dem Rücken. Den ganzen Körper kraftvoll nach links und rechts rollen.
11. Aus einer knienden Position den Körper rückwärts zu einer »Brücke« beugen, bis der Kopf den Boden berührt.
12. Sprünge eines Kängurus imitieren.
13. Auf dem Boden sitzen mit geschlossenen und nach vorn gestreckten Beinen, den Körper aufrecht. Die Hände hinten

in den Nacken legen; sie drücken den Kopf nach vorn und nach unten, bis er die Knie berührt.

14. Auf Händen und Füßen gehen, Brust und Unterleib nach oben gekehrt.

Bemerkung: Auch hier ist es falsch, die Übungsreihe lustlos durchzuführen. *Die Übung dient der Forschung.* Es ist nicht eine bloße automatische Repetition oder eine Form der Muskelmassage. Zum Beispiel erforscht man während der Übungen den Schwerpunkt des Körpers, den Mechanismus für die Kontraktion und Entspannung der Muskeln, die Funktion der Wirbelsäule bei den verschiedenen heftigen Bewegungen, wobei alle möglichen komplizierten Entwicklungen analysiert und mit dem Zusammenspiel zwischen jedem einzelnen Gelenk und Muskel in Beziehung gesetzt werden. All das ist individuell und das Resultat kontinuierlicher und vollständiger Erforschung. Nur die »forschenden« Übungen beziehen den gesamten Organismus des Schauspielers mit ein und mobilisieren seine versteckten Ressourcen. Die Übungen, die bloß »wiederholen«, ergeben minderwertige Resultate.

III. »Kopfstand«-Übungen

Bemerkung: Diese Übungen sind eher Positionen als akrobatisches Training, und in Übereinstimmung mit den Regeln des Hatha Yoga werden sie in sehr langsamem Tempo ausgeführt. Eines der Hauptziele ist die Untersuchung der Veränderungen, die im Organismus stattfinden, während man sie durchführt; vor allem die Untersuchung der Atmung, des Herzrhythmus, der Gesetze des Gleichgewichts und der Beziehung zwischen Position und Bewegung.

1. Kopfstand, wobei Stirn und beide Hände als Stütze dienen.
2. Kopfstand – Hatha-Yoga-Position.
3. Kopfstand, gestützt von linker (oder rechter) Schulter, Wange und Arm.
4. Kopfstand, gestützt von den Unterarmen.

IV. Fliegen

1. Auf den Fersen in gekauerter Position hocken, hüpfen und wie ein Vogel beim Auffliegen mit den Flügeln schlagen. Die Hände helfen der Bewegung als Flügel.
2. Immer noch hüpfend in eine aufrechte Haltung kommen, während die Hände in der Bemühung, den Körper aufsteigen zu lassen, wie Flügel schlagen.
3. Zum Flug abheben mit sukzessiven Vorwärtsbewegungen, die dem Schwimmen in gewisser Weise ähneln. Während der Körper diese Schwimmbewegungen ausführt, gibt es nur einen Berührungspunkt mit dem Boden (zum Beispiel der Ballen eines Fußes). Mit schnellen Sprüngen vorwärtsbewegen, immer noch auf dem Ballen einer Fußsohle. Eine andere Methode ist folgende: das Gefühl des Fliegens, das man in Träumen erlebt, ins Bewusstsein rufen und spontan diese Art Fliegen nachbilden.
4. Wie ein Vogel landen.

Bemerkung: Diese Übungen mit anderen verbinden, die auf Fallübungen, Saltos, Sprüngen usw. basieren. Man sollte auf einen langen Flug-Sprung hinarbeiten, der wie ein losfliegender Vogel beginnt und so endet, wie ein Vogel zur Landung kommt.

V. Sprünge und Saltos

1. Saltos vorwärts, abgestützt mit den Händen.
   a) Salto vorwärts, wobei man sich mit den Händen aufhilft.
   b) Salto vorwärts, freihändig.
   c) Salto vorwärts, der auf einem Bein stehend endet.
   d) Salto vorwärts, mit den Händen auf dem Rücken.
   e) Salto vorwärts, mit einer Schulter, die als Stütze den Boden berührt.
2. Saltos rückwärts.
3. »Tiger«-Sprung (vorwärts eintauchen). Mit oder ohne vorbereitenden Anlauf über ein Hindernis in einem Salto springen, auf einer Schulter landen. In der gleichen Bewegung aufstehen.
4. »Tiger«-Sprung, dem unmittelbar ein Salto rückwärts folgt.
5. Salto, wobei der Körper steif wie der einer Marionette ist, jedoch als ob eine Sprungfeder eingebaut wäre.
6. »Tiger«-Sprung, der gleichzeitig von zwei Schauspielern durchgeführt wird, die sich in der Luft auf verschiedenen Höhen kreuzen.
7. »Tiger«-Sprung, verbunden mit Saltos in einer »Kampf«-Situation, wobei Stöcke oder andere Waffen benutzt werden.

Bemerkung: Bei diesen Übungen gibt es neben dem Faktor »Forschung« und der Untersuchung des eigenen Organismus auch ein Element von Rhythmus und Tanz. Die Übungen – besonders im Falle der »Kampf«-Variationen – werden zu den Schlägen einer Trommel, eines Tambourins oder eines anderen Gegenstands ausgeführt, so dass sowohl derjenige, der die Übung ausführt, als auch derjenige, der den Rhythmus schlägt, improvisiert und sie sich gegenseitig stimulieren. In den »Kampf«-Sequenzen werden die körperlichen Reaktionen von spontanen und unartikulierten Schreien begleitet. Der Schauspieler muss all diese halbakrobatischen Übungen mit persönlichen Motivationen rechtfertigen, wobei er die Ausgestaltung der Anfangs- und Endphase dieser Übungen mit besonderer Sorgfalt ausführt.

VI. Fußübungen

1. Mit leicht angehobenen Beinen auf dem Boden liegen. Die folgenden Bewegungen mit den Füßen ausführen:
   a) Anwinkeln und Strecken der Knöchel, vor und zurück.
   b) Anwinkeln und Strecken der Knöchel, seitwärts.
   c) Kreisende Bewegungen der Füße.
2. Stehende Position:
   a) Mit ausgestreckten Armen Knie beugen, wobei die Füße während der ganzen Zeit flach auf der gleichen Stelle stehenbleiben.
   b) Auf den Kanten der Füße gehen.
   c) Auf den Zehenspitzen gehen wie eine Taube (d. h. die Zehen nach innen gekehrt und die Fersen weit auseinander).
   d) Auf den Fersen gehen.
   e) Die Zehen nach innen, auf die Fußsohle zu, einrollen und dann aufwärts in die entgegengesetzte Richtung kehren.
   f) Kleine Gegenstände mit den Zehen aufheben (eine Streichholzschachtel, einen Stift usw.).

VII. Pantomimische Übungen, die sich hauptsächlich auf die Hände und Beine konzentrieren

VIII. Schauspielerische Studien über ein beliebiges Thema, durchgeführt im Gehen und Laufen

B) Gestaltende Übungen

I. Elementare Übungen

Bemerkung: Diese Übungen basieren auf Dalcroze und anderen klassischen europäischen Methoden. Ihr Fundamentalprinzip ist die Untersuchung entgegengesetzter Vektoren. Besonders wichtig ist das Studium der Vektoren entgegengesetzter Bewegungen (z. B. die Hand macht kreisende Bewegungen in einer Richtung, der Ellbogen in entgegengesetzter Richtung) und kontrastierender Bilder (z. B. die Hände nehmen an, während die Beine zurückweisen). Auf diese Weise ist jede Übung Teil der »Forschung« und dient dem Studium der eigenen Ausdrucksmittel, ihrer Widerstände und ihrer gemeinsamen Zentren im Organismus.

1. Rhythmisches Gehen mit seitwärts ausgestreckten Armen. Kreisen der Schultern und Arme, die Ellbogen so weit wie möglich zurückgedrückt. Die Hände kreisen in entgegengesetzter Richtung wie Schultern und Arme. Der ganze Körper verstärkt diese Bewegungen, und während sie kreisen, sind die Schultern angehoben und der Hals verschwindet in ihnen. Sich vorstellen, man wäre ein Delphin. Den Rhythmus des Kreisens schrittweise steigern, den Körper größer werden lassen, auf Zehenspitzen gehen.
2. »Tauziehen«. Ein imaginäres Seil ist vor einem ausgespannt und soll benutzt werden, um beim Vorwärtskommen zu helfen. Nicht Arme und Hände ziehen den Körper, sondern der Rumpf, der sich auf die Hände zubewegt. Sich vorwärtsschieben, bis das hintere Bein den Boden mit dem Knie berührt. Die Körperbewegung muss scharf und stark sein wie der Bug eines Schiffes, der eine große Welle zerteilt.

3. Auf den Zehenspitzen einen Sprung vorwärts machen, beim Landen die Knie beugen. Zur stehenden Haltung mit einer elastischen und energischen Bewegung zurückkehren und den gleichen Sprung vorwärts wiederholen, immer noch auf den Zehenspitzen, gefolgt von der Beugung der Knie. Der Impuls kommt aus den Oberschenkeln, die als Sprungfedern agieren, welche die Beuge- Phase und den folgenden Sprung regulieren. Die Arme sind seitwärts ausgestreckt, und während die eine Handfläche streichelt, stößt die andere zurück. Man muss das Gefühl haben, äußerst leicht zu sein, weich und elastisch wie Schaumgummi.
4. Entgegengesetzte kreisende Bewegungen. Stehende Position mit geöffneten Füßen. Vier Kreisbewegungen mit dem Kopf nach rechts machen, dann mit dem Rumpf nach links, mit der Wirbelsäule nach rechts, mit den Hüften nach links, mit dem linken Bein nach rechts, mit dem Oberschenkel nach links, mit dem Knöchel nach rechts usw., mit dem rechten Arm nach links kreisend, mit dem Unterarm nach rechts und der Hand selbst nach links. Der gesamte Körper ist einbezogen, aber der Impuls kommt vom unteren Ende der Wirbelsäule.
5. Mit geöffneten Füßen und über dem Kopf ausgestreckten Armen stehen, die Handflächen berühren sich. Drehung des Rumpfes, der sich so weit wie möglich zum Boden beugt. Die Arme begleiten diese doppelte Bewegung des Kreisens und Beugens. Zurückkehren zur Ausgangsposition, sich nach hinten beugen und die Übung in einer »Brücke« enden lassen.
6. Rhythmisches Gehen. Der erste Schritt ist ein normaler; beim zweiten die Knie beugen, bis der Po die Fersen berührt, wobei der Rumpf aufrecht bleibt. Im gleichen Rhythmus sich zu einer stehenden Haltung aufrichten und die gleiche Sequenz eines normalen Schrittes abwechselnd mit einer Knie-Beugung wiederholen.

7. Improvisationen mit den Händen. Verschiedene Gegenstände, Materialien, Gewebe berühren, über sie streichen, sie fühlen, liebkosen. Der gesamte Körper drückt diese taktilen Empfindungen aus.
8. Spiele mit dem eigenen Körper. Man gibt sich eine konkrete Aufgabe, wie etwa eine Seite des Körpers der anderen entgegenzusetzen. Die rechte Seite ist graziös, geschickt, reizvoll, mit anziehenden und harmonischen Bewegungen. Die linke Seite beobachtet die rechte eifersüchtig und drückt in ihren Bewegungen ihre Gefühle von Ressentiment und Hass aus. Sie greift die rechte Seite an, um sich für ihre Unterlegenheit zu rächen, um die rechte zu demütigen und zu zerstören. Die linke Seite siegt, und doch ist sie gleichzeitig unvermeidlich der Verlierer, denn ohne die rechte Seite kann sie nicht überleben, kann sie sich nicht bewegen. Dies ist nur ein Beispiel. Der Körper kann leicht in entgegengesetzte Sektionen aufgeteilt werden, zum Beispiel die obere Hälfte gegen die untere. In der gleichen Weise können einzelne Glieder gegen andere gestellt werden – eine Hand gegen das Bein, ein Bein gegen das andere, der Kopf gegen eine Hand usw. Das Wichtige dabei ist, seine ganze Vorstellungskraft vollständig einzusetzen, denn sie muss nicht nur den direkt beteiligten Körperteilen Leben und Bedeutung verleihen, sondern auch den anderen. Zum Beispiel: Während eines Kampfes zwischen einer Hand und der anderen könnten die Beine Schrecken ausdrücken und der Kopf Erstaunen.
9. Unerwartete Bewegungen. Eine Bewegung wie zum Beispiel das Kreisen beider Arme; diese Bewegung beginnt in einer Richtung, die sich nach einigen Sekunden als die falsche herausstellt: das heißt als die entgegengesetzte der geplanten. Daraufhin, nach einem kurzen Moment der Unbeweglichkeit, wird die Richtung geändert. Der Beginn einer Bewegung

muss immer betont werden und dann nach einem Moment der Unbeweglichkeit plötzlich überwechseln zur korrekten Bewegung. Ein anderes Beispiel: langsam zu gehen beginnen, wie unter Mühe und Schwierigkeiten. Dann plötzlich, nachdem man einen Moment lang still stehengeblieben ist, sehr leicht und graziös zu laufen beginnen.

II. Kompositorische Übungen

Bemerkung: Diese Übungen sind gemäß dem Entwicklungsprozess gestischer Ideogramme (sowohl im antiken und mittelalterlichen europäischen Theater als auch im afrikanischen und orientalischen Theater) übernommen worden. Es geht jedoch nicht darum, fixierte Ideogramme wie zum Beispiel in der Peking-Oper zu suchen, wo der Schauspieler, um eine bestimmte Blume darzustellen, eine spezifische und unveränderliche Geste macht, die er aus Jahrhunderten der Tradition ererbt hat. Neue Ideogramme müssen ständig gesucht werden, ihre Komposition muss unmittelbar und spontan wirken. Der Ausgangspunkt für solche gestischen Formen ist die Stimulation der eigenen Vorstellungskraft und die Entdeckung primitiv menschlicher Reaktionen in einem selbst. Das Endergebnis ist eine lebendige Form, die ihre eigene Logik besitzt. Diese Kompositionsübungen bieten unbegrenzte Möglichkeiten. Hier werden nur wenige derjenigen, die sich zur Weiterentwicklung eignen, behandelt.

1. Das Aufblühen und Welken des Körpers. Rhythmisch gehen. Wie in einer Pflanze steigt der Saft nach oben; von den Füßen breitet er sich nach oben über den ganzen Körper aus und erreicht die Arme, die wie Knospen zur Blüte aufbrechen – und so auch der ganze Körper. In der zweiten Phase welken

die Äste-Glieder und sterben eins nach dem anderen. Die Übung soll im gleichen rhythmischen Schritt beendet werden, in dem sie auch begonnen wurde.

2. Tierbild. Dies besteht nicht in der wörtlichen, realistischen Imitation eines vierbeinigen Tieres. Man »spielt« kein Tier, sondern geht an sein Unterbewusstsein und erschafft eine Tierfigur, deren besonderer Charakter einen Aspekt des Menschlichen ausdrückt. Welches Tier assoziiert man mit Mitleid, mit List, mit Weisheit? Die Assoziation darf aber nicht banal oder stereotyp sein – wie: der Löwe steht für Stärke, der Wolf für List usw. Es ist auch wichtig, das Zentrum der Vitalität des Tieres zu bestimmen (die Schnauze beim Hund, das Rückgrat bei der Katze, der Schwanz bei der Kuh usw.).
3. Mit Hilfe von Assoziationen (Menschen, Situationen, Erinnerungen) soll man sich in einen Baum verwandeln. Die Muskeln reagieren und drücken die persönliche Assoziation aus. Am Anfang konzentriert man diese Assoziationen auf einen bestimmten Körperteil. Mit dem Intensiverwerden der Reaktionen wird der Rest des Körpers mit einbezogen. Die Vitalität dieses Baumes, seine Spannungen, Entspannungen und kleinsten Bewegungen werden durch die Assoziation gespeist.
4. Die Blume. Die Füße sind die Wurzeln, der Körper ist der Stängel und die Hände stellen die Blütenkrone dar. Der ganze Körper lebt, erzittert, vibriert bei dem machtvollen Prozess, gelenkt durch die Assoziationen, zur Blume werden zu müssen. Man soll der »Blume« eine logische Bedeutung geben, eine gleichzeitig traurige, tragische und gefährliche. Die »Blume« ist losgelöst von dem Prozess, der sie schuf, und der Teil von ihr, den die Hände ausdrücken, wird als rhetorische Geste in einem Dialog eingesetzt.

5. Barfuß gehen und sich dabei vorstellen, man ginge auf verschiedenen Bodenarten, Oberflächen, Materialien (weich, glitschig, rau, eben, nass, gewellt, dornig, auf Schnee, auf glühend heißem Sand, am Rande des Wassers usw.). Die Füße sind das Zentrum der Expressivität und teilen ihre Reaktionen dem Rest des Körpers mit. Die gleiche Übung mit Schuhen wiederholen und versuchen, die Expressivität der nackten Füße beizubehalten. Die gleiche Übung wird dann auf die Hände angewandt, die spezifische Materialien und Oberflächen fühlen, berühren, streicheln (immer noch imaginär). Nun sollen Hände und Füße gleichzeitig reagieren, oft auf entgegengesetzte Impulse.
6. Analogie mit einem neugeborenen Baby.
   a) Ein neugeborenes Baby beobachten und seine Reaktionen mit denen des eigenen Körpers vergleichen.
   b) Nach Überbleibseln der Kindheit im eigenen Verhalten suchen (z. B. jemand raucht wie ein Kind, das an der Mutterbrust saugt).
   c) Die Stimuli finden, die in einem die Bedürfnisse der Kindheit wiedererwecken (zum Beispiel eine Person, die einem ein Gefühl der Sicherheit gibt, das Bedürfnis zu saugen, das Bedürfnis nach einem Gefühl der Wärme, das Interesse an seinem eigenen Körper, ein Bedürfnis nach Trost).
7. Das Studium verschiedener Gangarten.
   a) Die durch das Alter bestimmte Art des Ganges, durch Verlegen des Zentrums der Bewegung auf verschiedene Teile des Körpers. In der Kindheit sind die Beine das Zentrum der Bewegung; in der Zeit des Heranwachsens die Schultern; im Mannesalter der Rumpf; im reiferen Alter der Kopf; im Alter wieder die Beine. Man beobachte die Veränderungen im Lebensrhythmus. Für den Heranwachsenden ist die Welt langsam im Verhältnis zu seinen Bewegungen, während für

den alten Mann die Welt sich schnell im Verhältnis zu ihm selbst bewegt. Dies sind natürlich nur zwei der möglichen Interpretationsschlüssel.
b) Arten des Ganges, die von unterschiedlichen Arten der psychischen Dynamik abhängen (phlegmatisch, angriffslustig, nervös, schläfrig usw.).
c) Gangarten als Mittel der Demaskierung von Eigenschaften, die man vor anderen zu verstecken trachtet.
d) Unterschiedliche Typen der Gangart, die von physiologischen und pathologischen Eigenschaften abhängen.
e) Parodien der Gangart anderer Menschen. Das Wesentliche ist hier, die Motive, nicht das Ergebnis der jeweiligen Gangart zu begreifen.
Die Demaskierung muss oberflächlich bleiben, wenn sie nicht ein Element der Selbstironie enthält, wenn man sich nicht auf eigene Kosten über die anderen lustig macht.

8. Einen emotionalen Impuls (wie etwa Weinen) aussuchen und auf einen bestimmten Körperteil übertragen – wie zum Beispiel einen Fuß –, der ihm dann Ausdruck verleihen muss. Ein konkretes Beispiel hierfür ist Eleonora Duse, die, ohne ihre Arme oder ihr Gesicht zu benutzen, mit dem ganzen Körper »küsste«. Zwei kontrastierende Impulse mit zwei verschiedenen Körperteilen ausdrücken: die Hände lachen, während die Füße weinen.
9. Das Licht mit Teilen des Körpers einfangen. Diese Körperteile dazu anregen, Formen, Gesten und Bewegungen zu schaffen.
10. Formbarkeit der Muskeln: Die Schulter weint wie ein Gesicht; der Unterleib jauchzt; ein Knie ist gierig.

C) Übungen der Gesichtsmaske

Diese Übungen basieren auf verschiedenen Anregungen von Delsarte, vor allem auf seiner Einteilung jeder Gesichtsreaktion in introvertierte und extrovertierte Impulse. Tatsächlich kann jede Reaktion einer der folgenden Kategorien zugeordnet werden:

I. Bewegung, die einen Kontakt zur Außenwelt herstellt (extrovertiert).
II. Bewegung, die die Aufmerksamkeit der Außenwelt auf sich zu ziehen versucht, um sie auf das Ich zu konzentrieren (introvertiert).
III. Neutrale oder Zwischenstadien.

Eine genaue Untersuchung des Mechanismus dieser drei Reaktionstypen ist für die Gestaltung einer Rolle sehr nützlich. Auf der Basis dieser drei Typen liefert Delsarte eine detaillierte und exakte Analyse der Reaktionen des menschlichen Körpers, selbst solcher Körperteile wie Augenbrauen, Augenlider, Lippen usw. Delsartes Interpretation dieser drei Reaktionstypen ist jedoch nicht akzeptabel, da sie den Theaterkonventionen des 19. Jahrhunderts verpflichtet ist. Eine spezifisch persönliche Interpretation muss geleistet werden.

Die Reaktionen des Gesichts entsprechen genau den Reaktionen des gesamten Körpers. Das entbindet den Schauspieler aber nicht von Gesichtsübungen. In dieser Hinsicht ist ein Training der Gesichtsmuskulatur, wie es die Schauspieler des klassischen indischen Theaters (Kathakali) verwenden, zusätzlich zu Delsartes Hinweisen angebracht und nützlich.

Dieses Training zielt darauf ab, jeden Muskel des Gesichts zu kontrollieren, und geht auf diese Weise über stereotypes Nachäffen hinaus. Es bedarf der Bewusstheit beim Gebrauch jedes einzelnen Muskels im Gesicht des Schauspielers. Es ist sehr wichtig, die verschiedenen Muskeln des Gesichts gleichzeitig, aber zu verschiedenen Rhythmen in Bewegung setzen zu können. Zum Beispiel: die Augenbrauen sehr schnell zucken zu lassen, während die Wangenmuskeln langsam zittern, oder die linke Seite des Gesichts lebhaft reagieren lassen, während die rechte träge bleibt.

Alle in diesem Kapitel beschriebenen Übungen müssen ohne Unterbrechung durchgeführt werden, ohne Pausen zum Ausruhen oder für private Reaktionen. Selbst kurzes Ausruhen muss als integraler Teil in die Übungen einbezogen werden, deren Ziel nicht eine Entwicklung der Muskeln oder körperliche Perfektion ist, sondern ein Prozess der Forschung, der zur Eliminierung von Körperwiderständen führt.

D) Stimmtechnik

Tragfähigkeit

Besondere Aufmerksamkeit sollte der Tragfähigkeit der Stimme gewidmet werden, so dass der Zuschauer nicht nur die Stimme des Schauspielers perfekt hören kann, sondern auch von ihr durchdrungen wird, als wäre sie stereophonisch. Der Zuschauer muss von der Stimme des Schauspielers umgeben sein, als käme sie aus allen Richtungen und nicht bloß daher, wo der Schauspieler steht. Selbst die Wände müssen mit der Stimme des Schauspielers sprechen. Diese Beschäftigung mit der Tragfähigkeit der Stimme ist darüber hinaus notwendig, um Stimmprobleme zu vermeiden, die ernst werden können.

Der Schauspieler muss seine Stimme benutzen, um Laute und

Intonationen zu produzieren, die der Zuschauer weder reproduzieren noch imitieren kann.

Die zwei unerlässlichen Bedingungen für eine gute Tragfähigkeit der Stimme sind:

a) Die Luftsäule, die den Klang trägt, muss kraftvoll und, ohne gegen Hindernisse (zum Beispiel ein geschlossener Kehlkopf oder ungenügend geöffneter Kiefer) zu stoßen, entweichen.
b) Der Klang muss durch die physiologischen Resonatoren verstärkt werden. All dies ist eng verbunden mit korrekter Atmung. Wenn der Schauspieler nur mit der Brust oder dem Unterleib atmet, kann er nicht genügend Luft aufstauen und ist gezwungen, sparsam damit umzugehen, indem er den Kehlkopf schließt, auf diese Weise die Stimme verzerrt und irgendwann Störungen der Stimme hervorruft. Durch Vollatmung (Brust und Unterleib) kann er jedoch eine mehr als ausreichende Menge Luft akkumulieren. Dafür ist es unabdingbar notwendig, dass die Luftsäule auf keinerlei Hindernisse trifft wie etwa einen geschlossenen Kehlkopf oder die Tendenz, mit nur halbgeöffnetem Kiefer zu sprechen.

Atmung

Empirische Beobachtungen offenbaren drei Typen der Atmung:
a) Thorax- oder Brustatmung, in Europa vorherrschend, besonders bei Frauen.
b) Unterleibs- oder Bauchatmung. Der Unterleib dehnt sich aus, ohne dass die Brust überhaupt benutzt wird. Dies ist der Typ Atmung, der gewöhnlich an Theaterschulen gelehrt wird.

c) Vollatmung (Brust und Unterleib), wobei die Unterleibsphase vorherrschend ist. Dies ist der »hygienischste« und funktionalste Typus, den man bei Kindern und Tieren antrifft.

Vollatmung ist für den Schauspieler am effektivsten. Man darf in diesem Zusammenhang aber nicht dogmatisch sein. Die Atmung jedes Schauspielers variiert entsprechend seiner physiologischen Konstitution, und ob er die Vollatmung anwendet oder nicht, sollte hiervon abhängig sein. Es gibt auch eine gewisse natürliche Differenz zwischen den Möglichkeiten der Atmung bei Männern und Frauen. Bei Frauen hat die korrekte Atmung eine bestimmte Unterleibsphase, obwohl das Brustelement etwas stärker entwickelt ist als bei Männern. Der Schauspieler sollte verschiedene Atmungstypen üben, da verschiedene Positionen und körperliche Aktionen (Akrobatik zum Beispiel) eine andere Atmungsart als die Vollatmung erforderlich machen.

Es ist notwendig, sich an die Vollatmung zu gewöhnen. Das heißt, man muss fähig sein, das Funktionieren der Atmungsorgane zu kontrollieren. Es ist bekannt, dass die verschiedenen Schulen des Yoga – Hatha Yoga eingeschlossen – die tägliche Übung von Atemtechniken verlangen, um die biologische Funktion des Atmens, die automatisch geworden ist, zu kontrollieren und auszunutzen. Daher die Notwendigkeit einer Reihe von Übungen, um eine Bewusstheit vom Atmungsprozess zu schaffen.

Es gibt verschiedene Methoden der Überprüfung, ob Vollatmung geschieht.

a) Auf dem Boden oder irgendeiner harten Oberfläche so liegen, dass die Wirbelsäule ganz gerade ist. Eine Hand auf die Brust legen, die andere auf den Unterleib. Beim Einatmen sollte man zuerst fühlen, wie die Hand auf dem Unterleib gehoben wird, dann die andere Hand auf der Brust, alles in einer sanften, kontinuierlichen Bewegung. Man muss darauf achten, die Vollatmung nicht in zwei voneinander getrennte Phasen aufzuteilen. Die Ausdehnung von Brust und Unterleib sollte spannungsfrei sein, und das Aufeinanderfolgen der beiden Phasen sollte unmerklich vor sich gehen. Ihre Verknüpfung muss das Gefühl eines leichten Anschwellens im Rumpf geben. Die Aufteilung der Phasen kann zur Entzündung der Stimmorgane und sogar zu nervösen Störungen führen. Am Anfang sollte der Schauspieler unter Anleitung eines Lehrers üben.

b) Aus dem Hatha Yoga übernommene Methode. Die Wirbelsäule muss ganz gerade sein, deshalb ist es notwendig, auf einer ganz harten Oberfläche zu liegen. Ein Nasenloch mit einem Finger zuhalten und durch das andere einatmen. Beim Ausatmen das Gegenteil tun: das Nasenloch, durch das zuvor eingeatmet wurde, jetzt zuhalten und durch das andere ausatmen, welches zu Anfang zugehalten worden war. Die drei Phasen folgen in diesem Rhythmus aufeinander:
   - Einatmen: 4 Sekunden.
   - Atem anhalten: 12 Sekunden.
   - Ausatmen: 8 Sekunden.

c) Die folgende Methode, die vom klassischen chinesischen Theater stammt, ist im Prinzip die effektivste und kann in jeder Position angewandt werden, während die beiden vorherigen es notwendig machen, dass man sich hinlegt. Im Stehen die Hände auf die beiden untersten Rippen legen. Das Einatmen muss den Eindruck vermitteln, es begänne genau da, wo die Hände liegen (sie müssen also nach außen gedrückt werden), und, während es sich durch den Thorax fortsetzt, das Gefühl hervorrufen, dass die Luftsäule bis in den Kopf hochreicht. (Das bedeutet, dass beim Einatmen der Unterleib und die unteren Rippen sich zuerst ausdehnen und dann in sanfter

Aufeinanderfolge der Brustkorb.) Sodann zieht sich die Bauchdecke zusammen, während die Rippen ausgedehnt bleiben und so eine Basis für die angestaute Luft bilden und sie daran hindern, schon mit den ersten gesprochenen Worten zu entweichen. Die Bauchdecke (Kontraktion nach innen) zieht in entgegengesetzter Richtung wie die Muskeln, die die unteren Rippen ausdehnen (Kontraktion nach außen), was während des Ausatmens so lang wie möglich so bleiben sollte.

(Ein oft begangener Irrtum ist das Anspannen der Unterleibsmuskeln, bevor die Vollatmung vollständig vollzogen ist, was dazu führt, dass nur der Brustkorb atmet.) Die Ausatmung findet umgekehrt statt: vom Kopf her durch den Thorax bis zu der Stelle, wo die Handflächen liegen. Man muss darauf achten, die eingeatmete Luft nicht zu sehr zusammenzupressen, und – wie bereits gesagt – der ganze Vorgang muss sanft ablaufen, mit anderen Worten: ohne jede Aufteilung in Unterleibs- und Brustphase. Eine Übung wie diese hat nicht den Zweck, Atmung nur um der Atmung willen zu lehren, sondern soll auf eine Atmung vorbereiten, die die Stimme »trägt«. Sie lehrt auch, wie man eine Basis (die Bauchdecke) herstellt, die durch Zusammenziehen das leichte und kräftige Ausstoßen der Luft und damit der Stimme erlaubt.

Während der Vollatmung darf nicht zu viel Luft aufgestaut oder zusammengepresst werden. Der Schauspieler muss die größtmögliche Unabhängigkeit von der organischen Atmung erlangen, um jene Atmung zu vermeiden, die Pausen erforderlich macht, welche den Vortrag eines Textes beeinträchtigen könnten. Ein guter Schauspieler atmet schnell und schweigend ein. Er atmet an der Stelle im Text (gleich ob Prosa oder Lyrik), die er als logische Pause festgestellt hat. Dies ist funktional, denn es spart Zeit und vermeidet überflüssige Pausen; es ist notwendig, denn es legt den Rhythmus des Textes dar

Der Schauspieler muss immer wissen, wann er zu atmen hat. Zum Beispiel muss er in einer Szene mit schnellem Rhythmus atmen, bevor sein Partner die letzten Worte zu Ende gesprochen hat, um sprechbereit zu sein, sobald dieser fertig ist. Sonst wird es ein kurzes Schweigen in der Mitte des Dialogs geben, wenn er am Ende der Rede des anderen atmet, was ein »Loch« im Rhythmus verursacht.

Übungen für schnelles und schweigendes Einatmen

a) Der Schauspieler steht mit den Händen auf den Hüften da und nimmt mit seinen Lippen und Zähnen schnell und ruhig einen Mund voll Luft, bevor er ein paar Worte spricht.
b) Eine Reihe kurzer, schweigender Atemzüge tun, die schrittweise schneller werden. Normal ausatmen.

Die Atemübungen sollten nicht übertrieben werden. Atmen ist ein organischer und spontaner Vorgang, und die Übungen sind nicht dazu gedacht, es einer strengen Kontrolle zu unterwerfen, sondern jegliche Anomalie zu korrigieren, wobei trotzdem die Spontaneität erhalten bleibt. Um dies zu erreichen, müssen die Atem- und Stimmübungen verbunden und die Atmung, wo es nötig ist, korrigiert werden. Wenn sich der Schauspieler während der Durchführung seines Programms auf seine Atmung konzentriert, sich bewusst dazu zwingt, sie zu kontrollieren, und nicht dazu in der Lage ist, sich von seinem Denken freizumachen, dann muss man feststellen, dass die Atemübungen falsch durchgeführt worden sind.

Das Öffnen des Kehlkopfes

Man sollte besonders darauf achten, dass der Kehlkopf beim Sprechen und beim Atmen geöffnet ist. Das Schließen des Kehlkopfes verhindert das wirksame Ausstoßen der Luft und beraubt den Schauspieler so der Möglichkeit, seine Stimme korrekt einzusetzen.

An folgenden Anzeichen kann man merken, dass der Kehlkopf geschlossen ist:

a) Die Stimme ist flach.
b) Man spürt den Kehlkopf ganz konkret im Hals.
c) Beim Einatmen wird ein leichtes Geräusch hörbar.
d) Der Adamsapfel bewegt sich nach oben (zum Beispiel schließt sich der Kehlkopf beim Schlucken, und der Adamsapfel hebt sich).
e) Die Muskeln im Nacken sind angespannt.
f) Die Muskeln unter dem Kinn sind angespannt (man kann das überprüfen, indem man den Daumen unter das Kinn setzt und den Zeigefinger unter die Unterlippe).
g) Der Unterkiefer ist zu weit vorgeschoben oder zu weit zurückgezogen.

Der Kehlkopf ist immer dann offen, wenn man das Gefühl hat, viel Raum im hinteren Teil des Mundes zu haben (als ob man gähnte).

Das Schließen des Kehlkopfes ist oft das Resultat schlechter Angewohnheiten, die man sich an Theaterschulen zugelegt hat. Die häufigsten Beispiele dafür:

a) Der Schüler führt Diktionsübungen durch, bevor er gelernt hat, seine Atmung zu kontrollieren. Er bemüht sich, allein mit Hilfe der Diktion eine wirkungsvolle Tragfähigkeit der Stimme zu erzielen, und mit der Absicht, die eingeatmete Luft sparsam zu verbrauchen, schließt er den Kehlkopf.

b) Der Schüler wird oft aufgefordert, einzuatmen und dann laut zu zählen. Je weiter er zählt, desto mehr wird er zu seiner Fähigkeit, Atem zu sparen, beglückwünscht. Dies ist ein unverzeihlicher Fehler, weil der Schüler, damit ihm das gelingt, den Kehlkopf schließt und so die Tragfähigkeit seiner Stimme beeinträchtigt. Es kommt im Gegenteil darauf an, sehr tief einzuatmen und *nicht* zu versuchen, Luft zu sparen. Jedes Wort muss in Luft gehüllt sein, wie gesättigt mit Luft, vor allem die Vokale. Man muss jedoch darauf achten, nicht plötzlich zwischen den Worten keine Luft mehr zu haben.
c) Fehlerhafte Atmung, die korrekt erscheinen kann. Oft dehnt der Schüler den Unterleib, als ob er einatmete, doch in Wirklichkeit findet nur Brustatmung statt.

Grundübung, um den Kehlkopf zu öffnen (vom chinesischen Arzt Ling empfohlen):

Stehende Position. Den oberen Teil des Körpers, den Kopf eingeschlossen, leicht vorbeugen. Der völlig entspannte Unterkiefer ruht auf dem Daumen, während der Zeigefinger knapp unter der Unterlippe liegt, um den Unterkiefer nicht herunterfallen zu lassen. Den Oberkiefer und die Augenbrauen anheben, gleichzeitig die Stirn runzeln, so dass man das Gefühl hat, die Schläfen würden wie beim Gähnen gestreckt, während die Muskeln oben auf dem Kopf, am Hinterkopf und im hinteren Teil des Nackens leicht angespannt werden. Schließlich lässt man die Stimme ausströmen. Während der ganzen Übung muss überprüft werden, ob die Muskeln unterm Kinn entspannt und weich sind; der Daumen, der das Kinn stützt, darf auf keinerlei Widerstand stoßen. Die Fehler, denen man während dieser Übung für gewöhnlich begegnet, sind: Anspannen der Muskeln des Kinns und des vorderen Teils des Nackens, falsche Position des Unterkiefers (zu weit zurückgezogen), Entspannen der Kopfmuskeln und das Herunterfallen des Unterkiefers, statt den Oberkiefer anzuheben.

Resonatoren

Die Aufgabe der physiologischen Resonatoren ist es, die Tragfähigkeit des ausgestoßenen Lautes zu verstärken. Ihre Funktion ist das Pressen der Luftsäule in genau den Teil des Körpers, der als Verstärker gewählt worden ist. Subjektiv hat man den Eindruck, dass man mit dem jeweiligen Körperteil spricht – mit dem Kopf zum Beispiel, falls man den oberen Resonator benutzt.**

In Wahrheit gibt es eine fast unbegrenzte Anzahl Resonatoren, die von der Kontrolle des Schauspielers über sein eigenes Instrument »Körper« abhängen. Wir wollen uns hier darauf beschränken, nur einige zu nennen.

a) Der obere oder Kopf-Resonator, der im europäischen Theater am häufigsten angewendet wird. Technisch funktioniert er durch das Pressen des Luftstroms in den vorderen Teil des Kopfes. Man kann diesen Resonator ganz leicht bewusst wahrnehmen, indem man die Hand auf den oberen Teil der Stirn legt und den Konsonanten »M« ausspricht, worauf man definitiv eine Vibration spüren sollte. Allgemein gesprochen wird der obere Resonator angewendet, wenn man in höheren

** Der Begriff »Resonator« ist völlig konventionell. Von einem wissenschaftlichen Standpunkt aus ist nicht bewiesen, dass der subjektive Druck der eingeatmeten Luft in einen bestimmten Körperteil (der ein äußerliches Vibrieren dieses Punktes hervorruft) diesen Bereich als einen objektiven Resonator fungieren lässt. Nichtsdestotrotz ist es eine Tatsache, dass dieser subjektive Druck zusammen mit seinem offenkundigen Symptom (Vibration) die Stimme und ihre Tragfähigkeit verändert.

Stimmlagen spricht. Subjektiv kann man die Luftsäule spüren, wie sie nach oben dringt, zusammengepresst wird und schließlich den oberen Teil des Kopfes trifft. Wenn man diesen Resonator gebraucht, muss man das Gefühl haben, der Mund säße oben auf dem Kopf.

b) Der Brust-Resonator, der in Europa bekannt ist, aber selten bewusst eingesetzt wird. Er funktioniert, wenn man in tiefer Stimmlage spricht. Um zu überprüfen, ob er verwendet wird, lege man die Hand auf die Brust, die vibrieren müsste. Um ihn zu gebrauchen, muss man sprechen, als säße der Mund in der Brust.

c) Der Nasal-Resonator, der ebenfalls in Europa bekannt ist. Er funktioniert automatisch, wenn der Konsonant »N« ausgesprochen wird. Er ist zu Unrecht von den meisten Theaterschulen abgeschafft worden. Er kann ausgenutzt werden, um eine Rolle teilweise oder sogar ganz zu charakterisieren.

d) Der Kehlkopf-Resonator, der im orientalischen und afrikanischen Theater benutzt wird. Der hervorgebrachte Laut erinnert an das Gebrüll wilder Tiere. Er ist auch typisch für einige schwarze Jazzsänger (zum Beispiel Armstrong).

e) Der Hinterhaupt-Resonator. Er kann erzielt werden, indem man in einer sehr hohen Stimmlage spricht. Man richtet den Luftstrom auf den oberen Resonator, und wahrend man in kontinuierlich ansteigender Stimmlage spricht, wird der Luftstrom dann auf das Hinterhaupt gelenkt. Während des Trainings kann man diesen Resonator durch einen hohen, miauenden Laut erzielen. Dieser Resonator ist im klassischen chinesischen Theater üblich.

f) Zusätzlich existieren noch eine Reihe von Resonatoren, die die Schauspieler oft unbewusst einsetzen. Zum Beispiel kommt im sogenannten »intimen« Schauspiel der Oberkiefer-Resonator (hinten im Kiefer) zur Anwendung. Andere

Resonatoren befinden sich im Unterleib und in den mittleren und unteren Teilen der Wirbelsäule.

g) Die fruchtbarste Möglichkeit liegt im Gebrauch des gesamten Körpers als Resonator. Dies wird erreicht, indem man den Kopf- und den Brust-Resonator gleichzeitig einsetzt. Technisch muss man seine Konzentration auf den Resonator richten, der nicht automatisch im Gebrauch ist, wenn man spricht. Zum Beispiel: Wenn man in hoher Stimmlage spricht, benutzt man normalerweise den Kopf-Resonator; deshalb muss man sich darauf konzentrieren, den Brust-Resonator gleichzeitig auszunutzen. In diesem Fall bedeutet »konzentrieren«, die Luftsäule in den inaktiven Resonator zu pressen. Das Gegenteil ist notwendig, wenn man in tiefer Stimmlage spricht. Normalerweise ist der Brust-Resonator in Gebrauch, also muss man sich auf den Kopf-Resonator konzentrieren. Der Resonator, der mit dem ganzen Körper arbeitet, kann »Total-Resonator« genannt werden.

Interessante Effekte können erzielt werden, indem man gleichzeitig zwei Resonatoren kombiniert. Der gleichzeitige Gebrauch des Hinterhaupt- und des Kehlkopf-Resonators zum Beispiel produziert die Stimmeffekte, die Yma Sumac in ihren bekannten peruanischen Liedern erzielt. In manchen Fällen kann man zwei Resonatoren kombinieren, indem man den einen als »Solo«, den anderen als »Begleitung« fungieren lässt. Zum Beispiel kann der Oberkiefer-Resonator das »Solo« abgeben, während eine gleichmäßige »Begleitung« vom Brust-Resonator geliefert wird.

Stimmgrundlage

Der Gebrauch jedes Resonators setzt die Existenz einer Luftsäule voraus, die eine Basis haben muss, um zusammengepresst werden zu können. Der Schauspieler muss bewusst lernen, in sich eine Basis für diese Luftsäule zu finden. Diese Grundlage kann mit folgenden Techniken erstellt werden:

a) Durch Ausdehnung und Kontraktion der Bauchdecke. Diese Methode wird oft von europäischen Schauspielern angewandt, obwohl viele von ihnen sich des wahren Motivs, das hinter der Muskeldehnung steckt, nicht bewusst sind. Opernsänger verstärken diese Basis oft, indem sie ihre Hände auf dem Unterleib verschränken und – mit dem Vorwand, ein Taschentuch zu halten – die unteren Rippen mit den Unterarmen zusammenpressen.
b) Durch die Methode des klassischen chinesischen Theaters. Der Schauspieler bindet sich einen breiten, strammgezogenen Gürtel um die Taille. Bei Vollatmung (Brust und Unterleib) presst dieser Gürtel die Unterleibsmuskeln zusammen, wodurch eine Grundlage für die Luftsäule gebildet wird.
c) Nachdem man mit Vollatmung eingeatmet hat (Brust und Unterleib), werden die Bauchmuskeln zusammengepresst, was die Luft automatisch nach oben drückt. Die unteren Rippen werden nach außen gedrückt, und auf diese Weise entsteht eine Basis für die Luftsäule. Wie bereits erwähnt, ist ein gängiger Fehler das Anspannen der Unterleibsmuskeln, bevor der Prozess der Vollatmung vollzogen ist (mit dem Ergebnis, dass nur Brustatmung stattfindet).

   Auch hier ist es wichtig, nicht zu viel Luft während der Kontraktion der Unterleibsmuskeln aufzustauen, weil das den Kehlkopf schließt. Wenn die Unterleibsmuskeln nicht langsam genug angespannt werden, bekommt man ein Gefühl der Benommenheit.

Es gibt noch viele andere Methoden, eine Basis für die Luftsäule zu schaffen. Der Schauspieler muss viele davon beherrschen, um sie der Rolle und den Umständen entsprechend im Wechsel einsetzen zu können.

Stimmbildung

Es gibt zwei verschiedene Arten der Stimmbildung, die eine für Schauspieler, die andere für Sänger, denn ihre Aufgaben sind ganz verschieden. Viele Opernsänger – auch ganz hervorragende – können keine lange Rede halten, ohne ihre Stimme zu ermüden und das Risiko einzugehen, heiser zu werden, einfach weil ihre Stimme zum Singen ausgebildet ist und nicht zum Sprechen. Theaterschulen machen oft den Fehler, den zukünftigen Schauspieler die Stimmbildung des Sängers zu lehren. Der Grund dafür ist oft die Tatsache, dass die Lehrer ehemalige Opernsänger sind und dass die Stimmübungen oft von einem Musikinstrument (Klavier) begleitet werden.

Übungen zum organischen Ablauf

Vorhergehende Bemerkungen, die davor warnen, dem Schauspieler seine organische Atmung zu verwehren, gelten auch für die Resonatoren, das Öffnen des Kehlkopfes und die Stimmbasis. Das Ziel der Übungen ist es, dem Schauspieler ein Bewusstsein seines möglichen Stimmumfangs zu geben. Es ist wesentlich, dass er spontan und fast unterbewusst diese Möglichkeiten ausnutzt, während er die Partitur seiner Rolle durchführt. Oft geschieht es, dass der Schauspieler, der seine Übungen schlecht macht, seine Stimme kontrolliert, indem er »sich zuhört«. Dies blockiert den organischen Prozess und kann zu einer Reihe von Muskelverspannungen führen, die ihrerseits das korrekte Ausströmen der Stimme verhindern (zum Beispiel das teilweise Schließen des Kehlkopfes). Ein Teufelskreis entsteht: Mit dem Bedürfnis, seine Stimme korrekt anzuwenden, hört der Schauspieler sich selber zu; aber indem er das tut, wird der stimmliche Ablauf blockiert und das korrekte Ausströmen der Stimme unmöglich. Um dies zu vermeiden, muss der Schauspieler lernen, seine Stimme zu kontrollieren, indem er sie nicht von innen heraus anhört, sondern ihr von außen her zuhört. Zu diesem Zweck ist es eine wirksame Übung, einen Laut auszustoßen, ihn gegen eine Wand zu richten und auf das Echo zu horchen. Man hört sich das Echo jedoch nicht passiv an, sondern formt es bewusst, indem man sich näher oder weiter entfernt zur Wand aufstellt, das Echo in höhere oder tiefere Stimmlage führt und Resonatoren, Klang und Intonation ändert.

Um seinen Atem- und Stimmapparat den vielfachen Anforderungen der Rolle entsprechend organisch auszunutzen, muss jeder Einzelne sich individuell erforschen. Man muss bestimmen, welche Bilder und Assoziationen das »Öffnen« des Stimmapparates (Resonatoren, Kehlkopf usw.) bei einem bestimmten Schauspieler hervorruft.

Bei manchen Schauspielern zum Beispiel wird der obere (Kopf-)Resonator automatisch eingesetzt, wenn sie beim Sprechen ihre Stimme mit den Händen zur Decke lenken, also die Stimme buchstäblich nach oben schieben. Ähnlich kann einer der tiefen Resonatoren in Gang gesetzt werden, wenn man die Hände die Stimme zum Boden schieben lässt.

Der Schauspieler muss statt kühl kalkulierter Stimmreaktionen immer spontane anstreben. Die folgenden Übungen sind in dieser Hinsicht hilfreich:

a) Die Stimme benutzen, um einen Kreis »harter« und »weicher« Luft um sich herum zu schaffen; eine Glocke mit der Stimme bauen, die nacheinander größer oder kleiner wird; einen Laut durch einen weiten Tunnel, dann durch einen engen Tunnel schicken usw.
b) Stimmliche Aktionen gegen Objekte: die Stimme dazu benutzen, um ein Loch in die Wand zu bohren, einen Stuhl umzuwerfen, eine Kerze auszublasen, ein Bild von der Wand fallen zu lassen, zu streicheln, zu schieben, einen Gegenstand einzuwickeln, den Boden zu wischen; die Stimme benutzen, als wäre sie eine Axt, eine Hand, ein Hammer, eine Schere usw.

Stimmliche Vorstellungskraft

Abgesehen von der bewussten und hygienischen Ausnutzung des Stimmapparates gibt es zwei weitere Mittel, um seine Möglichkeiten zu erweitern:

a) Der Schauspieler muss lernen, seine stimmlichen Fähigkeiten zu bereichern, indem er ungewöhnliche Laute ausstößt. Eine äußerst nützliche Übung in dieser Hinsicht besteht in der Imitation von Naturlauten und mechanischen Geräuschen: dem Tropfen von Wasser, dem Zwitschern von Vögeln, dem Brummen eines Motors usw. Zuerst diese Laute imitieren. Sie dann in einen gesprochenen Text einfügen, so dass die Assoziationen des Lautes, die man zu vermitteln sucht, erweckt werden (die Worte »farbig machen«).
b) Der Schauspieler sollte die Fähigkeit entwickeln, in Stimmlagen zu sprechen, die nicht seine natürlichen sind – das heißt in höheren oder tieferen als normal. Das bedeutet nicht nur, methodisch und kontinuierlich die Stimme zu ungewohnten

Stimmlagen zu erheben oder abzusenken, sondern in spezifischen Fällen künstlich mit unnatürlichen Stimmlagen zu arbeiten, ohne in irgendeiner Weise ihre Künstlichkeit zu verbergen. Eine andere nützliche Möglichkeit, andere Stimmlagen zu erreichen, ist die parodistische Imitation der Stimmen von Frauen, Kindern, alten Menschen usw. Doch der Schauspieler darf sich nie zwingen, seine natürliche Stimme abzusenken, zum Beispiel, um eine »männlichere« Stimme zu erzielen. Diese Tendenz ist ganz besonders schädlich, da sie Halsentzündungen und sogar nervöse Störungen hervorrufen kann.

Nutzbarmachen der Stimme

Wenn der Schauspieler einen leichten Sprachfehler hat, der nicht beseitigt werden kann, sollte er ihn auf verschiedene Weise nutzen, entsprechend den Rollen, die er spielt, anstatt sich dazu zu zwingen, ihn zu verbergen.

Diktion

Die Grundregel für eine gute Diktion ist es, die Vokale auszuatmen und die Konsonanten zu »kauen«.

Die Buchstaben sollten nicht überdeutlich ausgesprochen werden. Oft zerstückelt der Schauspieler das Wort in die Buchstaben, aus denen es besteht, statt es als eine Einheit auszusprechen. Dies nimmt dem Wort jegliche Lebendigkeit, gibt ihm die gleichen Ausspracheeigenschaften wie die einer Fremdsprache, die man nur aus Büchern gelernt hat. Es besteht ein grundlegender Unterschied zwischen dem geschriebenen und dem gesprochenen Wort; das geschriebene Wort ist nämlich nur eine Annäherung. Die Diktion ist ein Ausdrucksmittel. Die Vielzahl der Diktionstypen, die es im Leben gibt, sollten sich auch auf der Bühne wiederfinden. Beschränkung auf einen einzigen Diktionstypus bedeutet eine Verarmung an Klangwirkung und stellt eine Verweigerung dar, alle Mittel zu benutzen, die einem zur Verfügung stehen – so als ob man alle Schauspieler dazu zwingen wollte, immer das gleiche Kostüm zu tragen. Ebenso wie es im Leben nicht nur einen Diktionstypus gibt, sondern unzählige, die vom Alter, der Gesundheit, dem Charakter und der psychosomatischen Struktur des jeweiligen Einzelnen abhängen, kann es nicht nur eine einzige Diktion auf dem Theater geben. Der Schauspieler muss die inneren Motive und die psychischen Phasen der Figur, die er spielt, unterstreichen, parodieren und veräußerlichen, indem er seine Aussprache verändert oder einen neuen Diktionstypus anwendet. Dies bringt auch eine Veränderung des Atemrhythmus mit sich.

Auf der Bühne ist die Diktion im allgemeinen bestimmt durch eine präzise und monotone Aussprache, die, abgesehen davon, dass sie von einem künstlerischen Standpunkt aus öde ist, auch zur Affektiertheit neigt. Wenn man die verschiedenen Diktionstypen, die man im Alltagsleben beobachten kann, als Basis nimmt, abhängig von den physischen und psychologischen Besonderheiten des Einzelnen, sollte der Schauspieler auch andere Typen künstlerischer Diktion anstreben, die ihm helfen, die Rolle zu charakterisieren, zu parodieren und zu demaskieren.

Jede Rolle macht einen anderen Diktionstypus notwendig, und es müssen selbst innerhalb des Rahmens der gleichen Rolle die Möglichkeiten, die durch Wechsel der Diktion, abhängig von den Umständen und Situationen, geboten werden, voll und ganz ausgenutzt werden.

Hier einige Übungen, die darauf hinarbeiten:

a) Die Diktion seiner Bekannten parodieren.
b) Nur durch Diktion verschiedene Figuren porträtieren (einen Geizhals, einen Parvenu, einen Vielfraß, einen frommen Mann usw.).
c) Durch die Diktion bestimmte psychosomatische Besonderheiten charakterisieren (fehlende Zähne, ein schwaches Herz, Neurasthenie usw.).

Die Tendenz, zu viel Betonung auf die Konsonanten zu legen, ist fehlerhaft. Die Vokale sind es, die man betonen muss. Überemphase der Konsonanten verschließt den Kehlkopf. Wenn es bei den Diktionsübungen notwendig wird, die Konsonanten zu betonen, sollten auch die Vokale im Verhältnis dazu betont werden. Jeder Satz sollte wie eine lange Atemwelle ausgestoßen werden, die den Kehlkopf daran hindert, sich zu schließen. Nur wenn man flüstert, liegt die Betonung auf den Konsonanten, die in diesem Fall besondere Emphase erhalten dürfen.

Diktionsübungen sollten niemals mit dem Text gemacht werden, der in der gerade geprobten Aufführung benutzt wird, um zu verhindern, dass seine Interpretation verunstaltet wird. Das beste Diktionstraining lässt sich im Privatleben schaffen. Der Schauspieler muss seiner Aussprache kontinuierlich Aufmerksamkeit schenken, selbst außerhalb seiner Arbeitsumgebung. Eine andere wirksame Übung für Diktion ist es, einen Satz sehr langsam zu lesen, ihn wieder und wieder, jedes Mal schneller, zu wiederholen, ohne die Vokale abzukürzen.

Übungen zur Rhythmuskontrolle können mit Hilfe eines Metronoms oder des eigenen Pulsschlags durchgeführt werden. Die gleiche Geschwindigkeit sollte bis zum Schluss durchgehalten werden. Nach der Zäsur in der Lyrik oder am Ende des Satzes in der Prosa nicht schneller werden.

Selbst wenn er schreit oder einen sehr hohen Ton ausstößt, behält der Schauspieler immer eine Reserve zurück, die es ihm gestattet, die Lautstärke zu erhöhen, falls das nötig wird. Sonst wird er seine Stimme großen Belastungen aussetzen.

Der Schauspieler darf seine Rolle niemals laut lernen. Das führt automatisch zu einer »Versteinerung« der Interpretation. Ebenso darf man seine Rolle nicht zum Spaß im privaten Bereich sprechen oder mit den Requisiten der Aufführung herumalbern. Abgesehen davon, dass das ein Mangel an Respekt vor dem eigenen Handwerk wäre, führt es augenblicklich zur Banalität, ohne dass sich der Schauspieler dessen auch nur bewusst würde. Während der Proben sollte der Schauspieler ein Bewusstsein von den akustischen Möglichkeiten des Raumes haben, um Effekte entdecken zu können (Echos, scharfe oder gedämpfte Resonanzen usw.), die er bewusstem Gebrauch nutzbar machen kann, indem er sie in die Struktur seiner Rolle integriert.

Pausen

Es ist wichtig, Pausen nicht zu missbrauchen. Die Pause als ein Ausdrucksmittel erreicht ihr Ziel unter folgenden Bedingungen:

a) Sparsamer Gebrauch, nur dort, wo sie die Expressivität steigert.
b) Die Eliminierung jeder Pause, die keine künstlerische Funktion hat und nicht von der Struktur der Rolle abhängt (sondern aus persönlicher Erschöpfung, natürlicher Weitschweifigkeit usw. resultiert).

c) Die Verkürzung von Atempausen, die immer schnell und sanft sein müssen. Es ist ratsam, diese mit den logischen Pausen übereinstimmen zu lassen.
d) Auf die »künstlichen« oder »falschen« Pausen, die durch ein Intervall geschaffen werden, ist besonders zu achten. Mit Intervall ist der Übergang von einem Tonfall zum anderen gemeint. Der Schauspieler muss immer die kurzen Intervalle üben, die viel schwieriger sind als die langen.

Ausnutzung von Fehlern

Der Schauspieler muss die Geistesgegenwart besitzen, jeden Fehler schnell in die Struktur der Rolle einzubauen (Fehler in Diktion oder Bewegung) – Fehler, die während der Aufführung unabsichtlich begangen werden. Anstatt innezuhalten oder noch einmal anzufangen, muss er weitermachen und den Fehler als einen Effekt ausnutzen. Zum Beispiel: Wenn der Schauspieler ein Wort falsch ausspricht, sollte er sich nicht korrigieren, sondern die falsche Aussprache bei anderen Worten in anderen Passagen wiederholen, so dass der Zuschauer dies als einen Effekt innerhalb der Struktur der Rolle versteht. Natürlich erfordert diese Technik eine Beherrschung seiner eigenen Reflexe und eine hohe Qualität der Improvisation.

Aussprachetechnik

Es besteht kein wesentlicher Unterschied zwischen der Aussprache von Lyrik und Prosa. In beiden Fällen ist es eine Frage des Rhythmus, der Phrasierung und der logischen Akzente.

In der Prosa muss der Rhythmus entdeckt oder, besser, entziffert werden: Man muss den spezifischen Rhythmus des Textes spüren. Ein guter Schauspieler ist in der Lage, selbst ein Telefonbuch rhythmisch zu lesen. Rhythmus ist nicht gleichbedeutend mit Monotonie oder einer gleichförmigen Prosodie, sondern mit Pulsieren, Variieren, plötzlichen Wechseln. Nachdem man verschiedene logische Akzente bestimmt hat, die dem allgemeinen Plan der Interpretation entsprechen, muss man dann einen Rhythmus herstellen, der mit diesen Akzenten übereinstimmt. Man sollte jedoch selbst in der Prosa den Rhythmus nicht zum Nachteil einer formalen Logik begünstigen oder als entgegengesetztes Extrem den Rhythmus vernachlässigen, um sich ausschließlich auf den logischen Sinn des Textes zu konzentrieren. Der Rhythmus des Textes sollte auch nicht zerstückelt werden oder der logische Akzent durch Pausen mehr Emphase erhalten. Der logische Akzent eines Satzes darf nicht isoliert werden: Er stellt den Kulminationspunkt eines rhythmischen Stromes dar, der durch eine einzige Atmungs- und Melodiewelle hervorgebracht wird. Oft geschieht es, dass der logische Akzent auf zwei verschiedene Wörter des gleichen Satzes platziert wird – oder vielleicht sogar auf zwei noch weiter auseinanderliegende Wörter.

Die Fähigkeit, mit Sätzen umzugehen, ist beim Spielen wichtig und notwendig. Der Satz ist eine integrale Einheit, emotional und logisch, die von einer einzigen Atmungs- und Melodiewelle getragen werden kann. Sie ist ein Wirbelwind, der sich auf ein Epizentrum konzentriert, das von dem logischen Akzent oder den logischen Akzenten gebildet wird. Die Vokale dieses Epizentrums sollten nicht verkürzt, eher leicht gelängt werden, um ihnen einen speziellen Wert zu verleihen, wobei man sorgfältig beachten sollte, die Einheit des Satzes nicht durch ungerechtfertigte Pausen zu zerbrechen. Zu dieser Regel kann es natürlich Ausnahmen geben, wenn man spezifische formale Effekte anstrebt: In diesem Fall kann das Epizentrum beschnitten, können die Sätze zerbrochen werden.

Auch in der Lyrik muss der Satz als eine logische und emotionale Einheit betrachtet werden, die in einer einzigen Atmungswelle ausgesprochen werden muss. Mehrere Verse (eineinhalb, zwei oder mehr) konstituieren oft den Satz. Hier muss der Rhythmus jedes Verses hergestellt werden, ohne auf monotone Mittel zurückzugreifen. Die besondere Qualität des Verses muss beibehalten werden, indem man mehrere Mittel, nicht nur eines, einsetzt wie etwa einen tonischen Akzent oder eine Pause zwischen den Versen.

Es gibt unzählige Möglichkeiten, den Rhythmus jedes Verses zu schützen. Man kann ein Komma oder einen Punkt ans Ende eines Verses setzen, am Ende eines anderen den logischen Akzent auf das letzte Wort fallen lassen und ein Intervall (einen Tonfallwechsel) am Ende eines dritten einsetzen, was vom Standpunkt der Interpretation aus zu rechtfertigen ist.

Die Notwendigkeit, die Atempausen festzulegen, besteht bei Prosa und bei Lyrik. Sie sollten nicht zu nahe beieinanderliegen, weil das zu Atemnot führt. Wenn sie andererseits zu weit auseinanderliegen und der Schauspieler versucht, seinen Atem bis dorthin zu strecken, schließt sich der Kehlkopf. Man kann alle hier aufgeführten Regeln verletzen unter der Voraussetzung, dass diese Überschreitung beabsichtigt ist und einen formalen Effekt erzielen soll.

Auch andere formale Elemente können eingesetzt werden:

a) Beschleunigung oder Verlangsamung des Rhythmus eines Satzes.
b) Plötzliche Rhythmuswechsel.
c) Deutliches Einatmen vor den Worten, die den logischen Akzent des Satzes tragen.

d) Unlogisches Einatmen, zum Beispiel an einer Stelle im Satz, wo das Atmen normalerweise nicht stattfände.

* * *

Jeder Schauspieler – selbst der technisch versierte – erleidet nach einer Periode von mehreren Jahren eine Stimmkrise. Das liegt am Alter, das die physische Struktur des Körpers verändert und eine neue Anpassung der Technik erforderlich macht. Der Schauspieler, der Stagnation vermeiden will, muss regelmäßig ganz von vorn beginnen, Atmen, Aussprache und den Gebrauch seiner Resonatoren lernen. Er muss seine Stimme wiederentdecken.

Räumliche Anordnungen im Theaterlaboratorium. In diesem Bereich hat der Architekt Jerzy Gurawski eine sehr wichtige Rolle gespielt, er ist auch für die meisten der hier vorgestellten Projekte verantwortlich.

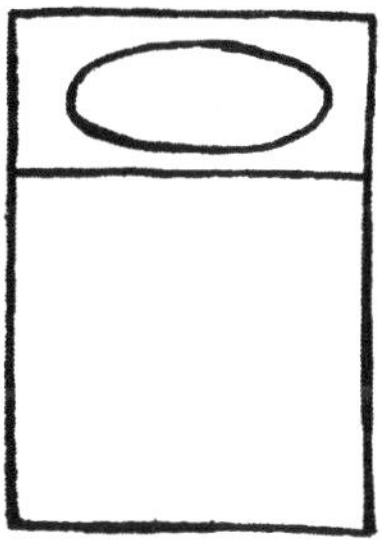
41

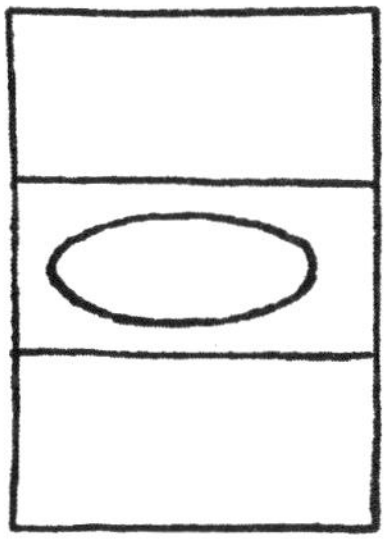
42

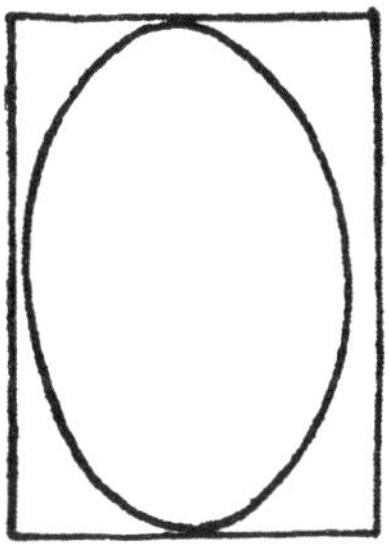
43

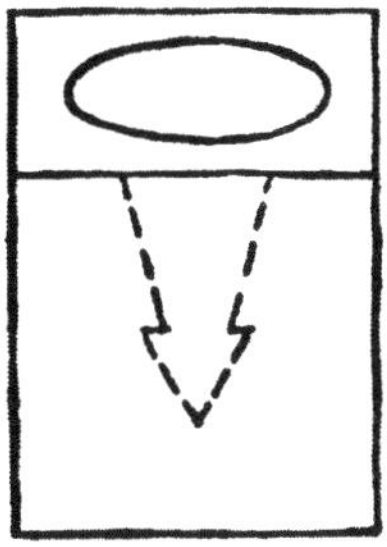
44

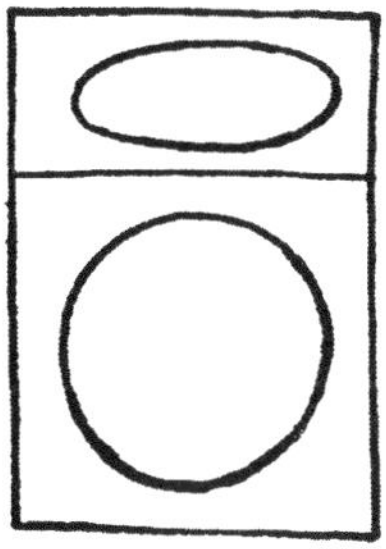
45

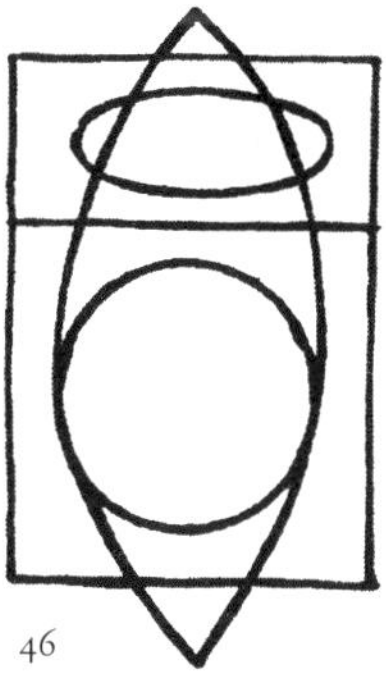
46

(41) Italienische Bühne. Die Schauspieler sind vom Publikum getrennt und spielen immer im gleichen, festgelegten Bereich.
(42) Theater im Rund (zentrale Bühne). Obwohl die Position der Bühne wechselt, bleibt die Schranke zwischen Schauspieler und Zuschauer.
(43) Theaterlaboratorium. Schauspieler und Zuschauer sind nicht mehr voneinander getrennt. Der gesamte Raum wird zur Bühne und ist gleichzeitig der Ort für die Zuschauer.
(44) Während der Periode der Theaterreform zu Beginn unseres Jahrhunderts wurden Anstrengungen unternommen (von Meyerhold, Piscator und anderen), die Schauspieler von Zeit zu Zeit von der Bühne herunter und unter die Zuschauer zu bringen. Die Bühne ist aber immer noch das Zentrum der Handlung.
(45) Die Zuschauer werden als eine Einheit potentieller Teilnehmer betrachtet. Die Schauspieler richten sich an sie oder können auch gelegentlich inmitten des Publikums platziert sein.
(46) Theaterlaboratorium. Hier behält der Regisseur stets im Kopf, dass er zwei »Ensembles« zu führen hat: die Schauspieler und die Zuschauer. Die Aufführung entsteht aus einer Integration dieser beiden »Ensembles«.

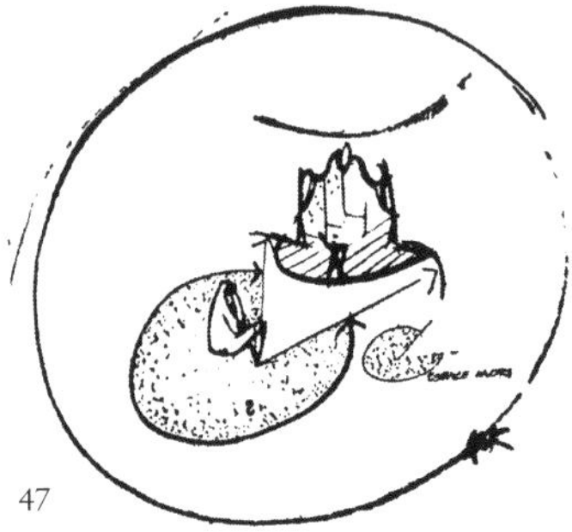

47

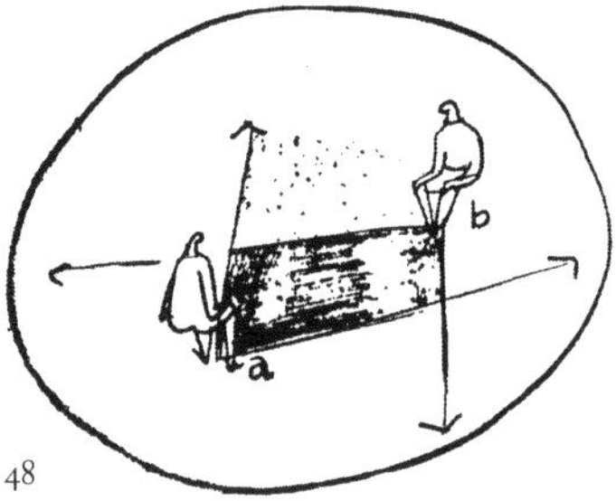

48

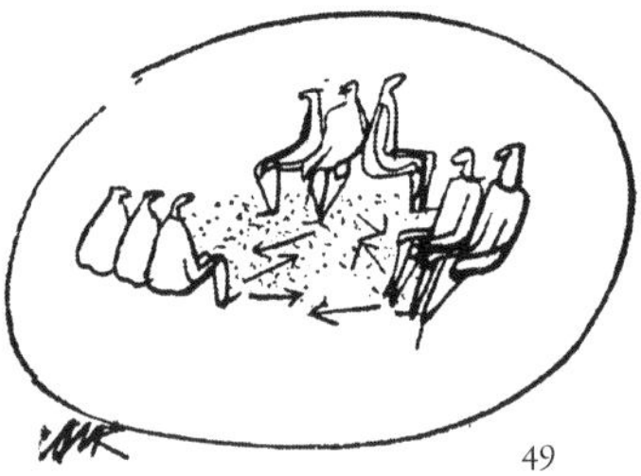

49

(47) Traditionelle italienische Bühne: Der Raum ist nur teilweise genutzt.
(48–49) Die Osmose von Schauspielern und Zuschauern bringt die Zuschauer auch dazu, sich gegenseitig zu beobachten. Hier zwei Beispiele für die akustische und visuelle Beziehung zwischen ihnen.

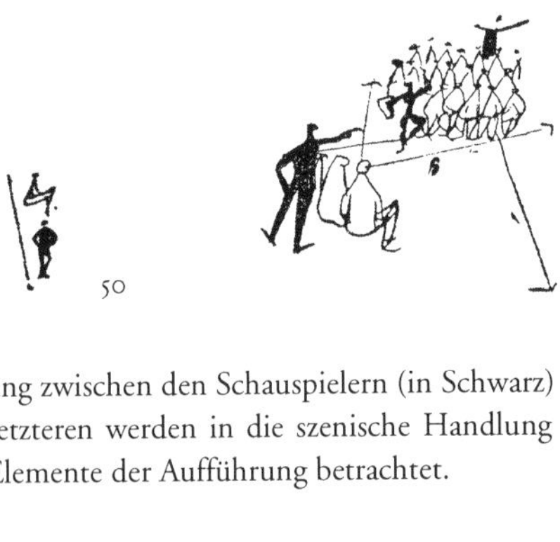

50

(50) Beziehung zwischen den Schauspielern (in Schwarz) und den Zuschauern. Diese letzteren werden in die szenische Handlung integriert und als spezifische Elemente der Aufführung betrachtet.

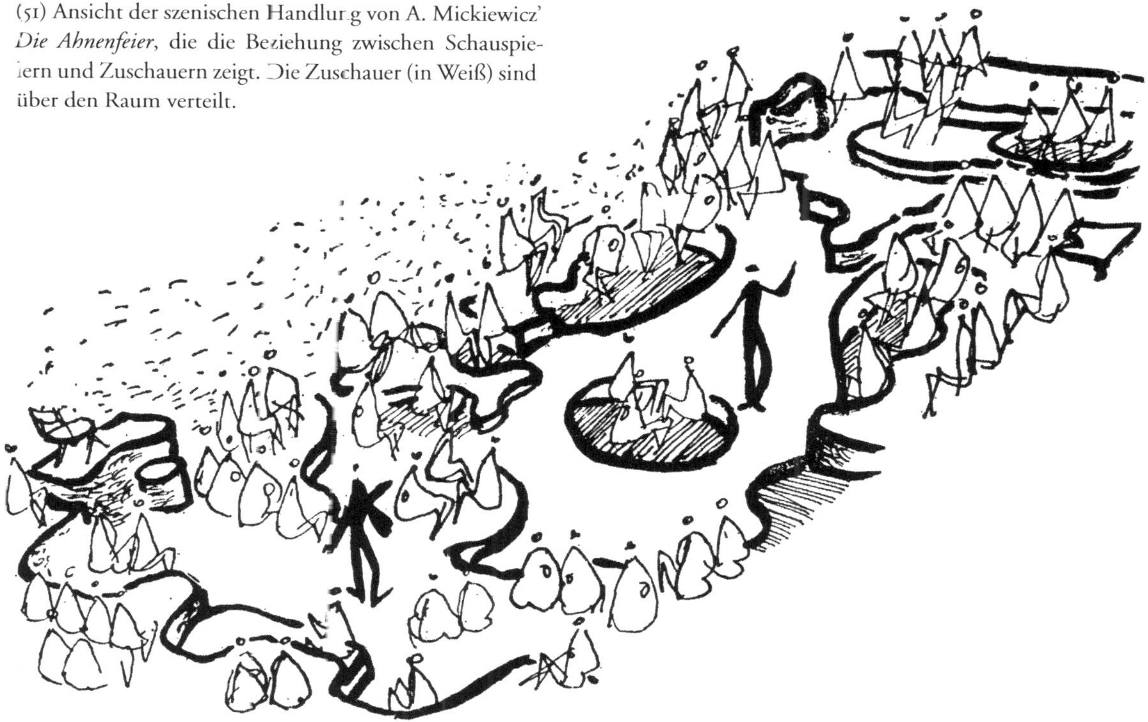

(51) Ansicht der szenischen Handlung von A. Mickiewicz' *Die Ahnenfeier*, die die Beziehung zwischen Schauspielern und Zuschauern zeigt. Die Zuschauer (in Weiß) sind über den Raum verteilt.

Die Eroberung des Raumes im Theaterlaboratorium, beginnend mit der italienischen Bühne und endend mit der vollen Ausnutzung des ganzen Raumes, auch unter den Zuschauern.

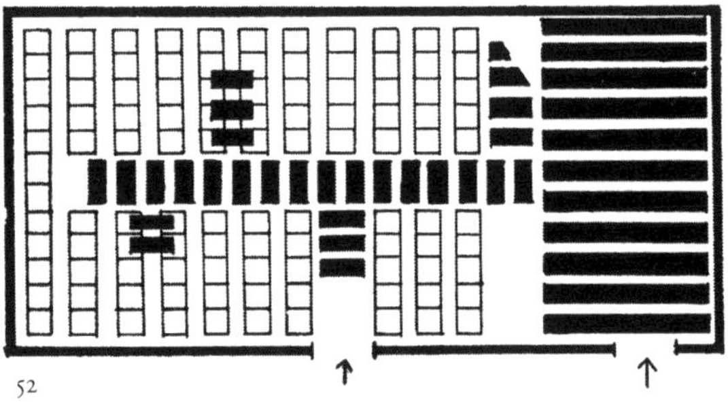

52

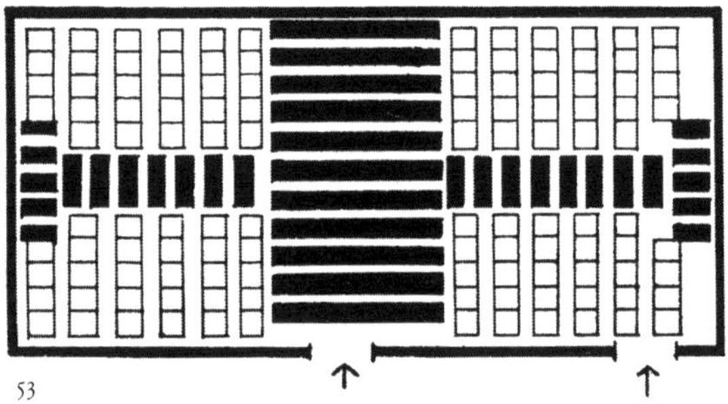

53

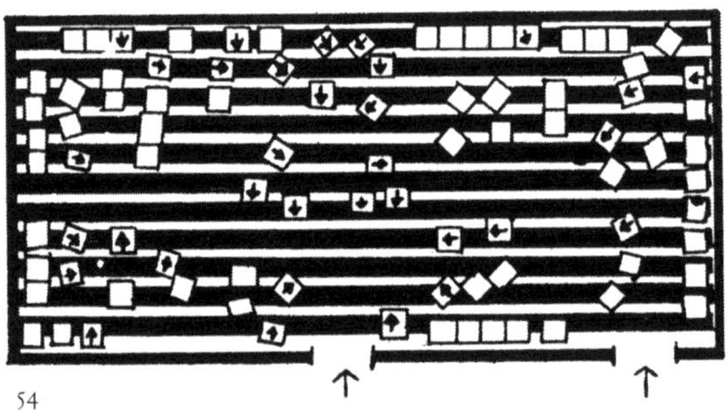

54

(52/55) *Kain*, nach dem Text Byrons.
(53/56) *Shakuntala*, nach dem Text Kalidasas.
(54/57) *Die Ahnenfeier*, nach dem Text Mickiewicz'.

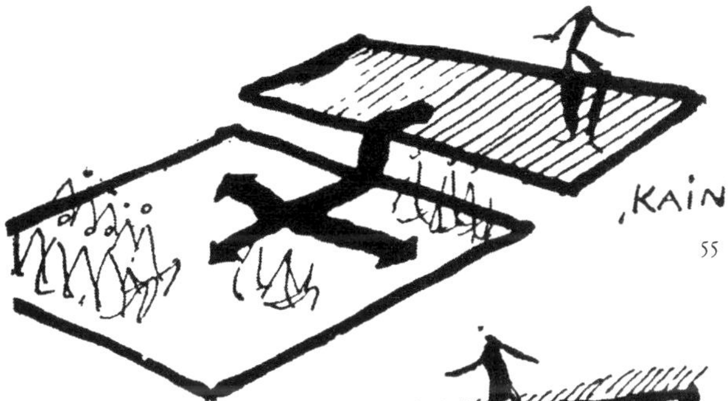

55

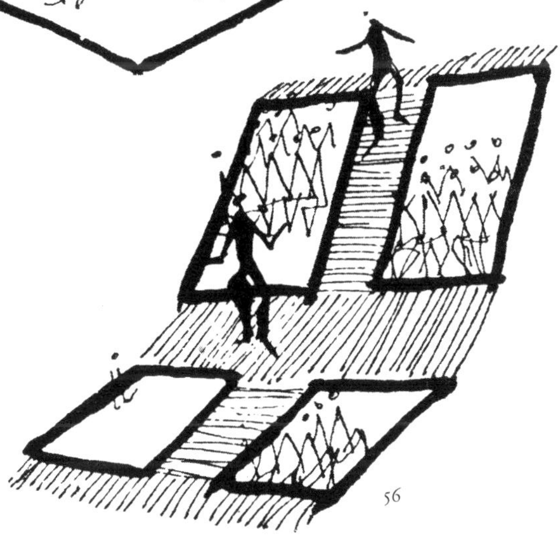

56

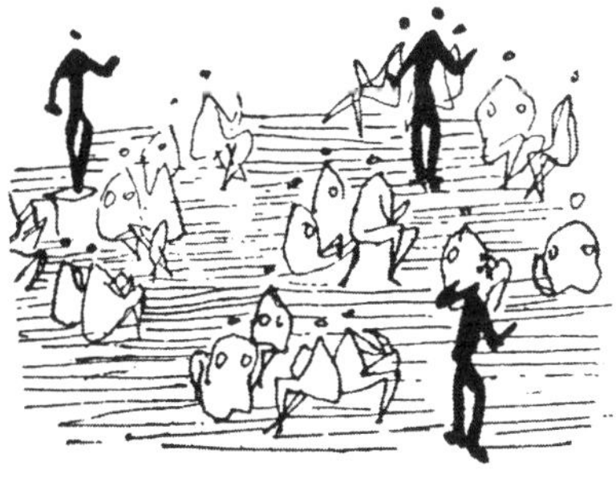

57

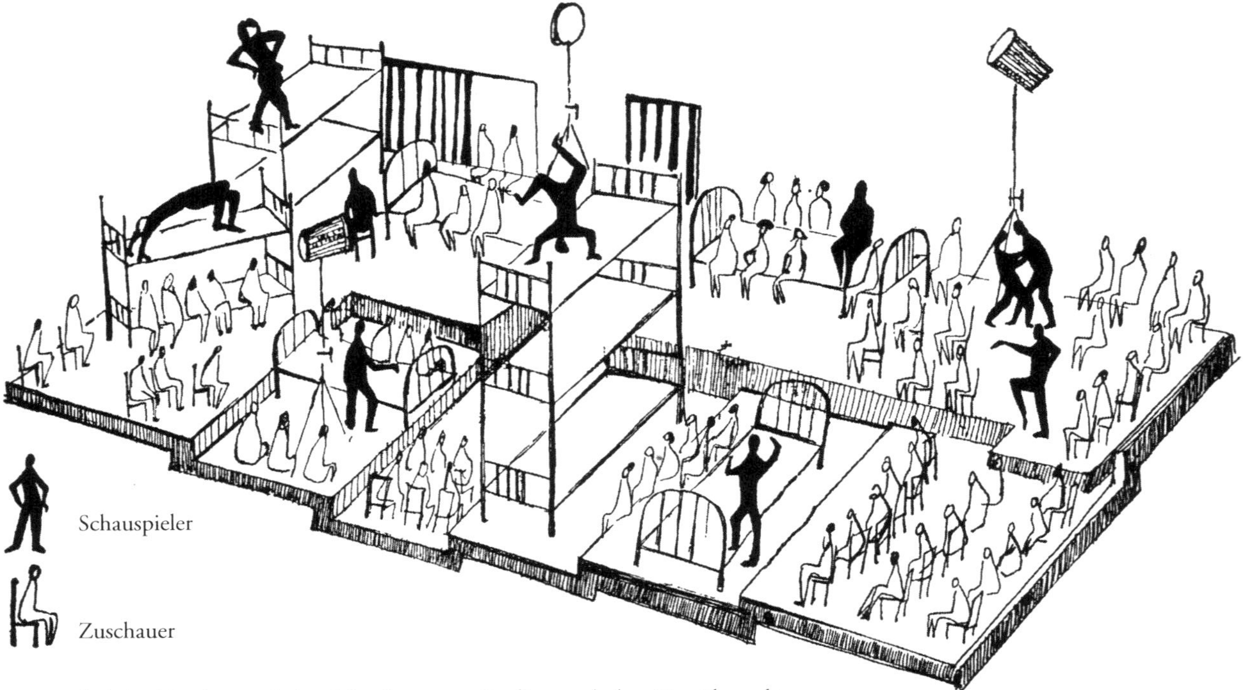

(58) Ansicht der szenischen Handlung von *Kordian*, nach dem Text Słowackis. Der ganze Raum ist so aufgebaut, dass er das Innere einer psychiatrischen Klinik suggeriert, und die Zuschauer sind als Patienten in die Struktur integriert.

(59) Diagramm, das die Bewegung und die Aktionsbereiche in *Akropolis* (nach dem Text Wyspiańskis) zeigt.

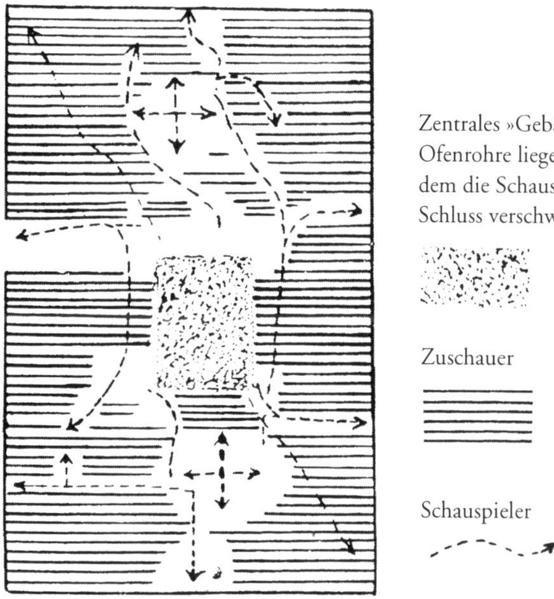

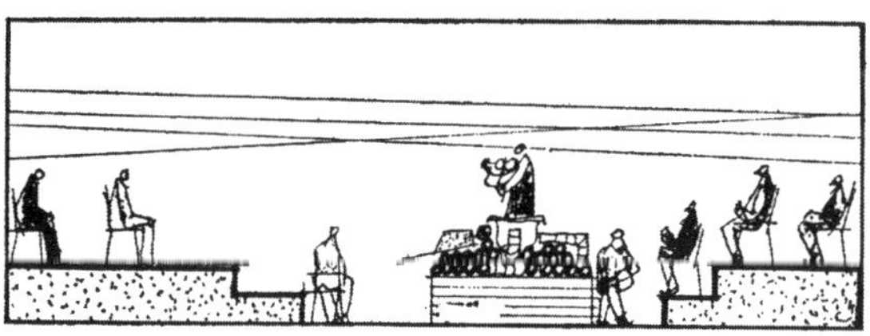

(60) Der Raum zu Beginn der Aufführung.

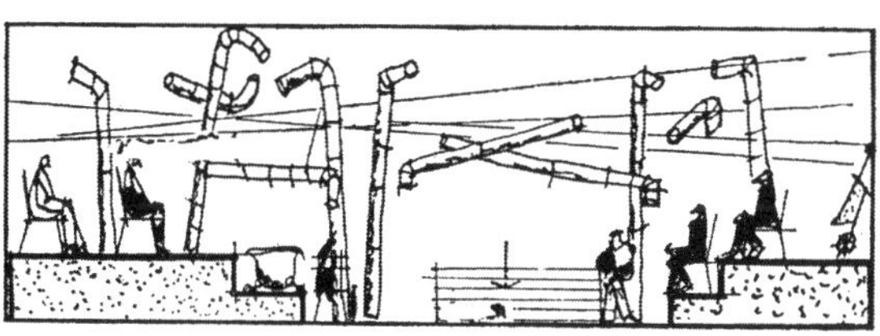

(61) Der Raum zum Schluss der Aufführung.

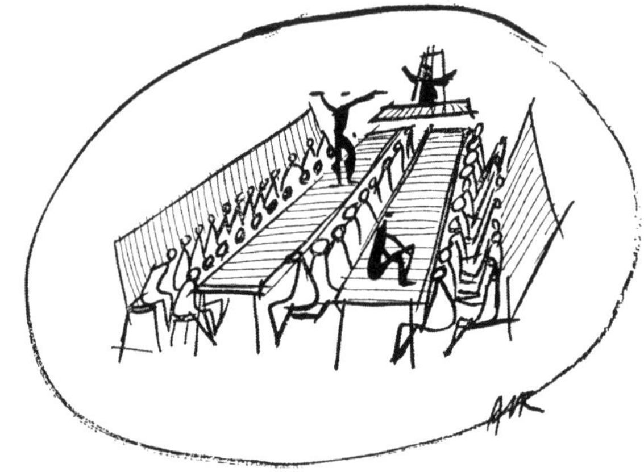

(62) Ansicht der szenischen Handlung von *Dr. Faustus*, nach dem Text Marlowes. Eine Stunde vor seinem Tod lädt Faustus seine Freunde (die Zuschauer) zu einem letzten Abendmahl ein.

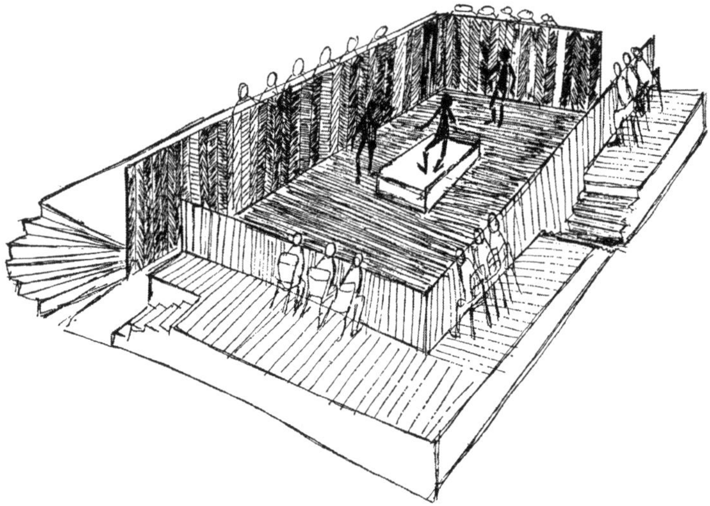

(63) Ansicht der szenischen Handlung von *Der standhafte Prinz*, nach dem Text von Calderón/Słowacki. Die Zuschauer blicken auf einen verbotenen Akt herab, ihre Position erinnert an eine Stierkampfarena oder einen Operationssaal.

Das Training des Schauspielers (1966)

Die folgenden Aufzeichnungen machte Franz Marijnen vom »Institut National Supérieur des Arts du Spectacle« (INSAS) in Brüssel während eines Kurses, den Jerzy Grotowski und sein Mitarbeiter Ryszard Cieślak 1966 veranstalteten. Wenn man diese Übungen mit denen der Periode 1959-1962 vergleicht, lässt sich definitiv feststellen, dass sich die Orientierung und der Gegenstand des Trainings als Ergebnis der Arbeit der letzten Jahre verändert haben. Die Grundprinzipien von Grotowskis gegenwärtiger *via negativa* in den Übungen sind in den Kapiteln »Für ein Armes Theater« (s. S. 13 ff.) und »Die Technik des Schauspielers« (s. S. 224 ff.) sowie in der Abschlussrede des Skara-Seminars (s. S. 245 ff.) dargelegt.

In seiner Einführung erwähnt Grotowski, dass der Kontakt zwischen dem Publikum und dem Schauspieler im Theater von grundlegender Wichtigkeit ist. Unter diesem Gesichtspunkt beginnt er seinen Unterricht mit dem Motto: »Die Essenz des Theaters ist der Schauspieler, seine Handlungen und was er erreichen kann.«

Sein Unterrichtsschema und die verschiedenen Übungen basieren auf vielen Jahren der Erfahrung und auf wissenschaftlicher und methodischer Erforschung der Technik des Schauspielers und seiner physischen Präsenz auf der Bühne.

Stimmübungen

Zu Anfang macht Grotowski einige Bemerkungen über die Haltung, die man zu seiner Arbeit einnehmen sollte. Er fordert absolutes Schweigen aller, die im Raum anwesend sind, sowohl der Schauspieler als auch des Publikums. Lachen muss unterdrückt werden, auch wenn die Übungen zunächst an eine Zirkusvorstellung erinnern mögen. Wer nicht mit der Methode vertraut ist, kann diesen Eindruck bekommen, aber das vergeht schnell, sobald man einige Stunden anwesend war und die erzielten Ergebnisse gesehen hat. Die Zuschauer – in diesem Fall diejenigen, die nicht aktiv an den Übungen teilnehmen – müssen für die Schüler »unsichtbar und unhörbar« sein.

Stimulation der Stimme

Jeder Schüler sucht einen Text aus und kann ihn nach seinem Belieben vortragen, singen oder sogar heraus schreien. Diese Übung wird unisono durchgeführt. Währenddessen geht Grotowski zwischen den Schülern hin und her, befühlt manchmal ihre Brust, ihren Rücken, Kopf oder Unterleib, während sie sprechen. Nichts entgeht seiner Aufmerksamkeit.

Nach dieser Übung wählt er vier Schauspielschüler aus. Die anderen gehen in absolutem Schweigen zu ihren Plätzen zurück, von wo aus sie die Fortschritte ihrer Mitschüler beobachten sollen.

Grotowski stellt einen Schüler in die Mitte

- Der Schüler trägt einen beliebigen Text vor, wobei seine Stimme schrittweise lauter wird.
- Die Worte müssen von der Decke widerhallen, als ob der obere Teil des Schädels spräche. Der Kopf darf nicht zurückgelegt werden, weil das den Kehlkopf schließt. Durch das Echo wird die Decke zum Partner im Dialog, der die Form von Frage und Antwort annimmt. Während der Übung führt Grotowski den Schüler am Arm durch den Raum.

– Dann beginnt eine Unterhaltung mit der Wand, ebenfalls improvisiert. Hier wird ganz eindeutig, dass das Echo die Antwort ist. Der gesamte Körper muss auf das Echo antworten. Die Stimme entsteht in der Brust und tritt aus der Brust hervor.
– Als Nächstes wird die Stimme in den Bauch platziert. Auf diese Weise wird ein Gespräch mit dem Boden geführt. Position des Körpers: »Wie eine fette, schwere Kuh.«

Anmerkung: Grotowski weist darauf hin, dass während all dieser Übungen das Denken ausgeschaltet werden muss. Die Schüler sollen den Text sprechen, ohne zu denken und ohne Pausen zu machen. Deshalb unterbricht Grotowski die Übungen jedes Mal, wenn er bemerkt, dass ein Schüler während der Übungen denkt.

Der vollständige Zyklus von Übungen wird durchgeführt, wobei aufeinanderfolgend angewendet werden:
– die Kopfstimme (gegen die Decke)
– die Mundstimme (als ob man gegen die Luft vor sich spräche)
– die Hinterkopfstimme (gegen die Decke hinter dem Schauspieler)
– die Bruststimme (vor den Schauspieler projiziert)
– die Bauchstimme (gegen den Boden)

Die Stimme kommt:
a) aus den Schulterblättern (gegen die Decke hinter dem Schauspieler)
b) aus dem Kreuz (gegen die Wand hinter dem Schauspieler)
c) aus der Lendengegend (gegen den Boden, die Wand und den Raum hinter ihm)

Grotowski macht es dem Schauspieler nicht leicht. Während dieser spricht, geht Grotowski um ihn herum, »knetet« und stimuliert bestimmte Körperstellen des Schülers und setzt so lebendige Impulse frei, die die Stimme automatisch tragen.

Der Rhythmus der Übungen ist sehr schnell. Der ganze Körper muss bei den Übungen beansprucht werden – selbst bei den Stimmübungen.

Eine Entspannungsübung besteht aus einer improvisierten Konversation mit der Wand, gänzlich spannungsfrei. Der Schüler muss ständig beachten, dass das Echo eingefangen wird.

Es ist bemerkenswert, wie Cieślak – Grotowskis Hauptschauspieler und engster Mitarbeiter –, der die Übungen unzählige Male durchgeführt und beobachtet haben muss, den Fortschritten der Schüler mit dem größten Interesse, der größten Aufmerksamkeit folgt.

Die »Tiger«-Übung

Diese Übung zielt offensichtlich darauf ab, dass sich der Schüler völlig gehenlässt und gleichzeitig den Kehlkopf-Resonator in Bewegung setzt. Grotowski nimmt selbst an der Übung teil. Er spielt den Tiger, der seine Beute angreift. Der Schüler (die Beute) reagiert, indem er wie ein Tiger brüllt (vergleiche Armstrongs Stimmimprovisationen). Es ist nicht nur eine Frage des Brüllens.

Die Laute müssen sich auf den Text stützen, und dessen Kontinuität ist in dieser Art Übung sehr wichtig.

Grotowski: »Komm näher ... Text ... Schrei ... Ich bin der Tiger, nicht du ... Ich werde dich fressen ...« Auf diese Weise reizt er den Schüler, voll in das Spiel einzusteigen. Es ist bemerkenswert, wie die Schüler von der Übung mitgerissen werden. Nunmehr ist alle Schüchternheit verflogen.

Das einzige Hindernis ist das Fehlen eines vertrauten Textes, da die Worte nicht so leicht kommen, wenn man improvisiert.

Plötzlich unterbricht Grotowski die Übung (was einige Schüler gar nicht bemerken, so sehr hat sie die Übung gefangen genommen) und fordert die Schüler auf, ein Lied zu singen. Dies soll offensichtlich die Stimme entspannen. Grotowski betrachtet solche Stimmentspannung als äußerst wichtig, besonders für Schüler, die diese Art Übung zum ersten Mal machen. Die Stimmorgane sind nicht daran gewöhnt, auf diese Weise beansprucht zu werden.

Grotowskis pädagogische Stärke zeigt sich in der Tatsache, dass die Schüler nach einer Übung kaum zurückzuhalten sind. Sie achten überhaupt nicht auf das Publikum, das selbst in bemerkenswertem Maße in den ganzen Prozess verwickelt ist.

Die »KING-KING«-Übung

Das Wesentliche an dieser Übung ist das wiederholte Ausrufen des Wortes »King« in einer sehr hohen Stimmlage und in schnellem Tempo, mit einer ganzen Reihe von Variationen, die von sehr tiefen bis zu sehr hohen Tönen gehen. Schließlich kommt der Ton aus dem Hinterkopf, der in diesem Augenblick der Mund *ist.* Grotowski erzielt die erstaunlichsten Ergebnisse, indem er um dieses Wort herum improvisiert, in immer hoherer Tonlage.

Nach ungefähr fünf Minuten erreicht der Schüler unter der antreibenden Lenkung Grotowskis eine Höhe in der Stimmskala, die ihm selbst ziemlich neu erscheint. Wir bemerken viele überraschte Gesichter unter den Mitschülern …

Die »LA-lA-lA«-Übung

Die Übung beginnt damit, dass der Schüler herumgeht und »La-la-la« singt.

Grotowski legt sich neben dem Schüler auf den Boden. Das »La-la-la« wird nun gegen die Decke, die Wand und den Boden wiederholt, wobei Kopf-, Bauch- und Bruststimme alternieren. Grotowski massiert den Bauch des Schülers, um den dort befindlichen Resonator zu lockern und zu stimulieren. Nach dieser Übung bleibt der Schüler einige Augenblicke lang auf dem Boden liegen, völlig entspannt.

Anmerkung: Das Ergebnis ist bemerkenswert. Selbst nach der ersten Stunde erreicht die Stimme des jeweiligen Schülers Intonationen und Tonlagen, die man nie bei ihm vermutet hätte.

* * *

Grotowski beginnt von neuem den gleichen Übungszyklus wie für den ersten Schüler.

Stimulation von Stimmimpulsen von den verschiedenen Resonatoren:
- die Kopfstimme (gegen die Decke)
- die Mundstimme (als ob man gegen die Luft vor sich spräche)
- die Hinterkopfstimme (gegen die Decke hinter dem Schauspieler)
- die Bruststimme (vor den Schauspieler projiziert)
- die Bauchstimme (gegen den Boden)

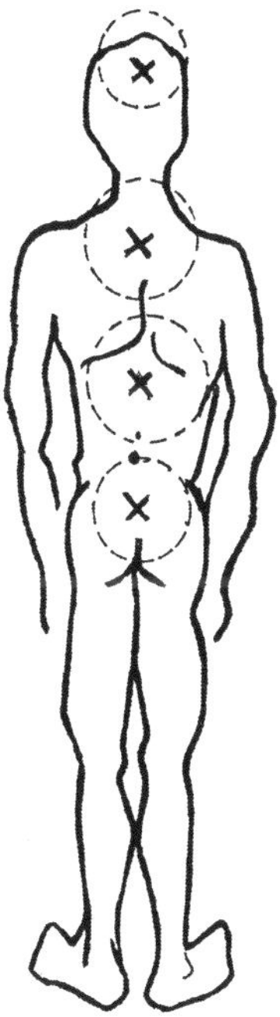

64

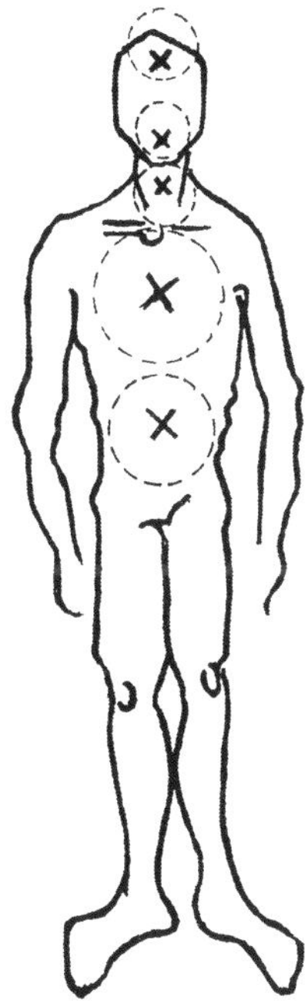

65

(64) und (65) Resonanzräume.

Die Stimme kommt:

a) aus den Schulterblättern (gegen die Decke hinter dem Schauspieler)
b) aus dem Kreuz (gegen die Wand hinter dem Schauspieler)
c) aus der Lendengegend (gegen den Boden, die Wand und den Raum hinter ihm)

Die Zentren und Resonatoren, die im Rücken gelockert werden sollen, sind in den Diagrammen 64/65 durch ein X gekennzeichnet.

Nächste Übung

Das Miauen einer Katze mit dem weitesten Spektrum von:
a) Intonation
b) Nuancen
c) Tonlage

Plötzlich kehrt Grotowski zum normalen Vortrag eines Textes zurück.

Tiger

Stimmausdruck in Form eines Tigerbrüllens. Es gibt schon hörbare Zeichen des Fortschritts im Vergleich zum vorhergehenden Schüler. Die Stimmübungen werden nun begleitet von den Bewegungen Pirschen, Wälzen und Mit-den-»Tatzen«-Schlagen. Grotowski hat zweifellos aus Erfahrung gelernt, dass die Schüler diese Assoziationen brauchen, um sich der Übung ganz hingeben zu können.

Laute

Das Ausstoßen aller möglichen unartikulierten Laute in den unterschiedlichsten Intonationen, die der Schüler erreichen kann. Es ist, als öffnete der Schüler einen Käfig, der seine Flora und Fauna in latenter Form einschloss.

Das Tempo dieser Übungen ist erstaunlich. Das sind in gewisser Hinsicht auch die Ergebnisse, denn der Schüler erreicht eine Weite des Stimmumfangs wie nie zuvor – so versichert er nachher. Er sagt, dies komme automatisch und die Ergebnisse seien auf den Zyklus der Übungen und die enge Zusammenarbeit zurückzuführen. Die Aufrichtigkeit, mit der die Übungen durchgeführt werden, und die Sympathie der anderen spielen ebenfalls eine Rolle, die nicht unterschätzt werden darf.

Nächste Übung

Der Schauspieler liegt ausgestreckt auf dem Boden in entspannter Stellung. Grotowski spricht seine Vorstellungskraft an, fordert ihn aber gleichzeitig dazu auf, so wenig wie möglich zu denken. Reaktionen dürfen nicht erzwungen werden. Wenn sie nicht spontan kommen, nutzen sie gar nichts.

Grotowski zeigt mit seiner Handfläche die Stellen am Körper des Schülers an, die von der Sonne erwärmt werden. Währenddessen singt der Schüler ruhig. Nach einiger Zeit wechselt die Stimme, die Kraft und die Intensität des Liedes ändern sich entsprechend den Körperstellen, die Grotowski berührt.

* * *

Während der Pause dürfen die Schüler nicht miteinander sprechen, vor allem nicht flüstern. Grotowski erläutert später die Gründe dafür. Das Publikum muss so ruhig wie möglich bleiben.

Die ungefähre Dauer der Übungen ist für jeden Schüler dreißig Minuten.

Ein dritter Schüler wird aufgefordert, die gleichen Stimmübungen wie die vorhergehenden durchzuführen.

Hier führt Grotowski jedoch eine neues Element in die Übungen ein: eine Art Yoga-Kopfstand. Der Schauspieler soll einen Text sprechen und ein Lied singen, während er auf dem Kopf steht. Einige Minuten später folgt eine Entspannungsübung.

Danach erklärt Grotowski den Nutzen dieser Übung. Sie ist von großer Wichtigkeit für Schauspieler mit geschlossenem oder blockiertem Kehlkopf.

Während dieser Übung gab es Gelächter im Publikum. Grotowski zögerte nicht, sofort einzuschreiten.

Nächste Übung

Der Schüler liegt ausgestreckt auf dem Boden.

Grotowski: »Stell dir vor, du liegst in einem warmen Fluss, und das warme Wasser strömt über deinen Körper. Bleib eine Weile still, dann sing.«

Währenddessen berührt Grotowski mit seiner Hand die Teile des Körpers, die mit dem warmen Wasser in Berührung kommen. Der Schüler soll einfach nur reagieren.

Meiner Meinung nach dienen diese Übungen dazu, die Stimmzentren zu stimulieren, die dem Ort oder der Person, zu dem/der man spricht, oder dem Ort, von dem die Impulse ausgehen, am nächsten sind.

Eine andere Übung mit dem gleichen Zweck

Bäuchlings auf den Boden legen.

- Der Schüler wird angewiesen, gegen die Decke zu sprechen.
- Die einzusetzenden Stimmzentren liegen im Rücken, das heißt unter dem Nacken, im unteren Teil des Rückens, um das Zwerchfell herum und zwischen den Schulterblättern.

Übungen, die auf Tierlauten basieren

Tiger: Ein langgezogenes Brüllen, das in der gleichen Intonation, dem gleichen Atem fortgesetzt wird;
Schlange: Ein langgezogenes Zischen, das in der gleichen Intonation, dem gleichen Atem fortgesetzt wird;
Kuh: Ein langgezogenes Muhen, das in der gleichen Intonation, dem gleichen Atem fortgesetzt wird.

Während dieser Übungen muss der Körper die hervorgebrachten Laute akzentuieren. Die elementarsten Bewegungen jedes dieser Tiere müssen vom Körper dargestellt werden.

Mit dieser Übung geht Grotowski wieder ein bisschen weiter. Er setzt bestimmte Reaktionen beim Schüler frei, indem er zum Beispiel eine aggressive Haltung zu ihm einnimmt.

Weitere Übungen mit Tieren als Thema

Der Schauspieler ist ein Stier und Grotowski ein Stierkämpfer, mit einem roten Pullover, den er irgendwo gefunden hat. Der Schauspieler muss angreifen, während er singt.

Diese Übung unterbricht Grotowski für einen Augenblick, um einige Erklärungen abzugeben. Die Schauspieler haben eine kurze Pause, dürfen aber nicht miteinander sprechen oder flüstern.

Grotowski: »All diese Techniken, die in den Stimmübungen benutzt werden, sind den normalen Methoden entgegengesetzt. Im Diktionsunterricht werden nur Konsonanten studiert. Es gibt besondere Übungen, die sich mit Vokalen befassen, wobei ein Musikinstrument, z. B. ein Klavier, benutzt wird. Während dieser Übungen wird der Atmung, verschiedenen Atemtechniken große Aufmerksamkeit gewidmet. Das ist falsch. Unterleibsatmung beispielsweise kann nicht jeder beherrschen. Die Menschen passen ihre Atmung ihren Tätigkeiten an. Ihre Tätigkeit bedingt ihre Atmung. Man muss darauf achten, eine Verbesserung der Atmung nur solchen Personen nahezulegen, die echte Schwierigkeiten damit haben. Es ist töricht, einen bestimmten Atmungstypus oder eine bestimmte Technik einer Person aufzuzwingen, die in dieser Hinsicht keine Probleme hat. Das geschieht jedoch in den meisten Theaterschulen. *Der Typ Atmung, den eine Person benutzt, muss gepflegt werden.*

Des Weiteren gibt es eine absolute Regel:

Zuerst kommt die Körperaktivität, dann der stimmliche Ausdruck. Die meisten Schauspieler arbeiten in umgekehrter Reihenfolge.

Man schlägt zuerst auf den Tisch, dann schreit man!

Der stimmliche Vorgang kann nicht frei sein ohne einen gut funktionierenden Kehlkopf. Zuerst muss der Kehlkopf entspannt sein, dann das Kinn und der Kiefer.

Wenn der Kehlkopf sich nicht entspannt und öffnet, muss man einen Weg finden, ihn dazu zu bringen. Deshalb bat ich den dritten Schüler, auf dem Kopf zu stehen. Wenn er das tut und gleichzeitig spricht, schreit oder singt, gibt es eine gute Chance dafür, dass sich der Kehlkopf öffnet. Ich kannte einmal eine Schauspielerin, die unter einer ernsten Stimmkrise litt. Kein Arzt konnte ihr helfen. Ich versetzte ihr einmal, in der Öffentlichkeit, einige harte Schläge auf die Wange. Das Ergebnis war, dass sie spontan zu singen begann.

In diesem Zusammenhang lässt sich ein ganzer Ablauf zeigen:

Kontakt – Beobachtung – Stimulus – Reaktion

Im stimmlichen Vorgang müssen alle Teile des Körpers vibrieren. Es ist von äußerster Wichtigkeit – das werde ich immer wieder betonen –, dass wir lernen, zuerst mit dem Körper zu sprechen und dann mit der Stimme.

Einen Gegenstand vom Tisch aufzuheben, steht am Ende eines komplizierten Prozesses im Körper.

Beobachtungen – Stimuli – Reaktionen (Antwort)

Die Stimme ist etwas Materielles. Sie kann für alles Mögliche benutzt werden. Alle Stimuli des Körpers können mit der Stimme ausgedrückt werden. Man denke nur an die assoziativen Möglichkeiten der Stimme in Verbindung mit den folgenden Wörtern, zum Beispiel:

- Messer
- weich
- Schlange
- Hund.

Der Körper muss ein Zentrum von Reaktionen sein. Wir müssen lernen, auf alles mit unserem Körper zu antworten, selbst in einer Alltagsunterhaltung. Wir müssen schrittweise versuchen, jegliche physische Formalität aus unserem Verhalten zu streichen: verschränkte Arme hemmen unsere Reaktionen.

Alle diese Dinge – Stimm- und Körperausdrücke – müssen von jedem von uns individuell gelernt werden. Deshalb ist eine regelmäßige, tägliche Überprüfung all dessen, was unseren Körper und unsere Stimme betrifft, wesentlich. Der Lehrer oder Berater sollte nur dann eingreifen, wenn Schwierigkeiten auftreten. Er sollte den persönlichen Prozess *niemals* unterbrechen, solange dieser gute Möglichkeiten bietet, Ergebnisse zu erzielen, und er sollte gewiss nicht versuchen, ihn zu verändern.

Der natürliche physiologische Prozess – Atmung, Stimme, Bewegung – darf durch falsch aufgezwungene Systeme und Theorien niemals eingeschränkt oder behindert werden.«

Noch einige Anmerkungen

»Die menschliche Stimme sucht nach widerhallenden Elementen. Der Körper, und vor allem seine bereits erwähnten Teile, ist der erste und richtige Ort für die Resonanz der Stimme. ›On est créateur seulement quand on fait des recherches.‹ Dies ist auch im Theater der Fall. Für jede Situation und ihre Interpretation durch die Stimme kann man versuchen, die geeignete Resonanz zu finden. Dies lässt sich auf das Training anwenden, aber nicht auf die Vorbereitung einer Rolle. Übungen und kreatives Arbeiten sollten niemals vermengt werden. Milieu, Zeitgeist, Mentalität, all das können Hindernisse bei der Ausbildung einer guten Stimme sein.

Der grundlegendste Fehler, der auch gleichzeitig am dringendsten korrigiert werden muss, ist das Überstrapazieren der Stimme, weil man dann vergisst, mit dem Körper zu sprechen.

Das Stimmtraining wird in den meisten Ländern und an fast allen Schulen falsch aufgefasst und praktiziert. Der natürliche Stimmprozess wird beeinträchtigt und zerstört. Unnatürliche Techniken werden gelernt, und die zerstören die ursprünglichen guten Gewohnheiten.

Mein Grundprinzip ist: *Nicht an das stimmliche Instrument selbst denken, nicht an die Worte denken, sondern reagieren – mit dem Körper reagieren.*

Der Körper ist der erste Vibrator und Resonator.«

* * *

Grotowski: »Heute werden wir euch einige Übungen vormachen, deren Durchführung euch im Augenblick noch unmöglich scheint. Beobachtet Ryszard Cieślak aufmerksam. Nur Beobachten kann euch helfen, diese Übungen in kurzer Zeit zu bewältigen.«

Cieślaks Übung bestand hauptsächlich aus Folgendem:

- Konzentration
- Rollen und Drehen des Körpers in aufrechter Haltung
- Schulterstand (Position, bei der man auf den Schultern steht)
- Ausgestreckt auf dem Boden liegen – Rollen und Drehen des Körpers
- Sprünge: eine ganze Reihe davon, immer schwieriger werdend, ohne Pause durchgeführt

Anmerkung: Die Schüler werden aufgefordert, diese gleichen Übungen auszuführen, so gut sie können.

Die meisten dieser Übungen scheinen auf den Grundsätzen von Yoga-Übungen aufzubauen. Mehr als eine zufällige Ähnlichkeit lässt sich beobachten. Cieślaks tiefe und anhaltende Konzentration ist besonders bemerkenswert. All seine Bewegungen haben eine wohldefinierte Richtung, der alle Gliedmaßen folgen und bei genauerer Betrachtung sogar alle Muskeln. Der wesentliche Unterschied zwischen Yoga und diesen Übungen ist, dass sie dynamisch, nach außen gerichtet sind. Diese Veräußerlichung steht anstelle der für Yoga typischen Introversion.

Nach den Sprüngen folgt eine vorgeschriebene Pause zur Entspannung.

Diese Übungen wurden von allen durchgeführt. Nun beginnt Cieślak, mit jedem Schüler individuell zu arbeiten.

Die Katze

Katzen-Improvisationen. Cieślak gibt ein Beispiel: eine Katze, die sich streckt und entspannt, nachdem sie geschlafen hat. Das Hauptziel dieser Übung, wie vieler anderer, ist es, die Wirbelsäule geschmeidig zu machen.

Grotowski und Cieślak legen besonderen Wert darauf, dass diese Übungen barfuß ausgeführt werden. Es ist wesentlich, den Kontakt mit dem Boden zu spüren.

Schulterstand-Übungen, von einem gebeugten Arm abgestützt

Zuerst wird erklärt, wie man fällt. Dies beinhaltet eine spezielle Technik, die bei richtiger Durchführung einen schmerzlosen Fall aus jeder Position ermöglicht.

Nach der Demonstration werden die Schüler aufgefordert, die gleiche Übung nachzumachen.

Bei all den Bemühungen wird deutlich, dass die größte Schwierigkeit darin liegt, den Punkt zu entdecken, wo die Balance erreicht und kontrolliert wird. Grotowski schaltet sich ein und weist darauf hin, dass man diesen Punkt ohne Hast und ohne große Anstrengung suchen muss. Jeder muss ihn für sich selbst ausprobieren.

Anmerkung: Aus dieser Übung wird deutlich, dass unsere Schauspielschüler kein ausreichendes Körpertraining gehabt haben. Weiter beweist sie, dass der körperliche Zustand unserer Schauspieler ernster genommen werden sollte, dass ihm mehr Zeit gewidmet werden sollte. Es reicht nicht, von einer Leiter fallen zu können, ohne sich dabei zu verletzen. Das ist nur eine Frage der Geschicklichkeit und kann mit etwas Mut von jedem ausgeführt werden. Das eigentliche Problem besteht darin, eine sichere Bewegungstechnik zu erwerben, die es erlaubt, selbst die kleinste Bewegung in jedem Detail zu kontrollieren. Was für ein peinlicher Anblick, wenn ein Schauspieler mit verzerrtem Gesicht und knackenden Gelenken in die Knie geht!

Cieślak zeigt eine ganze Skala von Bewegungen. Jede Bewegung wird von unbeschreiblicher Konzentration und völliger Kontrolle sowohl des Körpers als auch der Atmung begleitet.

Ellbogenstand

Dies ist ein Kopfstand, der von beiden Ellbogen anstelle der Handflächen abgestützt wird. Die Hände sind hinter dem Kopf verschränkt. Diese Übung hilft bei der Entwicklung des Gleichgewichtssinns.

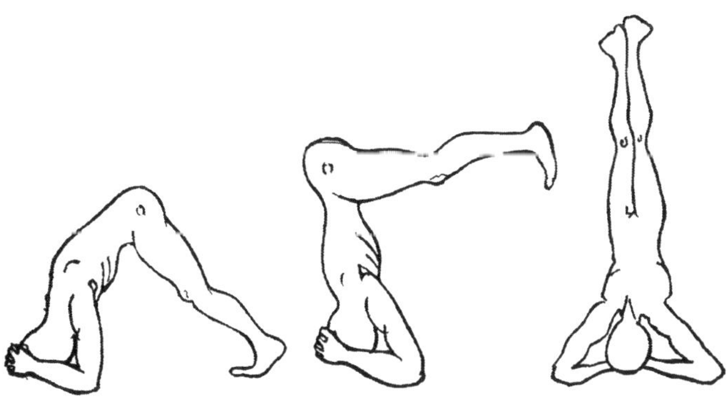

66 67 68

(66–68) Ellbogenstand.

Nächste Übung

Mit leicht geöffneten Beinen niederknien, die Brust durch einen Impuls aus den Hüften nach vorn wölben. Als nächstes beugt sich der Körper langsam nach hinten, bis der Kopf den Boden berührt, wobei sich die Hüften ständig nach vorn schieben, um die Wölbung und die Balance zu halten. Durch den Druck der Hüften nach vorn hebt sich der Körper auch wieder in seine ursprüngliche Position zurück. Die Brust muss die ganze Zeit vorgewölbt bleiben, auch in der Endposition, sonst ist die Übung sinnlos. Auch dies ist eine Übung, um die Geschmeidigkeit der Wirbelsäule zu verbessern.

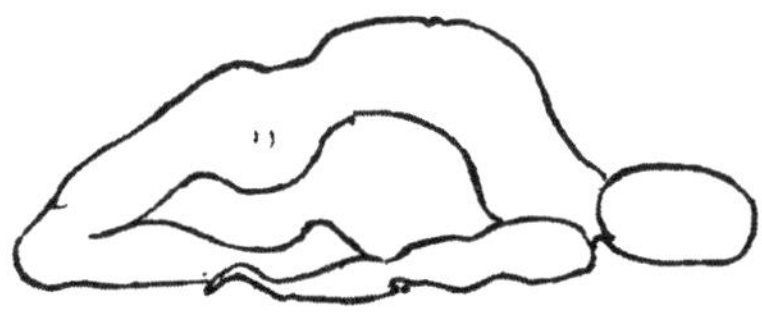

69

Schulterstand

In die Bereitschaftsstellung für den Kopfstand niederknien. Aus den Unterarmen ein Dreieck bilden, mit den Handflächen hinter dem Kopf. In der Endposition sind die Schultern der abstützende Punkt.

Auch hier ist es wieder von größter Bedeutung, nicht zu eilig vorzugehen. Diese Übung hat die größte Aussicht auf Erfolg, wenn man ganz ruhig nach dem Gleichgewichtspunkt sucht.

»Nehmt euch Zeit«, wiederholt Grotowski noch einmal.

Bewegung in Zeitlupe (Abb. 70–76)

– In stehender Position beginnen.
– Aus dem Kopfstand in einen Schulterstand übergehen (vgl. vorhergehende Übung).
– Mit den Beinen immer noch in der Luft, das Gewicht des Körpers von der Schulter auf den Nacken verlagern, die Arme und Hände sind als Stütze am Boden.
– Mit ausgestreckten Beinen – immer noch in Zeitlupe – abrollen.
– Zur ursprünglichen stehenden Position zurückkehren.

Diese Übung muss mit einer gewissen Phantasie durchgeführt werden. Man muss sich vorstellen, man sei in dauerndem Kontakt mit jemandem, um der Übung eine definierte Richtung zu geben.

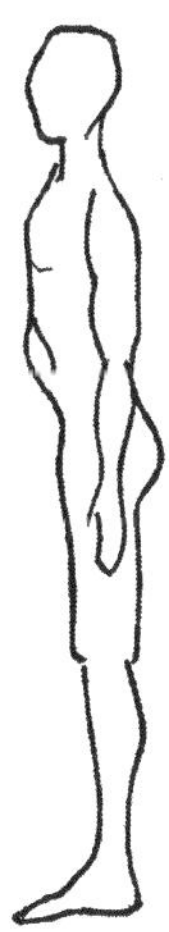

70

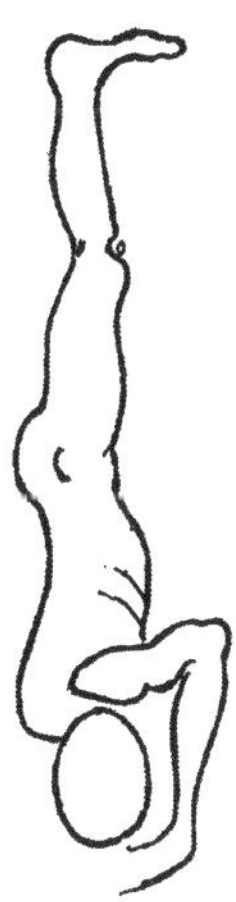

71

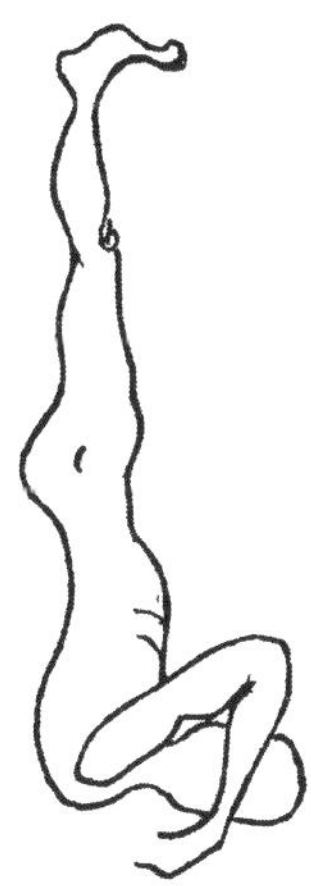

72

(70–72) Bewegung in Zeitlupe.

Die große Ausdruckskraft dieser Übung liegt in der Kontrolle der Beinmuskeln. Die Zehen sind stets in festgelegter Richtung ausgestreckt. Wenn ein Bein den Punkt am Ende der Bewegung am Boden erreicht, übernimmt der Arm die Fortsetzung. Hier ist Koordination von wesentlicher Bedeutung. Kurz bevor die Bewegung der Beine endet, beginnt der Arm sie in der gleichen Richtung und auf die gleiche Weise.

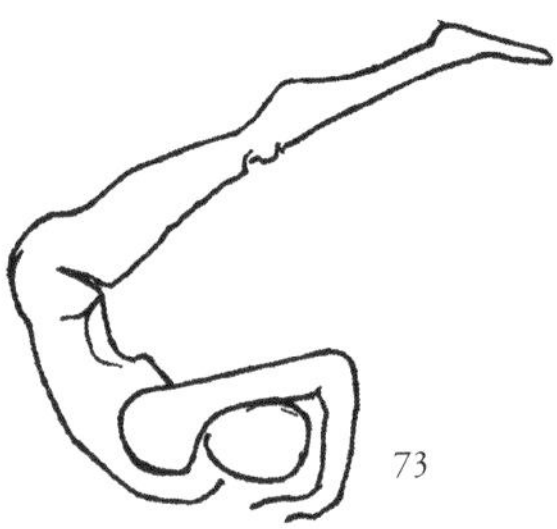

73

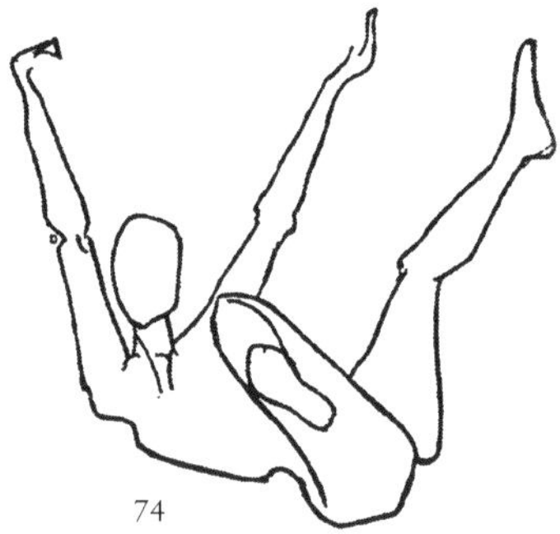

74

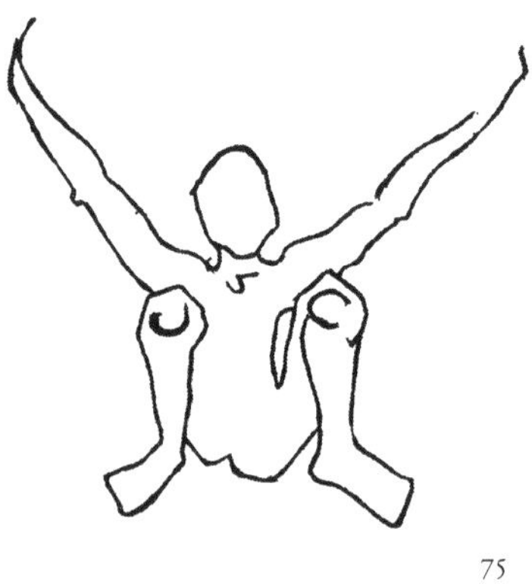

75

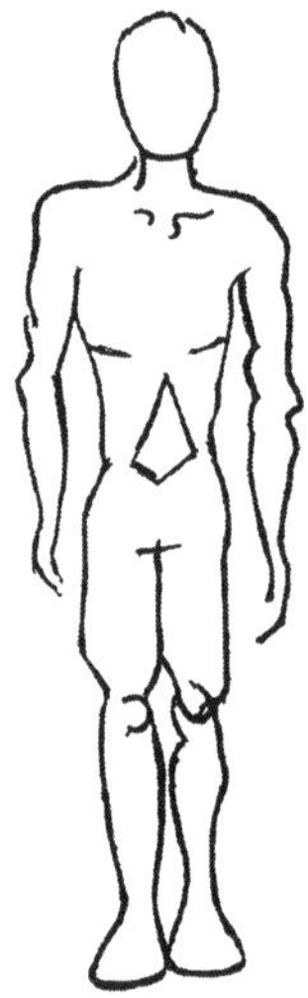

76

(73–76) Bewegung in Zeitlupe.

Hand-/Finger-Übung

Cieślak gibt ein Beispiel für ein Spiel mit den Händen. Verblüffend! Dies ist ein Spiel mit einem Schmetterling und einer kleinen Flaumfeder. Arm und Hand müssen zuvor gut gelockert werden. Die völlig entspannte Hand wird durch die Muskeln des Oberarms zum Vibrieren gebracht. Nur diese Muskeln sind im Augenblick aktiviert.

Während der Übung ist *eine* Hand stets in Aktion. So ist die linke Hand die schützende, die rechte die aktive, die zugreifende.

Übung, die aus der Koordination verschiedener Teile eines willensgelenkten Zyklus besteht

Der Prozess ist folgender:
– umarmen
– nehmen
– für sich beanspruchen
– besitzen
– beschützen.

All diese Elemente müssen in einer koordinierten Bewegung miteinander verbunden sein. Es ist von größter Bedeutung, dass die Wirbelsäule während dieser Übung kontinuierlich aktiviert ist. *Die Wirbelsäule ist das Zentrum des Ausdrucks. Der antreibende Impuls kommt jedoch aus den Hüften. Jeder lebendige Impuls beginnt in dieser Region, selbst wenn das von außen nicht zu sehen ist.*

Die Schüler müssen diesen Prozess, Cieślaks Beispiel folgend, wiederholen, erst einzeln, dann paarweise. Im letzteren Fall gibt es bereits eine bestimmte Assoziation:
– umarmen
– nehmen

– wegstoßen.

Wir haben Grotowskis wichtigstes Prinzip schon herausgestellt: zuerst der Körper, dann die Stimme. Hier unterstreicht er nochmals, wie es in dieser Übung darauf ankommt, dass der ganze Körper die Bewegung beginnt, die dann von den Händen allein aufgenommen wird. Die Hände sind in gewissem Sinne ein Ersatz für die Stimme. Sie sind es gewohnt, das Ziel der Bewegung des ganzen Körpers zu akzentuieren, wobei der Impuls der Bewegung aus der Wirbelsäule kommt. Daher muss die Bewegung im Körper beginnen, in der Wirbelsäule und im Rumpf. Dieser Prozess muss sichtbar sein.

Der letzte Teil der Übung ist das Wegstoßen.

Das Wegstoßen ist das Ergebnis des gesamten Prozesses und wird mit den Händen vollzogen. Es muss eine konkrete Bewegung sein. Der Impuls muss jedoch der eigentlichen Bewegung vorausgehen. Dieser Impuls muss sichtbar aus dem Körper kommen. Er entspringt, entwickelt sich in den Hüften. Die Hände kommen nicht vor Ende des Prozesses in Aktion. Für den Schauspieler ist der Kern dieser Übung, sich der Tatsache bewusst zu werden, dass vor dem eigentlichen Wegstoßen ein inneres Wegstoßen erfolgen muss. Auch diese Übung muss langsam, ohne Eile durchgeführt werden. Die Richtung wird in diesem Falle von der Position der Brust vorgegeben.

Nach den Übungen gibt Grotowski einige zusätzliche Erklärungen:

»Bei dieser Übung haben wir euch einige Details gegeben, um euch bei der Analyse einer Bewegung zu helfen. Ich hoffe, daraus ist klargeworden, dass es sehr wichtig ist, *niemals* etwas zu tun, das mit euren vitalen Impulsen nicht in Einklang steht, etwas, *wofür ihr keine Verantwortung übernehmen könnt.*

Die Erde bindet uns. Wenn wir in die Luft springen, erwartet sie uns.

Alles, was wir unternehmen, muss ohne allzu große Hast getan werden, doch mit großem Mut; mit anderen Worten: nicht wie ein Schlafwandler, sondern mit vollem Bewusstsein, dynamisch, als ein Resultat bestimmter Impulse. Wir müssen schrittweise lernen, persönlich für alles, was wir tun, verantwortlich zu sein. Wir müssen suchen. All diese Übungen können mit neuen Elementen und persönlichen Erfahrungen angereichert werden, wenn wir nach ihnen suchen.

Diese Suche muss besonders auf die Anpassung des Körpers an die Gestik und umgekehrt gerichtet werden. Unser Körper muss sich jeder Bewegung anpassen.«

Grotowski besteht darauf, dass alle seine Übungen mit möglichst wenig Kleidung am Körper durchgeführt werden. Praktisch nackt. Nichts darf unsere Bewegungen behindern. Vor allem keine Schuhe, da diese die Füße daran hindern, zu *leben*, sich zu *bewegen*. Unsere Füße müssen den Boden berühren. Dieser Kontakt muss sie zum Leben erwecken.

Noch einmal kommt Grotowski auf seine goldene Regel zurück: »Unser ganzer Körper muss sich jeder Bewegung anpassen, wie klein sie auch immer sei. Jeder muss dabei auf seine eigene Weise vorgehen. Es können keinerlei stereotype Übungen vorgeschrieben werden. Wenn wir ein Stück Eis vom Boden aufheben, muss unser ganzer Körper auf diese Bewegung und auf die Kälte reagieren. Nicht nur die Fingerspitzen, nicht nur die ganze Hand, sondern der ganze Körper muss das Kalt-Sein dieses kleinen Eisstückchens offenbaren.«

Eine weitere Übungsreihe schließt sich an. Sie wird von Cieślak durchgeführt, und sie zeigt, wie sich der Körper jeder Bewegung anpassen muss.

Alle Übungen, die im einzelnen, im Detail während der vorangegangenen Stunden durchgeführt worden waren, führt Cieślak nun in einer kontinuierlichen Bewegung durch. Er verbindet sie zu einem vollständigen Zyklus. Sein ganzer Körper passt sich jeder Bewegung, jedem kleinsten Detail an. Mit ungebrochener Konzentration und Kontrolle all seiner Muskeln – und das sind viele – arbeitet er den ganzen Zyklus durch und improvisiert mit ihm. Das dauert ungefähr fünfzehn Minuten.

Wenn man diese Übungen beherrscht, so dass man diesen Zyklus ohne allzu große technische Hindernisse bewältigt, kann man anfangen, sie mit einer Improvisation zu kombinieren. Die Übungen sind dann nur Anlässe oder, mit Grotowskis Worten, »Details«. Während er die Übung durchführte, verknüpfte Cieślak all diese Details zu einer Improvisation, ohne jegliche Vorbereitung. *Vorbereitung ist nicht erlaubt.*

Nur Authentizität muss da sein, sie ist absolut obligatorisch. Die Improvisation muss vollkommen unvorbereitet sein, sonst wäre alle Natürlichkeit zerstört. Darüber hinaus hat die ganze Improvisation keinen Sinn, wenn die Details nicht mit Präzision ausgeführt werden.

Verbindung zwischen den Übungen und der Aufführung

Die Übungen dienen nur als Sprungbrett für die Situationen und Details des Stücks. Auf der Bühne muss man individuell sein. Die Übungen, die den Situationen des Stücks angepasst sind, müssen eine persönliche Note haben, und auch die Koordination der verschiedenen Elemente muss individuell sein. Was aus dem Inneren kommt, ist schon halb improvisiert. Äußerlich ist die Technik.

In allen Übungen des Zyklus, den Grotowskis Mitarbeiter Cieślak ausführte, gab es niemals ein Zeichen von Symmetrie.

Wenn etwas symmetrisch ist, ist es nicht organisch!

Symmetrie ist ein Konzept der Gymnastik, nicht der körperlichen Abbildung für das Theater. Das Theater erfordert organische Bewegungen.

Die Bedeutung einer Bewegung hängt von der persönlichen Interpretation ab. Für den Zuschauer können die Bewegungen des Schauspielers auf der Bühne eine ganz andere Bedeutung haben als für den Schauspieler selbst.

Es ist falsch zu denken, dass die Übungen, die uns Herr Cieślak zeigt – körperliche Übungen –, nur für Athleten sind, für Menschen mit starken, biegsamen Körpern.

Jeder kann seine eigenen Bewegungsreihen erschaffen, ein Reservoir, auf das er zurückgreifen kann, wenn die intime Erfahrung es erfordert. Er darf jedoch nicht vergessen, all das zu eliminieren, was außerhalb davon liegt. Dieses Reservoir sollte nicht nur Bewegungen enthalten, sondern am besten auch die Elemente, die diese Bewegungen bilden.

* * *

Nach einer der Unterrichtsstunden gab Grotowski die Anweisung, eine Improvisationsübung vorzubereiten, die sich auf die verschiedenen Details und Übungen gründete, die Cieślak in der gleichen Studie demonstriert und gelehrt hatte.

Zu Beginn der dritten Stunde werden die Schüler in zwei Gruppen aufgeteilt. Sie werden aufgefordert, nacheinander ihre Improvisationen vorzuführen.

Sofort fällt der große Mangel an Kontinuität bei den Schülern auf. Das Wesentliche an dieser Improvisationsübung ist einfach, ungebrochene Kontinuität zwischen den verschiedenen Teilen der Übung zu erzielen.

Als beide Gruppen die Übungen vorgeführt haben, macht Grotowski einige Bemerkungen über die Durchführung und die technische Vollendung. Die Hauptfehler sind der Mangel an Kontinuität, wie schon erwähnt, und das Verlieren des Gleichgewichts in den verschiedenen Positionen. Das ist meistens auf Hastigkeit zurückzuführen.

Jeder Schüler muss seine eigenen Schwierigkeiten überwinden. Grotowski und Cieślak korrigieren jeden Schüler; wonach er den schwierigsten Teil seiner Übung wiederholen muss, bis er perfekt ist.

Wenn man etwas korrigiert, muss man immer nach dem Ursprung des Fehlers suchen und sich nicht zu sehr auf den Fehler selbst konzentrieren.

Cieślak führt die Übung noch einmal vor; wobei er unterbricht, immer wenn er zu Schwierigkeiten kommt, die den meisten Schülern zu schaffen gemacht haben. Es wird deutlich, dass die Hauptgründe für solche Schwierigkeiten Mangel an Kontrolle und zu große Eile sind. Die Art und Weise, wie Grotowski immer den Schüler selbst in das Entdecken von Fehlern und unnötigen Bewegungen einbezieht, ist bemerkenswert. Gemeinsam versuchen sie, die Übungen zu perfektionieren. So macht Cieślak auf ein Mädchen aufmerksam, das, als es in einem Salto auf dem Boden aufkommt, offensichtlich nicht weiß, *warum* es dies tut. Das ist ein Fehler. *Keine Assoziation war vorhanden.* Es wiederholt die Übung, und Cieślak findet heraus, dass der Fehler aus einem technischen Hindernis resultiert. Eine bestimmte Bewegung war im Voraus vorbereitet und blockierte die ganze Kontinuität der Übung. Vorbereitete Bewegungen müssen vermieden werden.

Erst in dem Augenblick, wo die Bewegung gemacht wird, darf sie sich mit einer spontanen Assoziation verbinden.

Ein Fehler, der auf die Schwäche der Bauchmuskulatur zurückgeht, kann durch eine kleine Änderung behoben werden: zum Beispiel durch unbemerktes Abstützen mit den Händen. Dies geschieht nur, um die technische Durchführung zu verbessern. Technische Fehler stören die Assoziationen, die in einem späteren Stadium kommen, nicht. Cieślak illustriert dies an einem Beispiel.

Selbst wenn man als Teil einer Übung ausgestreckt auf dem Boden liegt, muss man die ganze Zeit das Bewusstsein haben, dass man einen Grund dafür hat, es zu tun. Man muss es mit irgendetwas assoziieren.

Wenn man die Teile einer Übung miteinander koordiniert, muss man ständig nach der besten Methode für die Koordination suchen, ohne in dem Augenblick nach netten Assoziationen zu fragen. Nur durch perfekte Kontrolle der verschiedenen Übungen kann man den ganzen Zyklus um eine Assoziation herum aufführen, die man schon gefunden hat. Die einzelnen Übungen haben keine festgelegte Partitur. Jeder muss für sich selbst ausprobieren, welche die richtigen Positionen und Methoden der Durchführung sind. Dies ist die wesentliche Grundlage für die Ausbildung von Schauspielern.

Hand- und Fingerübungen

Die meisten Schauspieler und Schauspielerinnen haben steife Hände und Finger. Doch diese Gliedmaßen haben eine große Ausdruckskraft. Deshalb müssen sie biegsam und geschmeidig gehalten werden. Zu diesem Zweck gibt es viele Hand- und Fingerübungen. Cieślak führt eine Reihe davon vor.

Entspannung der ermüdeten Wirbelsäule

Die Idealposition für die Entspannung ist die Hocke, der Kopf berührt dabei fast den Boden vor einem, die Arme sind nach vorn ausgestreckt, die Handflächen ruhen auf dem Boden.

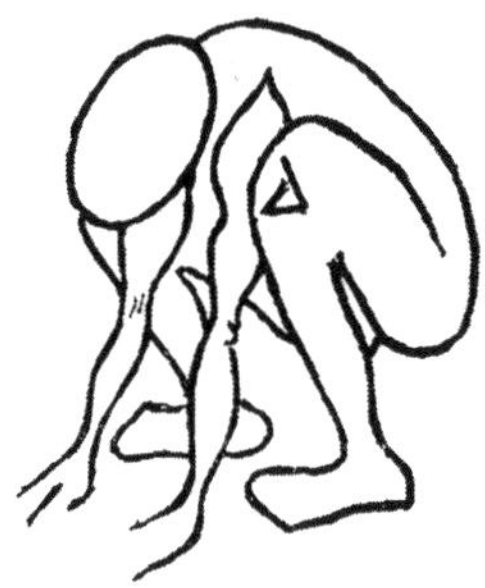

77

* * *

Grotowski beginnt mit Stimmübungen. Sie sind besonders für Schüler gedacht, die zuvor nicht teilnehmen konnten.

Die vier Schüler, die am Anfang den ganzen Zyklus durchlaufen haben, beginnen noch einmal damit, diesmal ohne Unterbrechung:

- Stimulation der Stimme
- ein Echo erzielen: Gespräch mit der Wand, der Decke, dem Boden usw.

Hierzu gibt Grotowski einige Erklärungen: »Wenn man eine Antwort von der Wand in Form eines Echos erwartet, muss der ganze Körper auf diese mögliche Antwort reagieren. Wer mir antworten will, muss das zuerst mit seinem Körper tun. Er ist lebendig. Nun das Gleiche mit der Wand versuchen. Die Übungen, die das Echo benutzen, helfen, die Stimme nach außen zu verlagern. Der Schauspieler muss auf die Außenwelt reagieren, den Raum um sich herum angreifen, die ganze Zeit in Kontakt mit einer anderen Person oder anderen Personen sein. Niemals darf er sich selbst zuhören, da das zur Introversion der Stimme führt. Der Schauspieler ist aber oft nicht in der Lage, der Versuchung, sich selbst zuzuhören, zu widerstehen – in diesem Fall muss er dem *Echo* seiner Stimme zuhören.«

Grotowski konzentriert sich jetzt auf zwei Schüler

Um ihren Stimmtypus zu bestimmen, lässt er die beiden Schüler mit einem Gesprächsspiel anfangen. Das Spiel beginnt mit der eindringlichen gegenseitigen Beobachtung der Partner, wodurch sie herausfinden müssen, mit welchen Körperteilen sie miteinander sprechen werden.

Dann gibt Grotowski eine Übung vor, die alle Teile des Körpers für den Kontakt mit dem Partner vorbereitet, vielmehr sie aktiviert.

Diese Übung aktiviert die folgenden Körperteile:

– Füße
– Knie
– Oberschenkel
Tieferer Unterleib – Unterleib
– Brust
– Arme und Hände.

Der Körper führt ein Gespräch.

Nach diesen vorbereitenden Übungen kommt die Stimme dazu.

Grotowski beginnt nun, jeweils mit einem Schüler zu arbeiten

Durch kurze Schläge mit den Fingerspitzen stimuliert er die Energiezentren des Schülers, die über den ganzen Körper verteilt sind.

In diesem Zusammenhang sind die Hauptstellen:
– zwischen den Schulterblättern
– auf dem unteren Teil des Rückens
– am Kopf: Schädeldecke und Hinterkopf
– an der Brust: an den Seiten, wo die Rippen ansetzen.

Der Schauspieler muss dazu fähig sein, diese Stimuli durch wiederholte Übungen selbst herzustellen und zu wecken. Dies muss mit der Stimme und von innen heraus geschehen. Die Methode, sich selbst kleine Schläge zu versetzen, ist völlig falsch. Um die verschiedenen Stellen zu erreichen, müsste man den Körper zu bestimmten Veränderungen zwingen. Es kann aber niemals richtig sein, wenn der Körper in einer unnatürlichen Haltung verrenkt ist. Solche unnatürlichen Positionen dürfen nur dann benutzt werden, wenn sie intentional sind, und dann sind sie für die Stimme auch unschädlich. Sie können sogar nützlich sein, wie zum Beispiel in der Übung zur Öffnung des Kehlkopfes. Der Schüler steht auf seinem Kopf und muss einige Zeit in dieser Haltung sprechen, singen und schreien.

Stimmübungen

– Übung, um die Stimmzentren zu stimulieren
– Stimmübung, die auf dem »HII«-Laut basiert:
von ganz tief bis ganz hoch
von ganz leise bis ganz laut

von sehr lang bis sehr kurz
– die gleiche Übung, jetzt aber mit dem »HA«-Laut
– danach kommt die Tiger-Übung, von der zuvor die Rede war.

Bei diesen Übungen ist es besonders wichtig, niemals Pausen einzulegen. Es scheint von großer Bedeutung, dass die Schüler während der Übungen Texte benutzen, die sie perfekt auswendig beherrschen. Wenn sie darüber nachdenken müssen, wie sie einen Text improvisieren, ist die Kontinuität gebrochen. Es scheint auch sehr nützlich, ein paar Lieder auswendig zu können.

Während dieser verschiedenen Übungen muss man sich völlig vom Text befreien. Nach Worten des Textes zu suchen, schließt einen Denkvorgang mit ein, und genau das soll vermieden werden.

Nach den Stimmübungen lässt Grotowski jeden Schüler eine Entspannungsübung machen. Sie besteht aus 20 Minuten Ausruhen, während derer weder Sprechen noch Flüstern erlaubt sind. Auch kalte Getränke können eine nachteilige Wirkung auf die Stimme haben.

Dann beantwortet Grotowski einige Fragen des Publikums

1. »Warum darf man nach diesen Übungen nicht sprechen oder flüstern?«

   Grotowski: »Den meisten der Schüler sind diese Übungen ziemlich neu. Das stimmliche Instrument hat sich diesen Techniken noch nicht angepasst. Es hat Laute hervorgebracht, die es noch nie zuvor produziert hat. Schweigen ist das Beste, um das stimmliche Instrument zu schonen, das von diesen Übungen etwas mitgenommen worden ist.«

2. »Spielt der Text bei diesen Übungen eine Rolle? Kann es irgendein Text sein?«
   Grotowski: »Ich messe dem Text keine große Bedeutung bei. Damit will ich sagen, dass er zufällig sein kann. Es kommt darauf an, diesem Text durch die Körper- und Stimmtechnik einen Grad an Interessantheit zu verleihen, den er unter normalen Umständen nicht hat. Mit Hilfe dieser Übungen, Bewegungen und Stimmtechniken versucht man, Aufmerksamkeit zu erzeugen. Während der Aufführung heißt das: die Aufmerksamkeit des Publikums.«

Übungen, um die verschiedenen Resonatoren des Körpers zu aktivieren

Jemand aus dem Publikum wird aufgefordert, die verschiedenen Resonatoren des Körpers bei einem Schüler zu berühren, um sich davon zu überzeugen, dass der fragliche Körperteil tatsächlich vibriert, wenn er korrekt benutzt wird. Wenn der Schauspieler alle stimmlichen Techniken beherrscht, kann er in den unwahrscheinlichsten Körperteilen eine Resonanz erzielen.

Für einen unmittelbaren Kontakt zum Publikum und um eine Rede halten zu können, ist es sehr wichtig, die Hauptresonatoren aktivieren zu können.

Assoziationsübungen

Der Schüler muss ein Lied singen, während er eine Assoziation mit folgenden Dingen heraufbeschwört:
– ein Tiger
– eine Schlange

– eine sich windende Schlange
– ein Messer – schneiden
– eine Axt – schlagen.

Dann muss er Grotowski aus einem Meter Entfernung ein Blatt Papier »aus der Hand singen«.

Als Nächstes muss er ein Lied singen, wobei die Stimme einen Kontakt mit einem bestimmten Punkt an der Decke herstellen muss. Die Stimme ist wie ein Arm, der den angegebenen Punkt zu erreichen versucht.

Nach diesen Assoziationsübungen beweist Grotowski, dass in den verschiedenen Resonatoren Vibrationen existieren

Grotowski fordert den Schüler auf, die Resonanz in den Hinterkopf (Okziput) zu platzieren. Er entzündet ein Streichholz und hält es nahe an die Resonanzstelle. Die Flamme bewegt sich tatsächlich, vibriert.

Auf die gleiche Weise hat Grotowski während einer Übung mit seinen Schauspielern ein Glas zum Splittern gebracht, bloß durch Vibration.

So hat er auch bewiesen, dass die Stimme eine materielle Kraft ist. Es ist klar, dass für diese Übungen Grotowskis Techniken perfekt beherrscht werden müssen.

Das fortgeschrittene Stadium seiner wissenschaftlichen Forschungsarbeit, die Stimme und Bewegung betrifft, wird mit diesen Ergebnissen bewiesen. In diesem Zusammenhang lohnt es sich anzumerken, dass Grotowski selbst immer wieder *Disziplin* als unerlässliches Fundament für alles, was zu einem Resultat führen soll, betont.

Fragen

1. »Ist es möglich, sich selbst von außen zu stimulieren? Mit anderen Worten, kann man seine eigenen Stimmzentren durch Schlagen oder Kneifen stimulieren?«
Grotowski: »Das ist unmöglich, sogar gefährlich! Dadurch verliert man seine natürliche Haltung. Während man versucht, diese verschiedenen Stellen zu erreichen, platziert man den Körper automatisch in eine unnatürliche Position, und folglich können die Stimmorgane ihre Funktion nicht normal ausüben.
Durch meine Erfahrung mit dieser Methode kann ich, glaube ich, auch so weit gehen, auf die psychologischen Auswirkungen hinzuweisen, die diese fehlerhafte Praktik nach sich zieht. Wenn man anfängt, seine eigenen Stimmzentren zu stimulieren und zu aktivieren, geht man das Risiko ein zu denken, dass diese Methode effektiv sei, wenn man sporadische Ergebnisse erzielt, trotz aller Gefahren, die das für die Stimme und die Organe, die die Stimme produzieren und formen, hat. In dieser Hinsicht kann ich wohl sogar von einem gewissen Narzissmus sprechen.«

2. »Sie haben uns eine Reihe technischer Details gegeben, aber wie steht es mit Ihrer Kunstphilosophie?«
Grotowski: »Eine Philosophie *geht* immer aus einer Technik *hervor*! Sagen Sie, gehen Sie auf Ihren Beinen oder auf Ihren Ideen nach Hause?
Es gibt viele Schauspieler, die während der Proben gern in wissenschaftliche und geschraubte Diskussionen über die Kunst und so weiter einsteigen. Diese Schauspieler versuchen, ihren Mangel an Engagement und an maximaler Anstrengung hinter diesen Diskussionen zu verbergen. Wenn man

sich während der Proben völlig hingibt, hat man keine Lust zu diskutieren. Bei Diskussionen versteckt man sich hinter einer falschen Maske.«

Nach dieser Unterbrechung fährt Grotowski mit dem Unterricht fort.

In den folgenden Übungen wird der Akzent auf Assoziationen und die Anpassung der Stimme an diese Assoziationen gelegt. Grotowski hebt hervor, dass jegliche Symmetrie der Bewegung vermieden werden muss. Schauspieler werden fürs Theater ausgebildet, nicht zur Gymnastik.

Assoziationen

1. An eine Kuh auf der Wiese denken. Die Haltung dieser Kuh einnehmen. Den Bauch nach unten gerichtet. Die Stimme anpassen. Zum Boden sprechen, wie es eine Kuh täte. Die Stimme in den Unterleib platzieren, aber auf eine Antwort, ein Echo vom Boden warten.
2. Sich einen singenden Tiger vorstellen. Ein Lied singen und die Töne brüllen, ohne die Melodie zu vergessen. Trotz dieser Assoziationen muss darauf geachtet werden, dass der Körper zuerst handelt. Der Körper muss, indem er nach Position und Richtung sucht, die Aufgabe der Stimme erleichtern.

Maske

Grotowski: Sing deinen Namen ... Joseph. Sing Joseph. Beschwöre diesen Joseph herauf. Wer ist er, dieser Fremde? Sing deinen Namen weiter – Joseph – und frage: Joseph, wer bist du? Was bist du? Finde die Maske vor Josephs Gesicht. Ist dies wirklich Josephs Maske? Ja, dies ist der eigentliche Joseph, seine Maske, die singt.«

Wir bemerken, dass die Stimme des Schülers sich verändert, tiefer wird und unmöglich wiederzuerkennen ist.

* * *

Nach einer kurzen Pause werden alle Schüler aufgefordert, vorzutreten. Grotowski bittet sie, an ein Tier zu denken, das jeder mit dem Gedanken an seine Präferenz oder Neigung zu diesem besonderen Tier aussuchen muss. Nach einer kurzen Periode der Konzentration muss er versuchen, die Laute hervorzubringen, die das gewählte Tier machen kann, aber dieser Vorgang muss zuerst durch den ganzen Körper laufen. Mit anderen Worten, der Körper muss sich organisch den Impulsen anpassen, die dem Laut vorausgehen. So ist es notwendig, das Tier zuerst mit dem Körper auszudrücken.

Analyse der Übung

1. Schrittweise mit dem Körper nach dem gewählten Tier suchen – ohne Hast.
2. Wenn du denkst, du hast die richtigen Impulse des Tieres gefunden, fang an, die Stimme zu aktivieren. Fang an, dem Tier durch einen Text oder ein Lied eine Stimme zu geben.
3. Spiel den Liebesakt zwischen zwei Tieren. Benutze die Stimme dabei.

   Hier ist der Körper erst recht der Hauptfaktor.

   Der zweite Teil der Übung beginnt mit der Stimme. Das heißt, dass man die Impulse zuerst einfangen und ausarbeiten muss, bis sie so stark sind, dass man ihnen eine Stimme geben *muss.*

In der nächsten Übung muss sich jeder Schüler mit einer Pflanze oder einem Baum vergleichen. Wie wächst eine Pflanze?

– Die Pflanze spricht.
– Die Pflanze singt.
– Das Schweigen einer Pflanze.

Das Schweigen eines Baumes ... Dieses Schweigen kann man hören, sagt Grotowski. Der Wind in den Bäumen – der Wind wird stärker – wird zu einem Sturm – der ganze Wald bewegt sich. Plötzlich bricht er die verschiedenen Interpretationen ab und geht zu einem anderen Aspekt über.

– Der Baum singt in der Sonne.
– Im Baum singen Vögel.

Alle diese verschiedenen Interpretationen finden mit Bewegung und Text statt!

Grotowski weist auf die Gefahren hin, die hinter dieser Art Übung lauern.

»In diesen Übungen ist es leicht, zu mogeln und die natürlichen Impulse zu umgehen, indem man einfach von außen die Form der Pflanze imitiert. Man kann natürlich mit Komposition beginnen, aber das ist eine andere Übung. Denken ist in diesen Übungen ebenfalls nicht erlaubt. Man muss den ersten Impuls unmittelbar in sich selbst ausarbeiten, selbst wenn die Resultate sich sehr stark von denen der Kollegen unterscheiden. Niemals die anderen anschauen, und vor allem niemals ihre Ergebnisse nachahmen. *Die Leute um dich herum existieren nicht.* Was du tust, gehört zu deinem intimsten Inneren und geht niemand anderen etwas an.«

Schließlich gibt Grotowski einen kurzen Überblick über die wichtigsten Elemente und Regeln seiner Technik:

– »Prägt euch ein: Der *Körper* muss zuerst arbeiten. Danach kommt die *Stimme.*

– Wenn du mit etwas beginnst, musst du dabei völlig engagiert sein. Du musst dich hundertprozentig hingeben, deinen ganzen Körper, deinen ganzen Geist und alle individuellen, intimsten Assoziationen, die ihm möglich sind. Während einer Probe kann der Schauspieler einen Höhepunkt erreichen, mit dem er weiterarbeiten wird. Er behält die gleichen Gesten und die gleichen Positionen bei, erreicht aber nie mehr den gleichen intimen Höhepunkt.

Die Spitze eines Höhepunkts kann niemals geprobt werden. Man muss lediglich die vorbereitenden Stadien des Prozesses üben, der zu den Höhen dieses Höhepunkts führt. Ein Höhepunkt kann nicht ohne Übung erreicht werden. Der Höhepunkt selbst kann niemals reproduziert werden.

– Du musst bei allem, was du tust, im Kopf behalten, dass es keine festgelegten Regeln gibt, keine Stereotypen. Das Wesentliche ist, dass alles vom Körper, durch den Körper kommen muss. Zuallererst muss es eine physische Reaktion auf alles geben, was uns betrifft. Bevor du mit der Stimme reagierst, musst du mit dem Körper reagieren. Wenn du denkst, musst du mit dem Körper denken. Es ist aber besser, gar nicht zu denken, sondern zu handeln, Risiken einzugehen. Wenn ich euch sage, dass ihr nicht denken sollt, meine ich: mit dem Kopf. Natürlich müsst ihr denken, aber mit dem Körper, logisch, präzise und verantwortungsvoll. Du musst mit dem ganzen Körper denken, durch Aktionen. Denk nicht an das Ergebnis und vor allem nicht daran, wie schön das Ergebnis sein könnte. Wenn es spontan und organisch erwächst wie lebendige Impulse, die schließlich beherrscht werden, wird

es immer schön sein – viel schöner als alle kalkulierten Resultate zusammen.
Meine Terminologie ist aus persönlichen Erfahrungen und persönlicher Forschung entstanden. Jeder muss einen Ausdruck finden, eine ihm eigene Formulierung, eine absolut persönliche Weise, seine eigenen Gefühle zu bestimmen.«

Dokumentation: Franz Marijnen

Die Technik des Schauspielers

1967 führte Jerzy Grotowskis Theaterlaboratorium *Der standhafte Prinz* beim »Théâtre des Nations« in Paris auf. Nach einer Tournee durch Dänemark, Schweden und Norwegen 1966 gab diese Reise nach Paris einem größeren Publikum die Möglichkeit, selbst die Resultate zu beurteilen, die er mit seiner Methode erzielt hatte. Während seines Aufenthaltes in Paris nahm Jerzy Grotowski dieses Interview mit Denis Bablet auf, das dann in *Les Lettres Françaises* (Paris, 16.–22. März 1967) abgedruckt wurde.

Denis Bablet: Jerzy Grotowski, ich möchte Sie zunächst darum bitten, mir Ihre Position zu verschiedenen Schauspieltheorien wie etwa Stanislawskis, Artauds und Brechts zu definieren und zu erläutern, wie Sie durch Reflexion und natürlich dank Ihrer persönlichen Erfahrung dazu gekommen sind, Ihre eigene Technik des Schauspielers zu entwickeln – und definieren Sie bitte deren Ziele und auch die Mittel.

Jerzy Grotowski: Ich glaube, es ist notwendig, zwischen Methode und Ästhetik zu unterscheiden. Brecht hat zum Beispiel sehr viel Interessantes zu den Möglichkeiten einer Spielweise gesagt, die die diskursive Kontrolle des Schauspielers über seine Aktionen beinhaltete, den Verfremdungseffekt. Aber das war eigentlich keine Methode. Es war eher eine Art ästhetische Pflicht, die dem Schauspieler abverlangt wurde, denn Brecht fragte sich nicht wirklich: »Wie kann das und das gemacht werden?« Obwohl er einige Erläuterungen geliefert hat, bleiben diese doch im Allgemeinen ... Sicher hat Brecht die Technik des Schauspielers bis ins Detail studiert, aber immer vom Standpunkt des Regisseurs aus, der den Schauspieler beobachtet.

Der Fall Artaud liegt anders. Artaud stellt eine unbestreitbare Anregung dar, was die Erforschung der Möglichkeiten des Schauspielers betrifft, aber was er vorschlägt, sind letztlich nur Visionen, eine Art Gedicht über den Schauspieler, und aus seinen Erläuterungen lassen sich keine praktischen Schlüsse ziehen. Artaud war sich wohl bewusst – wie wir aus seinem Essay »Eine Gefühlsathletik« in *Das Theater und sein Double* wissen –, dass zwischen den Anstrengungen eines Menschen, der mit seinem Körper arbeitet (also z. B. einen schweren Gegenstand aufhebt), und seinen psychischen Prozessen (z. B. einen Schlag erhalten, sich rächen) eine authentische Parallele besteht. Er wusste, dass der Körper ein Zentrum besitzt, das über die Reaktionen des Athleten entscheidet – und über die des Schauspielers, der psychische Anstrengungen mit seinem Körper reproduzieren will. Aber wenn man seine Prinzipien von einem praktischen Standpunkt aus analysiert, entdeckt man, dass sie zu Stereotypen führen: je ein besonderer Bewegungstypus, um einen besonderen Emotionstypus zu veräußerlichen. Letztlich führt das zu Klischees.

Aber es gab keine Klischees, als Artaud an seinen Forschungen arbeitete und als Schauspieler seine eigenen Reaktionen beobachtete, wobei er einen Ausweg aus der exakten Imitation menschlicher Reaktionen und kalkulierter Rekonstruktionen suchte. Betrachten wir einmal die Theorie. Sie enthält ganz sicher eine nützliche Anregung. Wenn man sie jedoch als Technik behandelt, endet man bei Klischees. Artaud stellt einen fruchtbaren Ausgangspunkt für die Forschung und einen ästhetischen Standpunkt dar. Wenn er den Schauspieler auffordert, seine Atmung zu studieren, die verschiedenen Elemente der Atmung bei seinem Spiel auszunutzen, dann bietet er ihm die Chance, seine Möglichkeiten zu erweitern, nicht nur mit Worten, sondern auch mit dem Unartikulierten (Einatmen, Ausatmen usw.) zu spielen. Dies ist ein sehr fruchtbarer ästhetischer Vorschlag. Es ist keine Technik.

Es gibt tatsächlich sehr wenige Schauspiel-*Methoden.* Die am weitesten entwickelte ist die Stanislawskis. Stanislawski warf die wichtigsten Fragen auf, und er lieferte seine eigenen Antworten. Im Laufe seiner zahlreichen Jahre der Forschung entwickelte sich seine Methode weiter, seine Schüler aber nicht. Stanislawski hatte Schüler aus jeder seiner Perioden, und jeder von ihnen blieb fest bei seiner jeweiligen Periode; daraus entstanden dann die Diskussionen theologischer Ordnung. Stanislawski experimentierte selbst ständig, und er schlug keine Rezepte vor, sondern Mittel, mit deren Hilfe der Schauspieler sich selbst entdecken konnte und die in allen konkreten Situationen auf die Frage »Wie kann das und das gemacht werden?« eine Antwort gaben. Dies ist wesentlich. Er brachte all dies natürlich innerhalb des Rahmens des Theaters seines Landes und seiner Zeit auf, innerhalb eines Realismus, der …

… eines inneren Realismus …

… eines existentiellen Realismus, finde ich, oder noch eher eines existentiellen Naturalismus. Charles Dullin entwarf ebenfalls viele gute Übungen, Improvisationen, Spiele mit Masken oder auch Übungen mit Themen wie »Mensch und Pflanzen«, »Mensch und Tiere«. Diese sind für die Vorbereitung des Schauspielers sehr nützlich. Sie stimulieren nicht nur seine Vorstellungskraft, sondern auch die Entwicklung seiner natürlichen Reaktionen. Dies stellt jedoch keine Technik für die Ausbildung des Schauspielers dar.

Worin liegt denn dann die Besonderheit Ihrer Position in Bezug auf diese verschiedenen Konzeptionen?

Alle bewussten Systeme im Bereich des Schauspiels enthalten die Frage »Wie kann das und das gemacht werden?« So sollte es auch sein. Eine Methode ist das Bewusstsein von diesem »Wie«. Ich glaube, man muss sich diese Frage einmal in seinem Leben stellen, aber sobald man in die Details geht, darf sie nicht mehr gestellt werden, denn in genau dem Moment, da man sie formuliert, beginnt man Stereotypen und Klischees zu schaffen. Man muss dann die Frage stellen: »Was darf ich *nicht* tun?«

Technische Beispiele sind immer am deutlichsten. Nehmen Sie die Atmung. Wenn wir die Frage stellen: »Wie sollte ich atmen?«, dann werden wir einen präzisen, perfekten Atmungstypus erarbeiten, vielleicht die Unterleibsatmung. Es ist tatsächlich so, dass Kinder, Tiere, Menschen, die der Natur am nächsten stehen, grundsätzlich mit dem Unterleib, dem Zwerchfell atmen. Doch dann kommen wir zur zweiten Frage: »Welche Art von Unterleibsatmung ist die beste?« Und wir könnten versuchen, unter zahlreichen Beispielen einen Typus der Einatmung, einen Typus der Ausatmung, eine besondere Haltung der Wirbelsäule auszumachen. Dies wäre ein furchtbarer Fehler, denn es gibt keinen perfekten Atmungstypus, der für jeden und für jede psychische Situation gültig wäre. Atmen ist eine physiologische Reaktion, die in jedem von uns mit spezifischen Eigenschaften zusammenhängt und die von Situationen, Typen der Anstrengung, körperlichen Aktivitäten abhängig ist. Für die meisten Menschen ist es natürlich, beim freien Atmen die Unterleibsatmung anzuwenden. Verschiedene Versionen von Unterleibsatmung gibt es jedoch in unbegrenzter Zahl. Und es gibt natürlich Ausnahmen. Ich habe zum Beispiel Schauspielerinnen kennengelernt, die bei ihrer Arbeit keine Unterleibsatmung benutzen konnten, weil ihr Oberkörper zu lang war. Es war deshalb nötig, für sie einen anderen, durch die Wirbelsäule kontrollierten Atmungstypus zu finden. Wenn der Schauspieler sich die perfekte, objektive Unterleibsatmung künstlich aufzuzwingen versucht, blockiert er den natürlichen Atmungsvorgang, selbst wenn dieser ursprünglich zum Zwerchfelltypus gehört.

Wenn ich mit einem Schauspieler zu arbeiten beginne, ist die erste Frage, die ich mir stelle: »Hat dieser Schauspieler irgendwelche Schwierigkeiten mit der Atmung?« Er atmet gut; er hat genug Luft zum Sprechen und zum Singen. Warum sollte ich da ein Problem schaffen, indem ich ihm einen anderen Atmungstypus aufzwinge? Das wäre absurd. Auf der anderen Seite hat er vielleicht wirklich Schwierigkeiten. Warum? Gibt es körperliche Probleme? Psychische Probleme? Wenn er psychische Probleme hat, welcher Art sind sie?

Ein Schauspieler ist beispielsweise verkrampft. Warum ist er verkrampft? Wir sind alle auf die eine oder andere Weise verkrampft. Man kann gar nicht – wie es an manchen Theaterschulen gelehrt wird – völlig entspannt sein, denn wer völlig entspannt ist, ist nichts weiter als ein nasser Lappen. Leben ist weder Verkrampftsein noch Entspanntsein: Es ist ein Prozess. Doch wenn der Schauspieler immerzu verkrampft ist, muss die Ursache für die Blockierung des natürlichen Atmungsvorgangs – fast immer psychischer oder psychologischer Natur – entdeckt werden. Wir müssen seinen natürlichen Atmungstypus bestimmen. Ich beobachte den Schauspieler, während ich Übungen vorschlage, die ihn in eine totale psycho-physische Mobilisierung treiben. Ich beobachte ihn in einem Augenblick des Konflikts, des Spiels oder des Flirts mit einem anderen Schauspieler, in den Momenten, wo sich automatisch etwas ändert. Sobald wir den natürlichen Atmungstypus des Schauspielers kennen, können wir auch die Faktoren, die seine natürlichen Reaktionen behindern, genauer definieren, und das Ziel der Übungen ist es dann, sie auszuschalten. Hier liegt der wesentliche Unterschied zwischen unserer Technik und den anderen Methoden: Unsere Technik ist eine negative, keine positive.

Wir sind nicht hinter Rezepten her, hinter Stereotypen, die das Vorrecht der Profis sind. Wir versuchen nicht, Fragen zu beantworten wie: »Wie zeigt man Ärger? Wie sollte man gehen? Wie sollte Shakespeare gespielt werden?« Dies sind nämlich die Fragen, die normalerweise gestellt werden. Stattdessen muss man den Schauspieler fragen: »Welches sind die Hindernisse, die dich auf deinem Weg zum totalen Akt hemmen, der all deine psycho-physischen Ressourcen, von der instinktivsten bis zur rationalsten, einbeziehen muss?« Wir müssen herausfinden, was ihn beim Atmen, bei der Bewegung und – am allerwichtigsten – beim menschlichen Kontakt behindert. Welche Widerstände gibt es? Wie können sie eliminiert werden? Ich möchte dem Schauspieler all das wegnehmen, stehlen, was ihn hindert. Was kreativ ist, wird in seinem Inneren bleiben. Es ist eine Befreiung. Wenn danach nichts zurückbleibt, bedeutet das, er ist nicht kreativ.

Eine der größten Gefahren, die den Schauspieler bedrohen, ist natürlich Disziplinmangel, Chaos. Man kann sich nicht durch Anarchie ausdrücken. Ich glaube, es kann kein echter kreativer Prozess im Schauspieler stattfinden, wenn es ihm an Disziplin oder an Spontaneität mangelt. Meyerhold gründete seine Arbeit auf Disziplin, äußerliche Ausbildung; Stanislawski auf die Spontaneität des täglichen Lebens. Und dies sind in der Tat die beiden komplementären Aspekte des kreativen Prozesses.

Doch was verstehen Sie unter dem »totalen Akt« des Schauspielers?

Das ist nicht nur die Mobilisierung aller Ressourcen, von der ich sprach. Es ist überhaupt viel schwieriger zu bestimmen, wenn auch vom Standpunkt der Arbeit her ganz greifbar. Es ist der Akt, sich selbst bloßzulegen, die Maske des täglichen Lebens herunterzureißen, sich selbst zu veräußerlichen. Nicht, um sich selbst angeberisch »zur Schau zu stellen«, denn das wäre Exhibitionismus. Es ist ein ernsthafter und feierlicher Akt der Offenbarung. Der Schauspieler muss zu vollkommener Aufrichtigkeit bereit sein. Es ist wie ein Schritt auf den Höhepunkt des Organismus des Schauspielers zu, in dem Bewusstsein und Instinkt vereinigt sind.

In der Praxis muss also die Ausbildung des Schauspielers von Fall zu Fall angepasst werden.

Ja, ich glaube nicht an Fertigrezepte.

Es gibt also gar keine Schauspielerausbildung, sondern nur die Ausbildung jedes individuellen Schauspielers. Wie gehen Sie da heran? Sie beobachten sie? Sie befragen sie? Und dann …

Es gibt die Übungen. Wir sprechen sehr wenig. Während des Trainings ist jeder Schauspieler angehalten, seine eigenen Assoziationen zu suchen, seine persönlichen Varianten (Erinnerungen ins Gedächtnis rufen, seine Bedürfnisse heraufbeschwören, alles, was er nicht erfüllen konnte).

Trainieren Sie gemeinsam?

Der Ausgangspunkt des Trainings ist für jeden der gleiche. Nehmen wir doch mal die Körperübungen als Beispiel. Die Elemente der Übungen sind für alle die gleichen, aber jeder muss sie seiner eigenen Persönlichkeit gemäß durchführen. Ein Zuschauer kann die den individuellen Persönlichkeiten entsprechenden Unterschiede leicht erkennen.

Das wesentliche Problem liegt darin, dem Schauspieler die Möglichkeit des Arbeitens »in Sicherheit« zu geben. Die Arbeit des Schauspielers ist in Gefahr; sie ist ständiger Überwachung und Beobachtung ausgesetzt. Es muss eine Atmosphäre geschaffen werden, ein Arbeitssystem, in dem der Schauspieler spürt, dass er einfach alles tun kann, dass man ihn verstehen und akzeptieren wird. Es geschieht oft in dem Augenblick, wo der Schauspieler dies versteht, dass er sich offenbart.

Es herrscht also völliges Vertrauen unter den einzelnen Schauspielern und zwischen den Schauspielern und Ihnen?

Die Frage, ob der Schauspieler das zu tun hat, was der Regisseur vorschlägt, existiert nicht. Er muss erkennen, dass er tun kann, was immer er will, und dass seine eigenen Vorschläge, selbst wenn sie letztlich nicht aufgegriffen werden, niemals gegen ihn verwendet werden.

Er wird beurteilt, aber nicht verurteilt werden …

Er muss akzeptiert werden als menschliches Wesen, so, wie er ist.

Wenn man die Integration des Schauspielers in die Aufführung betrachtet, benutzen Sie häufig den Begriff »Partitur« und nicht »Rolle«. Diese Nuance ist offenbar in Ihrer Arbeit sehr wichtig. Können Sie genau definieren, was Sie unter der »Partitur« des Schauspielers verstehen?

Was ist die Rolle? In der Tat ist das meistens der Text einer Figur, der gedruckte Text, der dem Schauspieler gegeben wird. Sie ist auch eine bestimmte Konzeption dieser Figur, und hier stehen wir wieder vor einem Stereotyp. Hamlet ist ein Intellektueller ohne Größe oder ein Revolutionär, der alles verändern will. Der Schauspieler hat seinen Text; als Nächstes ist eine Begegnung notwendig. Es darf nicht gesagt werden, dass die Rolle ein Vorwand für den Schauspieler sei, und auch nicht, der Schauspieler sei ein Vorwand für die Rolle. Sie ist ein Instrument, um einen Querschnitt von sich selbst zu erstellen, um sich selbst zu analysieren und dadurch Kontakt mit anderen wiederherzustellen. Wenn der Schauspieler sich damit zufriedengibt, die Rolle zu erklären, wird er wissen, dass er sich hier hinsetzen soll, dort weinen muss. Am Anfang der Proben werden Assoziationen normal geweckt, aber nach zwanzig Aufführungen wird nichts davon übrig sein. Das Spiel wird völlig mechanisch sein.

Um dies zu vermeiden, braucht der Schauspieler, wie der Musiker, eine Partitur. Die Partitur des Musikers besteht aus Noten. Theater ist eine Begegnung. Die Partitur des Schauspielers besteht aus den Elementen des menschlichen Kontakts: »Geben und Nehmen«. Man muss andere Menschen nehmen, sie mit sich selbst, mit seinen eigenen Erfahrungen und Gedanken konfrontieren und eine Antwort geben. In diesen ziemlich intimen menschlichen Begegnungen ist immer dieses Element des »Gebens und Nehmens«. Der Prozess wiederholt sich, aber stets *hic et nunc,* das heißt, er ist niemals der gleiche.

Diese Partitur wird bei jeder Produktion schrittweise zwischen dem Schauspieler und Ihnen erstellt.

Ja, in einer Art Zusammenarbeit.

Der Schauspieler ist also frei. Wie bringt er es fertig (und dies war eines der großen Probleme, wie auch Stanislawski betonte), für jede Aufführung den schöpferischen Zustand zu finden, der es ihm gestattet, die Partitur auszuführen, ohne sie zu starr werden zu lassen, ohne eine rein mechanische Disziplin einsetzen zu lassen? Wie können sowohl die vitale Existenz der Partitur als auch die kreative Freiheit des Schauspielers erhalten werden?

Es ist schwierig, in wenigen Worten darauf zu antworten, aber wenn Sie mir eine Vereinfachung erlauben, werde ich entgegnen: Wenn der Schauspieler während der Proben die Partitur als etwas Natürliches, Organisches erstellt hat (das Muster seiner Reaktionen, »Geben und Nehmen«) und wenn er vor der Aufführung bereit ist, diese Beichte abzulegen, nichts zu verbergen, dann wird jede Aufführung zu ihrer vollen Entfaltung kommen.

»Geben und Nehmen« … Schließt das den Zuschauer mit ein?

Man darf beim Spielen nicht an den Zuschauer denken. Dies ist natürlich eine delikate Frage. Zuerst strukturiert der Schauspieler seine Rolle; danach die Partitur. In dem Augenblick sucht er nach einer Art Reinheit (die Eliminierung des Überflüssigen) ebenso wie nach den Zeichen, die für den Ausdruck nötig sind. Dann denkt er: »Ist das, was ich tue, verständlich?« Diese Frage impliziert die Gegenwart des Zuschauers. Ich selbst bin da, leite die Arbeit und sage zum Schauspieler: »Ich verstehe nicht«, »Ich verstehe«, oder »Ich verstehe, aber ich glaube es nicht« … Psychologen stellen bereitwillig die Frage: »Welche Religion haben Sie?« – nicht Dogmen oder Philosophien, sondern der Orientierungspunkt. Wenn der Schauspieler den Zuschauer als Orientierungspunkt nimmt, dann bietet er sich in gewisser Weise zum Verkauf an.

Das wäre Exhibitionismus …

Eine Art Prostitution, Geschmacklosigkeit … Es ist unvermeidlich. Ein großer polnischer Schauspieler der Vorkriegszeit nannte das »Publikotropismus«. Ich glaube nicht, dass der Schauspieler die Tatsache vernachlässigen sollte, dass der Zuschauer anwesend ist, und sich sagen sollte: »Da ist niemand.« Das wäre eine Lüge.

Kurz, der Schauspieler darf den Zuschauer nicht zum Orientierungspunkt nehmen, aber gleichzeitig darf er die Tatsache seiner Anwesenheit nicht vernachlässigen. Sie wissen, dass wir für jede unserer Produktionen eine andere Beziehung zwischen Schauspielern und Publikum schaffen. In *Dr. Faustus* sind die Zuschauer die Gäste; in *Der standhafte Prinz* sind sie die Betrachter. Doch ich glaube, das Wesentliche ist, dass der Schauspieler nicht *für* das Publikum spielen darf, er muss in Konfrontation mit den Zuschauern, in ihrer Gegenwart spielen. Noch besser, er muss seinen authentischen Akt anstelle des Zuschauers vollziehen, einen Akt extremer und doch disziplinierter Aufrichtigkeit und Authentizität. Er muss sich hingeben, anstatt sich zurückzuhalten, er muss sich öffnen, anstatt sich in sich zu verschließen, denn das würde im Narzissmus enden.

Glauben Sie, der Schauspieler braucht eine lange Vorbereitung vor jeder Aufführung, um das zu erreichen, was manche den »begnadeten Zustand« nennen?

Der Schauspieler muss Zeit haben, um all die Probleme und Ablenkungen des Alltagslebens beiseitezuschieben. In unserem Theater haben wir eine Schweigezeit von einer halben Stunde, während derer der Schauspieler sein Kostüm vorbereitet, bestimmte Szenen vielleicht noch einmal durchgeht. Dies ist ganz natürlich. Ein Pilot, der kurz davor steht, ein neues Flugzeug zum ersten Mal auszuprobieren, wird sicher auch einige Minuten Einsamkeit vor dem Start aufsuchen.

Glauben Sie, dass Ihre Schauspieltechnik von anderen Regisseuren außer Ihnen angewandt werden kann, dass sie sich zu anderen Zwecken benutzen ließe als den Ihrigen?

Hier muss wieder zwischen der Ästhetik und der Methode in meiner Arbeit unterschieden werden. Natürlich gibt es im Theaterlaboratorium Elemente einer Ästhetik, die mir persönlich eigen ist und die andere nicht kopieren dürfen, denn das Ergebnis wäre weder authentisch noch natürlich. Doch wir sind ein Institut, das die Kunst des Schauspielens erforscht. Dank dieser Technik kann der Schauspieler mit einem sehr weiten Stimmumfang sprechen und singen. Das ist ein objektives Ergebnis. Die Tatsache, dass er beim Sprechen keine Probleme mit seiner Atmung hat, ist ebenfalls objektiv. Die Tatsache, dass er verschiedene Typen physischer und stimmlicher Reaktionen einsetzen kann, die vielen Leuten sehr schwerfallen, auch das ist objektiv.

Es gibt also gegenwärtig zwei Aspekte in Ihrer Arbeit: auf der einen Seite die bewusste Ästhetik eines Kreativen und auf der anderen Seite die Erforschung der Technik des Schauspiels. Was ist vorrangig?

Das Wichtigste ist heute für mich die Wiederentdeckung der Elemente der Schauspielkunst. Ich wurde zuerst als Schauspieler ausgebildet, dann als Regisseur. In meinen frühen Produktionen in Kraków und Poznań wies ich jeden Kompromiss, jeden theatralischen Konservatismus zuruck. Schrittweise entwickelte und entdeckte ich, dass es weit weniger fruchtbar war, mich selbst zu erfüllen, als die Möglichkeiten zu studieren, anderen bei ihrer Erfüllung zu helfen. Das ist nicht eine Form des Altruismus. Im Gegenteil, es ist ein noch großartigeres Abenteuer.

Letztlich werden die Abenteuer eines Regisseurs einfach, aber Begegnungen mit andern menschlichen Wesen sind schwieriger, fruchtbarer und anregender. Wenn ich vom Schauspieler – in der Zusammenarbeit mit ihm – eine totale Selbstoffenbarung erreichen kann, wie mit Ryszard Cieślak in *Der standhafte Prinz*, dann ist das weit fruchtbarer für mich, als lediglich eine Produktion zu entwerfen oder, mit anderen Worten, nur in meinem eigenen Namen zu schaffen. Ich habe mich deshalb Schritt für Schritt auf eine parawissenschaftliche Forschung im Bereich der Schauspielkunst zubewegt. Dies ist das Ergebnis einer persönlichen Entwicklung, nicht mein ursprünglicher Plan.

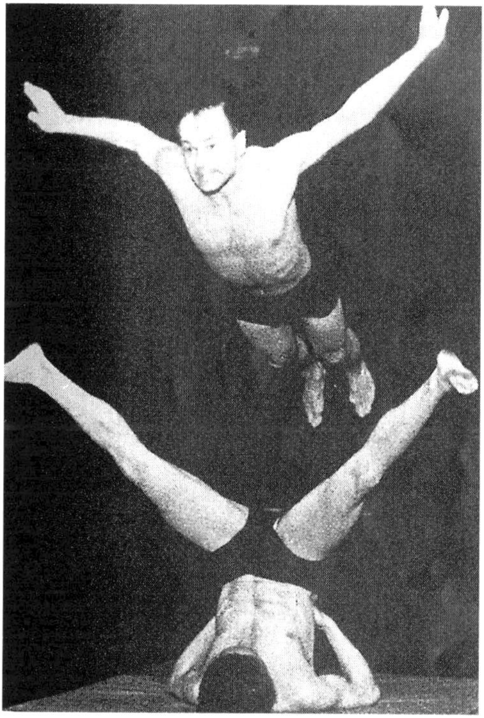

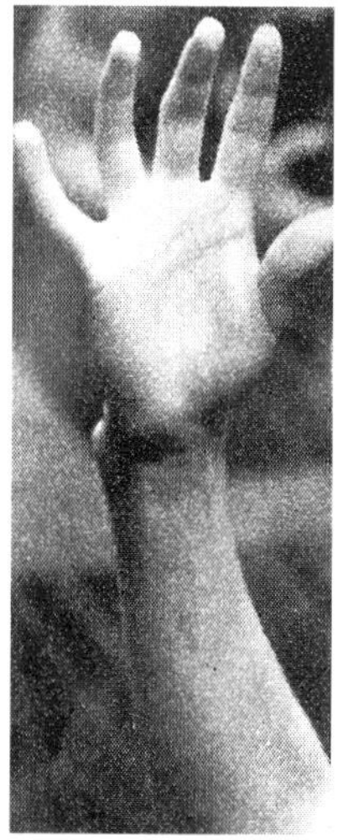

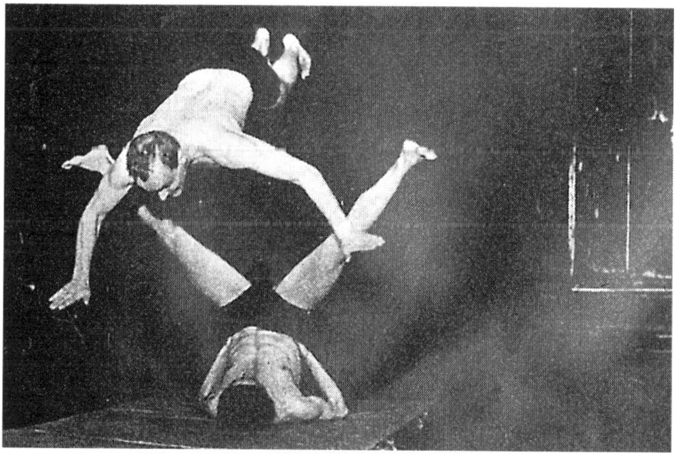

(78–93) Training.
(Fotos: Fredi Graedel – Teatr Laboratorium)

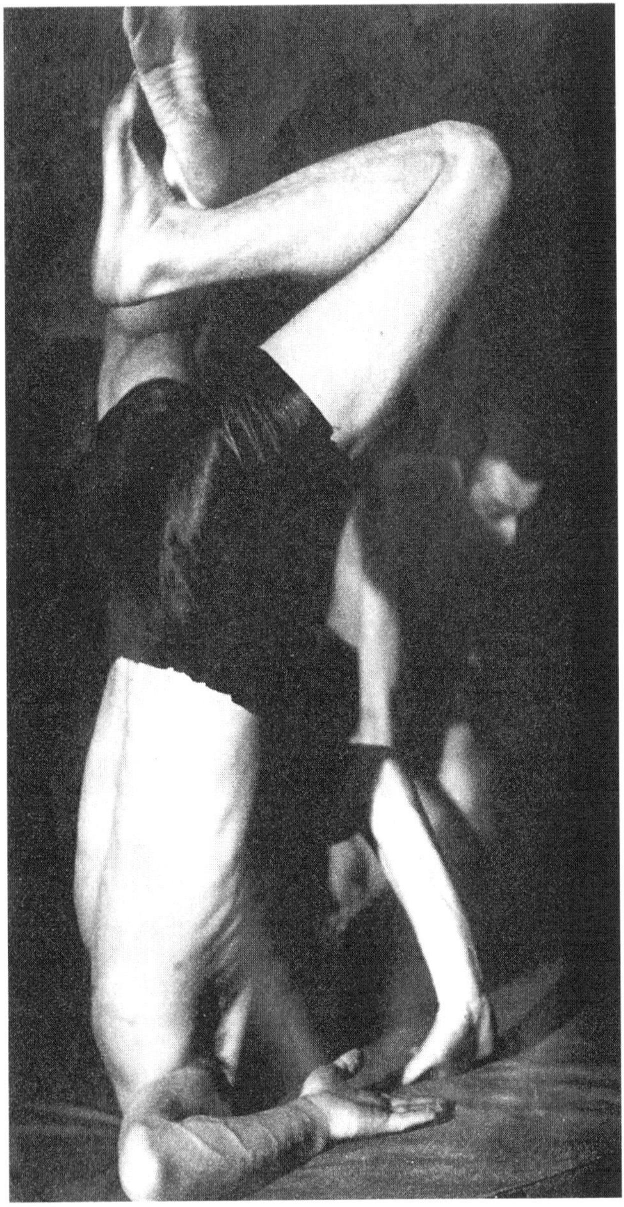

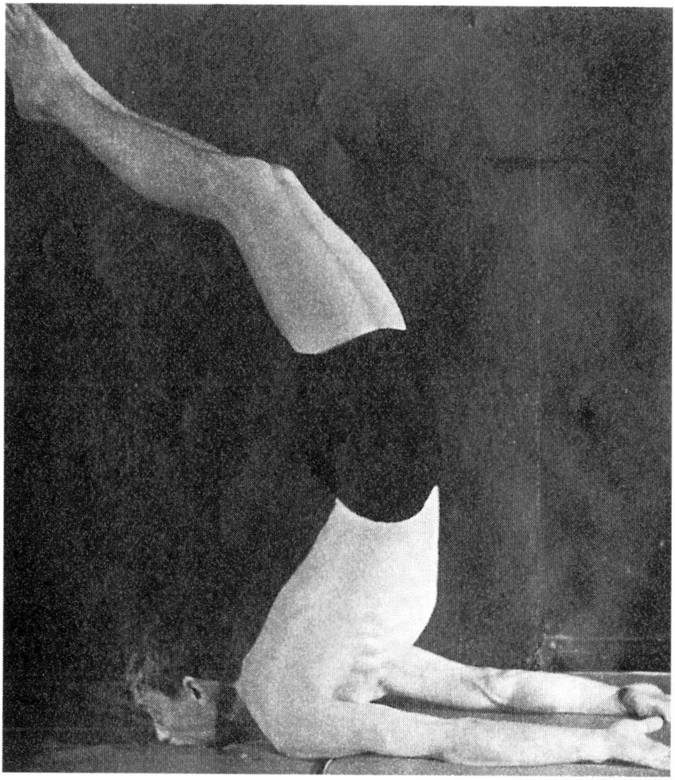

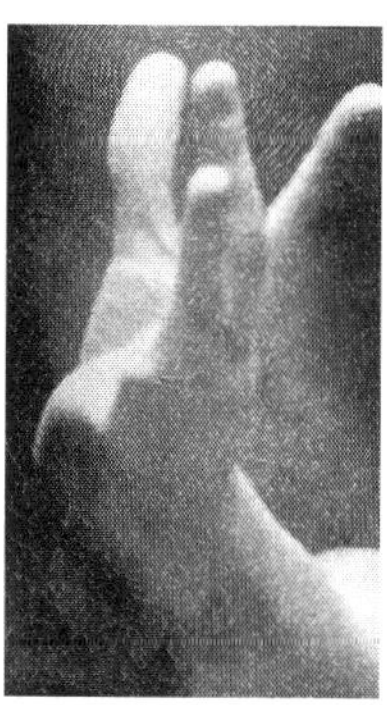

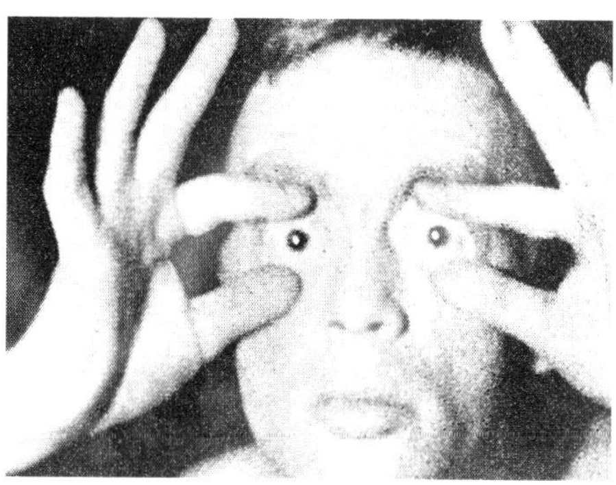

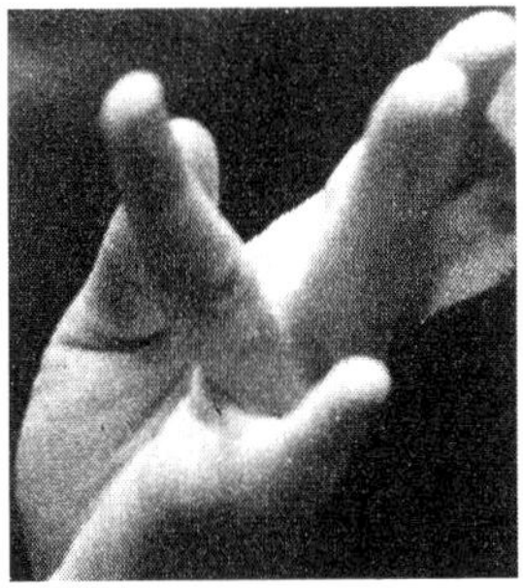

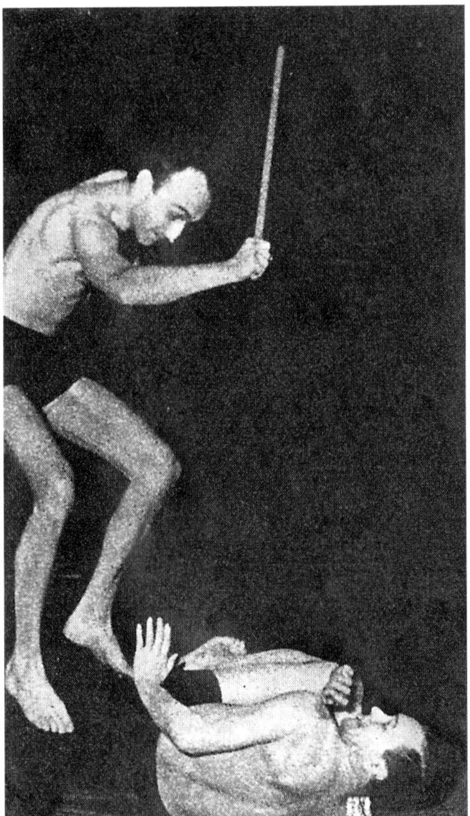

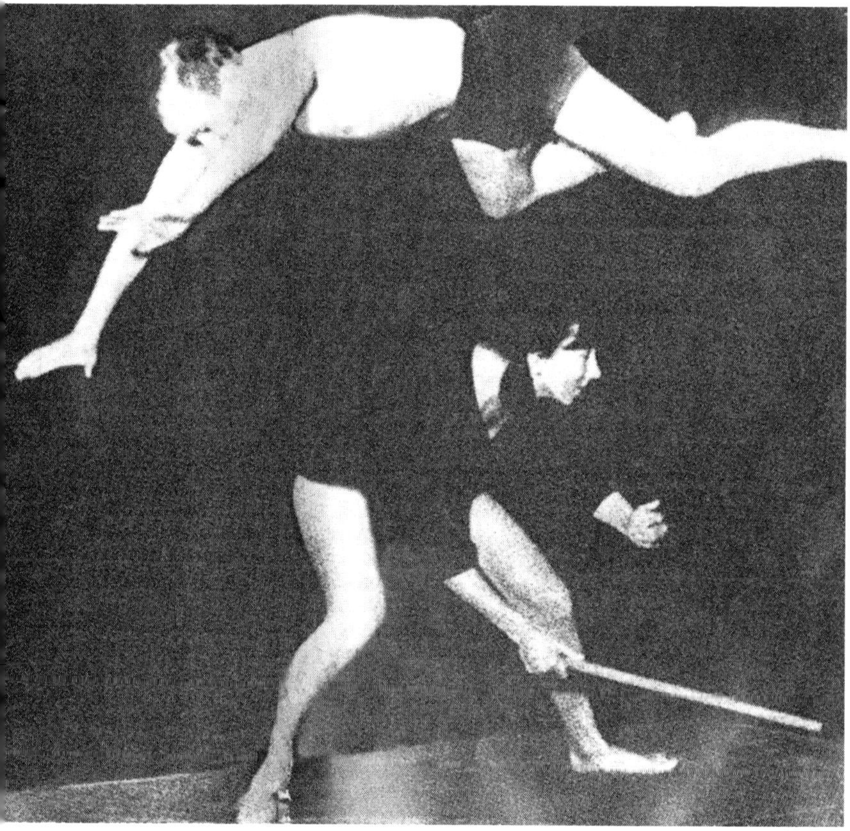

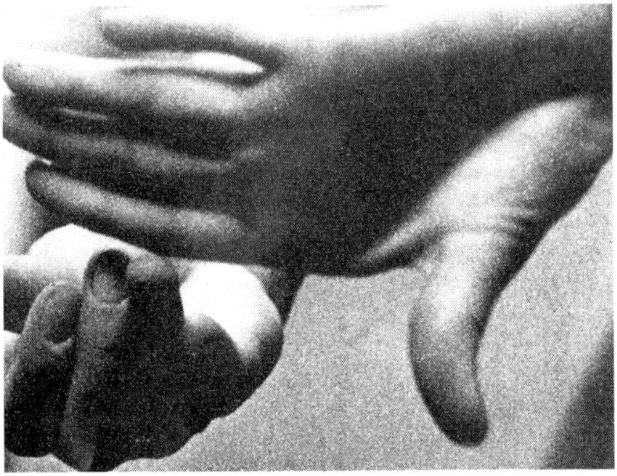

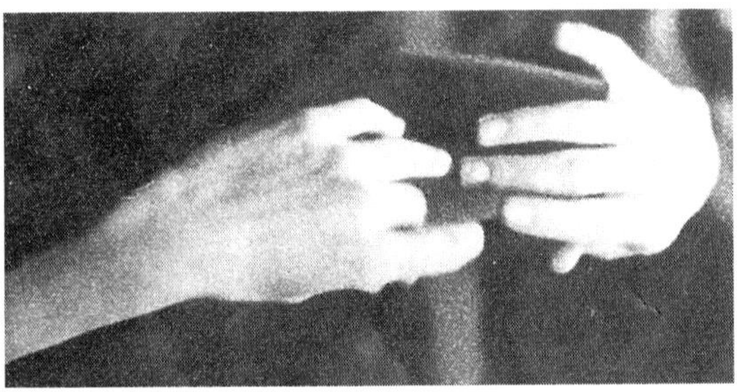

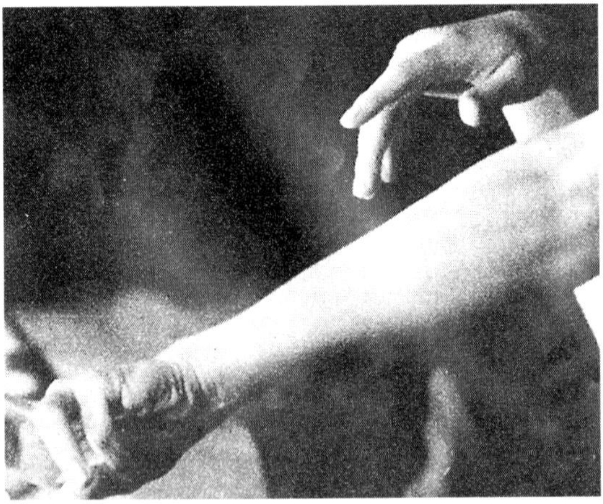

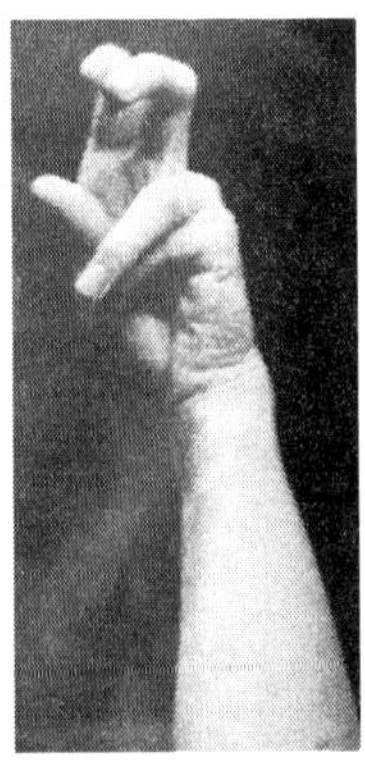

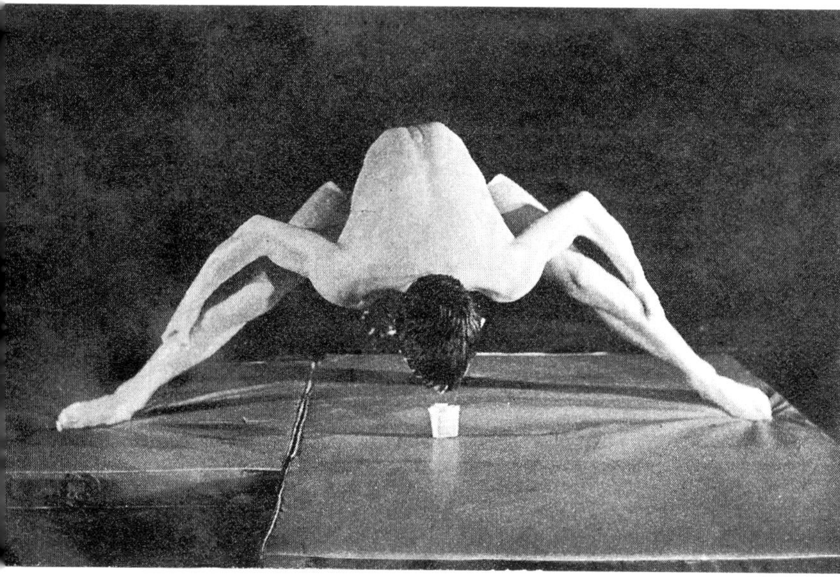

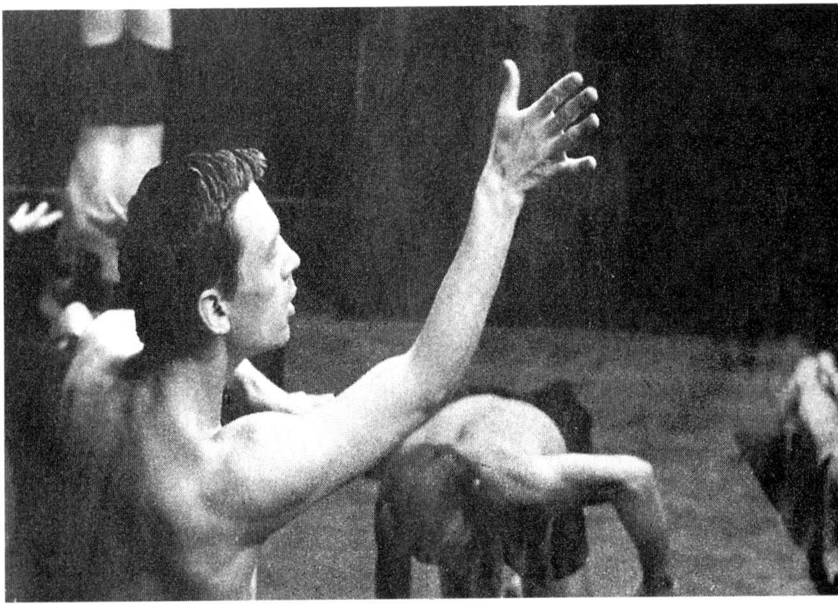

Rede in der »Skara Skolscen«

Der folgende Text ist die Abschlussrede, die Jerzy Grotowski bei einem 10-tägigen Seminar an der »Skara Skolscen« (Schauspielschule Skara, Schweden) im Januar 1966 hielt, welches er zusammen mit seinen Mitarbeitern Ryszard Cieślak, Rena Mirecka und Antoni Jahołkowski leitete. Die Körperübungen, Stimmübungen und gestaltenden Übungen sind in den vorherigen Kapiteln beschrieben worden.

Vorgefertigte Übungen kann man nicht lehren. Sie sollten nicht versuchen herauszufinden, wie eine bestimmte Rolle zu spielen ist, wie die Stimmlage gesetzt, wie gesprochen oder gegangen werden soll. Das sind nur Klischees, und deshalb brauchen Sie sich nicht um sie zu kümmern. Suchen Sie nicht nach vorgefertigten Methoden für alle Gelegenheiten, denn das führt bloß zu Stereotypen. Lernen Sie für sich Ihre eigenen Grenzen und Hindernisse kennen und wie Sie sie überwinden können. Danach tun Sie, was immer es ist, mit ganzem Herzen. Eliminieren Sie aus allen Übungen jegliche Bewegung, die nur Gymnastik ist. Wenn Sie diese Art Dinge tun wollen – Gymnastik oder sogar Akrobatik –, tun Sie es stets als eine spontane Aktion, die auf die Außenwelt bezogen ist, auf andere Menschen oder auf Gegenstände. Etwas stimuliert Sie, und Sie reagieren: das ist das ganze Geheimnis. Stimuli, Impulse und Reaktionen.

Ich habe viel von persönlichen Assoziationen gesprochen, aber diese Assoziationen sind keine Gedanken. Sie können nicht kalkuliert werden. Jetzt mache ich eine Bewegung mit meiner Hand, danach suche ich nach Assoziationen. Was für Assoziationen? Vielleicht die Assoziationen, dass ich etwas berühre, aber das ist nur ein Gedanke. Was ist eine Assoziation in unserem Beruf? Es ist etwas, das nicht nur dem Geist, sondern auch dem Körper entspringt. Es ist eine Rückkehr zu einer präzisen Erinnerung. Analysieren Sie das nicht intellektuell. Erinnerungen sind immer physische Reaktionen. Unsere Haut hat nicht vergessen, unsere Augen haben nicht vergessen. Was wir gehört haben, kann in unserem Inneren immer noch nachklingen. Es ist das Durchführen eines konkreten Akts, nicht eine Bewegung wie Streicheln im Allgemeinen, sondern zum Beispiel eine Katze kraulen. Keine abstrakte Katze, sondern eine Katze, die ich gesehen habe, zu der ich Kontakt habe. Eine Katze mit einem ganz bestimmten Namen – Napoleon, wenn Sie wollen. Und diese bestimmte Katze ist es, die Sie nun streicheln. Das sind Assoziationen.

Machen Sie Ihre Handlungen konkret, indem Sie sie auf Erinnerungen beziehen. Wenn Sie darauf vertrauen, dass Sie dies tun, dann analysieren Sie nicht vollständig, was es für eine Erinnerung ist – Sie tun es ganz konkret, und das ist genug. In einer solchen Situation sollten Sie sich nicht mit diesen Problemen aufhalten. Wo ich gerade von Impulsen und Reaktionen rede – während dieser Konferenz habe ich unterstrichen, dass es keine Impulse oder Reaktionen ohne Kontakt gibt. Vor einigen Minuten sprachen wir von der Frage des Kontakts mit einem imaginären Partner. Doch dieser imaginäre Partner muss auch im tatsächlichen Raum dieses Zimmers fixiert werden. Wenn Sie Ihren Partner nicht an einer präzisen Stelle fixieren, werden Ihre Reaktionen in Ihrem Inneren verbleiben. Das heißt, Sie kontrollieren sich, Ihr Geist beherrscht Sie, und Sie bewegen sich auf eine Art emotionalen Narzissmus, eine Spannung, eine Art Zwang zu.

Kontakt ist eines der wesentlichen Dinge. Oft, wenn ein Schauspieler von Kontakt spricht oder an Kontakt denkt, glaubt er, dass damit starres Fixieren gemeint ist. Aber das ist nicht Kontakt. Es ist nur eine Position, eine Situation. Kontakt ist nicht Starren, sondern Sehen. Jetzt bin ich in Kontakt mit Ihnen, ich sehe, wer von Ihnen gegen mich ist. Ich sehe eine Person, die gleichgültig ist, eine andere, die einigermaßen interessiert zuhört, und jemanden, der lächelt. All dies verändert meine Aktionen; es ist Kontakt, und es zwingt mich dazu, meine Handlungsweise zu verändern. Das Muster ist immer festgelegt. In diesem Fall beispielsweise ist das Muster, dass ich Ihnen abschließende Ratschläge gebe. Ich habe hier einige grundsätzliche Aufzeichnungen von dem, was ich sagen will, aber wie ich spreche, hängt vom Kontakt ab. Wenn ich zum Beispiel jemanden flüstern höre, spreche ich lauter und strenger, und zwar ganz unbewusst – wegen des Kontakts.

So sollten Sie während der Aufführung, wo die Partitur – ein klar definierter Text, eine Handlung – schon festgelegt ist, immer Kontakt mit Ihren Partnern haben. Wenn Ihr Partner ein guter Schauspieler ist, folgt er immer der gleichen Handlungspartitur. Nichts wird dem Zufall überlassen, kein Detail wird abgeändert. Aber es gibt winzige Veränderungen innerhalb dieser gesetzten Partitur, so dass er jedes Mal ein kleines bisschen anders spielt, und Sie sollten ihn ganz genau beobachten, ihm zuhören und zusehen, auf seine unmittelbaren Aktionen reagieren. Jeden Tag sagt er »Guten Morgen« mit der gleichen Intonation, genau wie Ihr Nachbar, der zu Hause immer »Guten Morgen« sagt. An einem Tag ist er guter Laune, an einem anderen ist er müde, wieder an einem anderen hat er es eilig. Er sagt jedes Mal »Guten Morgen«, aber jedes Mal mit einem ganz leichten Unterschied. Das müssen Sie sehen, nicht mit dem Geist, sondern bloß sehen und hören. Tatsächlich geben Sie immer die gleiche Antwort – »Guten Morgen« –, aber wenn Sie wirklich hingehört haben, wird sie jeden Tag etwas anders sein. Die Aktion und die Intonation sind die gleichen, aber der Kontakt ist so winzig, dass es unmöglich ist, ihn rational zu analysieren. Dies verändert alle Beziehungen, und es ist gleichzeitig das Geheimnis der Harmonie zwischen den Menschen. Wenn jemand »Guten Morgen« sagt und jemand anders antwortet, gibt es automatisch eine stimmliche Harmonie zwischen den beiden. Auf der Bühne spüren wir oft einen Mangel an Harmonie auf, weil die Schauspieler ihren Partnern nicht zuhören. Es geht nicht darum, zuzuhören und sich nach der Intonation zu fragen, sondern bloß zuzuhören und zu antworten.

Jetzt muss ich mit einer Modulation sprechen, die unbewusst in Harmonie mit der meines Dolmetschers steht. Es ist ein Konzert für zwei Stimmen, und es gibt unmittelbar eine Art Komposition, da der notwendige Kontakt existiert. Um dies zu erreichen, gibt es verschiedene Übungen. Wenn das Stück zum Beispiel fertig ist, kann man an einem Tag den Schauspielern die Aufgabe stellen, es auf völlig andere Art zu spielen, während die anderen sich an ihre festgelegte Partitur halten, und innerhalb dessen reagiert jeder auf seine Weise. Hier ist noch eine Übung: Zwei Partner müssen sich an ihre festgelegte Partitur halten, aber die Motivation, die hinter der Aktion steht, ist eine andere. Nehmen Sie zum Beispiel eine Diskussion zwischen zwei Freunden. An einem bestimmten Tag handelt einer der Freunde wie immer, aber er ist nicht aufrichtig. Es gibt so geringfügige Veränderungen, dass sie kaum zu bemerken sind, aber wenn der Partner sorgfältig zuhört, ohne seine Partitur zu ändern, wird er imstande sein, entsprechend zu reagieren. Mit Hilfe solcher Übungen kann Kontakt gelernt werden. Wo liegt die Gefahr solcher Übungen? Die Gefahr besteht darin, dass der Schauspieler seine festgelegte Partitur abändern könnte. Das heißt, er ändert seine Partitur durch Veränderungen der Situationen und Aktionen. Das ist falsch. Das ist zu einfach. Sie sollten die Partitur beibehalten und den Kontakt jeden Tag erneuern.

Frühe Rollen können bewusst auf Stimmresonatoren aufgebaut werden, aber spätere Rollen müssen darüber hinausgehen.

Unser ganzer Körper ist ein System von Resonatoren – das heißt Vibratoren –, und all unsere Übungen sind bloß Training, um die Möglichkeiten der Stimme zu erweitern. Die Komplexität dieses Systems ist verblüffend. Wir sprechen auf einen Impuls hin, in Kontakt mit etwas oder jemandem. Die verschiedenen Positionen der Hand ändern die Resonanz der Stimme. Bewegungen der Wirbelsäule ändern die Resonanz ebenfalls. Es ist unmöglich, all dies mit dem Gehirn zu kontrollieren. All diese Übungen mit Resonatoren sind nur ein Anfang, um die Möglichkeiten der Stimme zu eröffnen, und danach, wenn Sie diese Möglichkeiten bereits beherrschen, müssen Sie ohne kalkulierendes Denken leben und spielen. Sie müssen sich darüber hinaus weiterentwickeln und ohne jede Anstrengung Resonatoren finden. Schreien Sie nicht während der Übungen. Sie können mit dem anfangen, was man künstliche Stimme nennen könnte – diese Methode ist für viele Leute richtig. Aber als Weiterentwicklung dieser Übungen sollten Sie eine andere Stimme suchen, Ihre natürliche, und diese Stimme durch verschiedene Impulse Ihres Körpers öffnen. Nicht jeder benutzt seine eigene, wirkliche Stimme. Sprechen Sie natürlich, und setzen Sie durch diese natürlichen Aktionen die verschiedenen Möglichkeiten der Resonatoren des Körpers in Bewegung. Dann wird der Tag kommen, wo Ihr Körper weiß, wie er widerhallen muss, ohne Aufforderung. Das ist der Wendepunkt, wie die Geburt einer anderen Stimme, und er kann nur durch völlig natürlichen Stimmgebrauch erreicht werden.

Wie sollte man mit seiner Stimme arbeiten?

Sie sollten sich nicht bewusst kontrollieren. Kontrollieren Sie nicht die Vibrationsstellen Ihres Körpers. Sie sollten lediglich – und dies ist die beste Grundübung – mit den verschiedenen Teilen des Körpers sprechen. Zum Beispiel sitzt der Mund oben auf dem Kopf, und ich spreche mit der Decke. Aber ich muss das auch wirklich tun; das heißt, ich muss einen Text improvisieren und sagen: »Frau Decke, können Sie mich hören? … Nein? … Warum wollen Sie denn nicht auf mich hören?« Horchen Sie, ob sie spricht, ob sie antwortet. Hören Sie niemals Ihrer eigenen Stimme zu – das ist immer falsch. Das ist eine physiologische Regel. Wenn Sie sich selbst zuhören, blockieren Sie den Kehlkopf und die Prozesse der Resonanz. Spielen Sie, sprechen Sie, diskutieren Sie und nehmen Sie Kontakt mit konkreten Dingen auf. Wenn Sie den Eindruck haben, dass Ihr Mund in Ihrer Brust sitzt, und wenn Sie sich an die Wand wenden, werden Sie die Antwort von der Wand kommen hören. Auf diesem Wege können Sie das ganze System der Resonanzen innerhalb des Körpers in Bewegung setzen. Sie können den Part von Tieren spielen, aber die Übungen sollten so weiterentwickelt werden, dass Sie vermeiden, unechte Tiere zu spielen oder Tiere, die von Ihrem eigenen Charakter weit entfernt sind. Mit anderen Worten, spielen Sie keinen Hund wie einen echten Hund, weil Sie kein Hund sind. Versuchen Sie, Ihre eigenen hundeähnlichen Züge herauszufinden. Jetzt reagiere ich: Ich behalte meine natürliche Stimme bei, und ich beginne, meine Zähne einzusetzen, ohne die Stimme eines Hundes zu imitieren. Das ist ein kleiner Unterschied. Sie können damit anfangen, die Stimme eines Hundes zu imitieren, um die Möglichkeiten Ihrer stimmlichen Vorstellungskraft zu erforschen, aber später in der Weiterentwicklung müssen Sie Ihr eigenes, natürliches Ich finden. Kontakt ist genauso wichtig bei den Körperübungen. Der Kontakt, den wir gesehen haben, mit dem Boden, der Erde, während der Übungen, ist stets ein authentischer Dialog: »Behandle mich gut, Erde, liebe mich, ich vertraue dir. Kannst du mich hören?« Und unsere Hände suchen diesen authentischen Kontakt.

Dann gibt es da die Frage des Dialogs zwischen den verschiedenen Körperteilen. Wenn eine Hand ein Knie berührt oder wenn ein Fuß einen anderen Fuß berührt, ist das alles Suche nach Sicherheit. Es ist, als sage der Fuß: »Es tut ein bisschen weh, aber hab Geduld.« Dies ist die Essenz des Dialogs, wenn ein Fuß einen anderen berührt. Dieser Dialog muss immer konkret sein, darf aber niemals vom Kopf herkommen. Kalkulieren Sie die Worte dieses Dialogs nicht. Wenn wir dies auf authentische Art und Weise tun, haben wir das Gefühl, dass es wahr ist – jetzt berühre ich meinen Oberschenkel, und ich denke nicht darüber nach, was mein Dialog ist, aber es ist eine konkrete Berührung. Ich habe mit meiner Hand zu meinem Oberschenkel gesprochen. Jeder muss auf seine eigene Art suchen. Wenn jemand das nicht braucht, muss er es unterlassen. Es gibt keine rigiden Regeln. Als ich heute mit einer der Teilnehmerinnen sprach, erklärte ich ihr, dass es für sie andere Elemente gebe, die akzentuiert werden müssten, aber ich spreche ja jetzt allgemein, für die Mehrheit, weil die meisten Leute genau diese Art Hindernis haben.

Nehmen wir nun die gestaltenden Übungen. Da sie letztlich eine Ansammlung stereotyper Details sind, sollten Sie immer nach einer konkreten Reaktion suchen, das heißt sich konkreter Aktion annähern. Zum Beispiel streicheln Sie eine Frau und zerstören Sie dabei alles Stereotype. Natürlich muss jeder das auf seine Art tun. Es ist wichtig, dass Sie begreifen, dass Sie mit kalkulierendem Denken nicht das gewünschte Ergebnis erzielen werden. Sie nehmen beispielsweise ein Blatt Papier und fangen an zu schreiben: »Was wird der Dialog zwischen meinem linken und meinem rechten Fuß sein?« Das ist blödsinnig. Es wird zu keinem Ergebnis führen, da Sie mit Ihrem Geist und nicht mit Ihrem Fuß gesprochen haben, welcher seine eigene Sprache hat.

Als Nächstes möchte ich Ihnen einen Rat geben: Konzentrieren Sie sich nicht zu sehr auf Probleme, die in den meisten Theatern letztlich Probleme des Regisseurs, nicht der Schauspieler sind. In bestimmten speziellen Theatern, die alte Schranken überwinden wollen, sind dies schon die Probleme des Schauspielers. Aber an den Theatern, wo Sie vermutlich arbeiten werden, ist es anders.

Vor allem denken Sie nun nicht, dass Schminke schlecht ist und deshalb vermieden werden muss. Denken Sie darüber nach, wie Sie sich ohne die Hilfe von Schminke verwandeln könnten. Aber wenn Sie Schminke benutzen müssen, tun Sie das. Wenn Sie wirklich die Veränderungen, die ohne Schminke möglich sind, studiert haben, werden Sie viel ausdrucksvoller sein, wenn Sie sie benutzen, und Sie werden fähig sein, alle technischen Tricks zu übertreffen.

Suchen Sie mit festgelegten Impulsen und Reaktionen, mit einer Partitur festgelegter Details, das Persönliche und Intime? Hier liegt eine der größten Gefahren, dass Sie nicht in wahrer Übereinstimmung mit den anderen spielen. In diesem Fall – wenn Sie sich auf das persönliche Element wie auf einen Schatz konzentrieren, wenn Sie nach dem Reichtum Ihrer Emotionen suchen – wird das Ergebnis eine Form des Narzissmus werden. Wenn Sie um jeden Preis Emotionen haben wollen, wenn Sie eine reiche »Psyche« haben wollen, wenn Sie also den inneren Prozess künstlich anreizen, werden Sie lediglich Emotionen imitieren. Das ist eine Lüge, sowohl Ihnen selbst wie den anderen gegenüber.

Wie fängt alles an?

Es fängt immer mit Emotionen oder psychischen Reaktionen an, mit denen Sie nicht vertraut sind. Eine Figur im Stück muss zum Beispiel ihre Mutter umbringen – aber haben Sie im wirklichen Leben Ihre Mutter umgebracht? Nein. Aber vielleicht haben Sie jemanden getötet. Wenn dem so ist, dann ist ja alles gut, weil

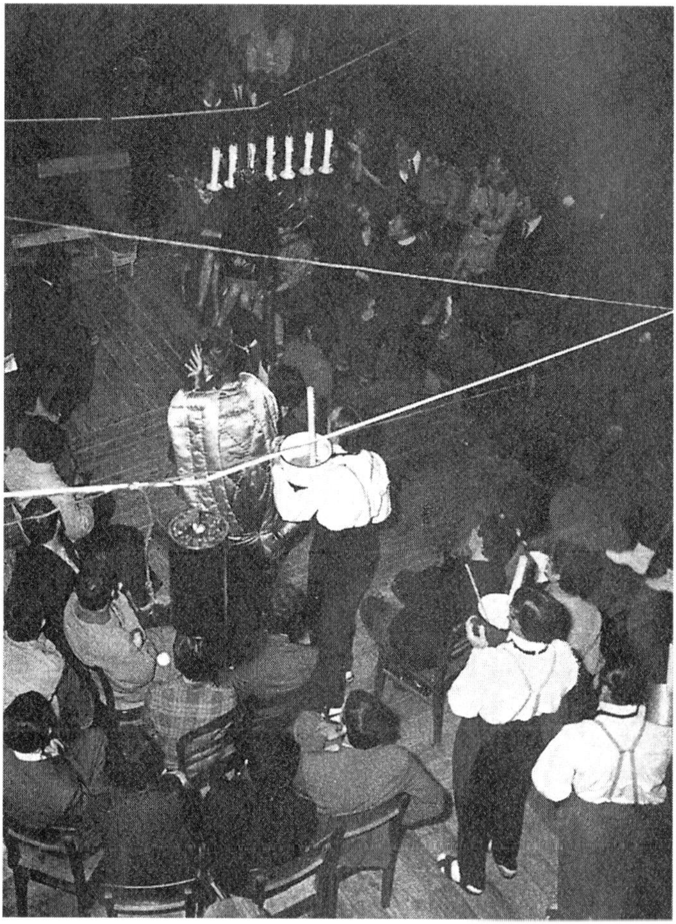

(94) *Die Ahnenfeier*: Die Schauspieler beschwören während eines bäuerlichen Rituals Geister unter den Zuschauern herauf.
(Fotos 94 und 95: Zdzisław Mozer)

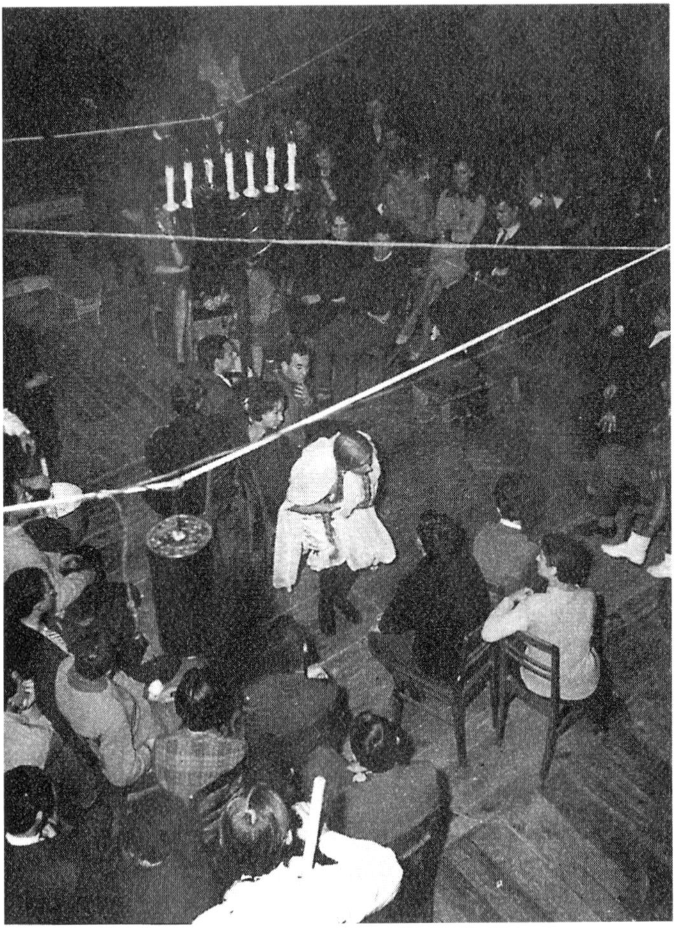

(95) *Die Ahnenfeier*: Der Geist eines jungen Mädchens (Rena Mirecka) nimmt Kontakt zu den Lebenden (den Zuschauern) auf.

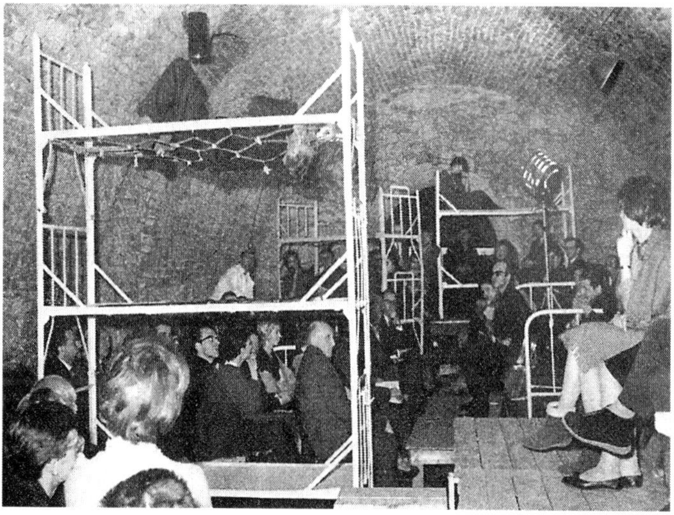

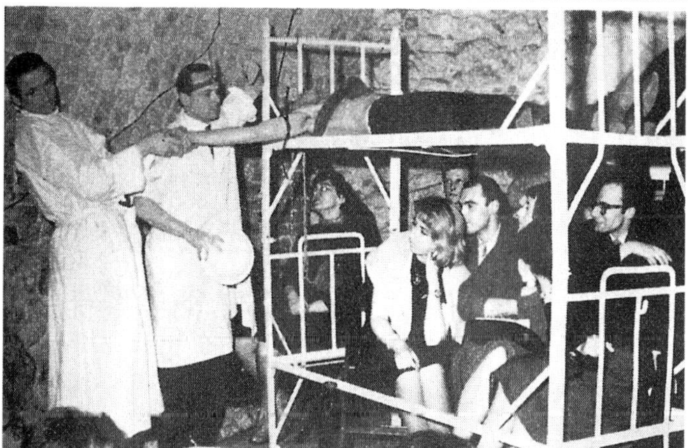

(96–97) *Kordian*: Bühnenanordnung. Die Handlung findet in einer psychiatrischen Klinik statt, wobei die Zuschauer wie Patienten behandelt werden. Kordians (Zbigniew Cynkutis) Handlungen werden als Symptome seines Wahnsinns betrachtet. Während er glaubt, er wäre auf dem Gipfel des Mont Blanc (96), und feierlich sein Blut für sein Vaterland opfert, wird er in Wirklichkeit zur Ader gelassen und so von seinen krankhaften Träumen befreit (Zbigniew Cynkutis, Zygmunt Molik, Antoni Jahołkowski).

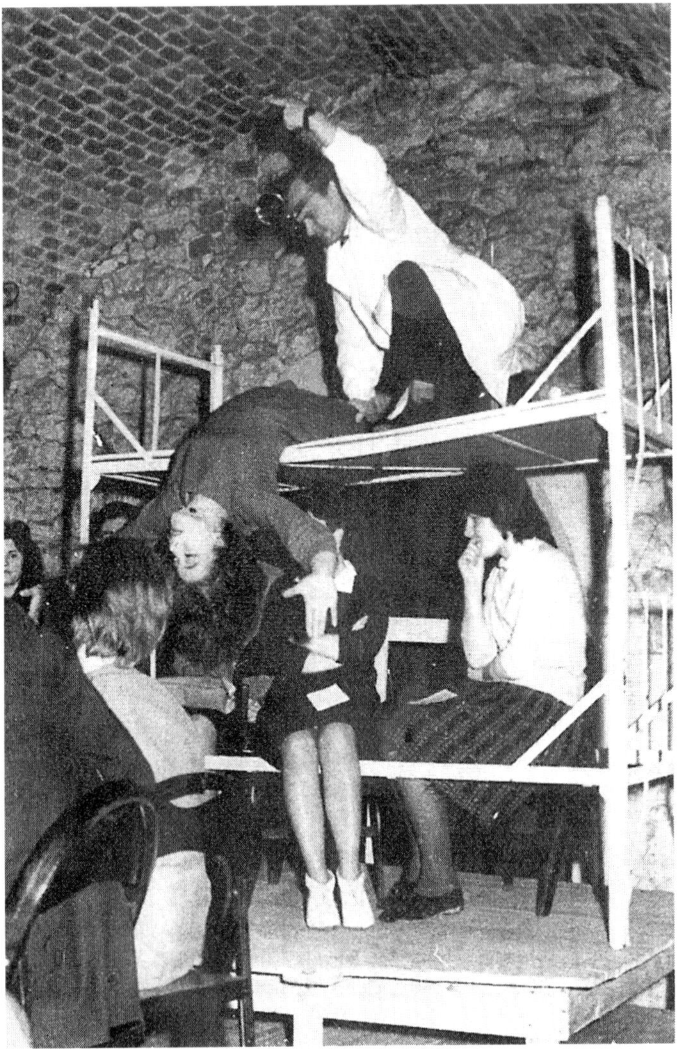

(98) *Kordian*: Der Arzt behandelt einen seiner Patienten, von Zuschauern umgeben. (Fotos 96–98: Edward Węglowski)

Sie dann von dieser Erfahrung ausgehen können, aber wenn Sie noch nicht getötet haben, dürfen Sie nicht nach den Gefühlen suchen oder sich fragen, was der psychische Zustand eines Menschen ist, der seine Mutter getötet hat. Das ist Ihnen unmöglich, weil Sie keinerlei Erfahrung mit einer solchen Tat haben. Aber vielleicht haben Sie einmal ein Tier getötet. Vielleicht war das eine machtvolle Erfahrung für Sie. Wie sahen Sie das Tier? Wie verhielten sich Ihre Hände? Konzentrierten Sie sich oder nicht? Taten Sie es willentlich, oder gab es einen inneren Kampf? Zum Beispiel: Sie dürfen es nicht tun, aber es würde Ihnen Spaß machen. In dem Stück, wo Sie Ihre Mutter töten sollen, können Sie das schließlich tun, indem Sie zu Ihren Gefühlen zurückgehen, mit denen Sie eine Katze getötet haben, und es wird eine grausame Analyse der Situation werden, weil das Spiel nicht grandios und tragisch sein, sondern nur eine kleine, persönliche Obsession entfalten wird. Darüber hinaus ist es nicht banal, wenn Sie zur Erinnerung daran, eine Katze getötet zu haben, zurückkehren in dem Moment, wo Sie Ihre Mutter töten sollen.

Aber wenn Sie eine Szene spielen sollen, wo Sie ein Tier töten, reicht die konkrete Erinnerung daran, wie Sie tatsächlich ein Tier getötet haben, nicht aus – Sie müssen eine Wirklichkeit finden, die für Sie schwieriger ist. Es fällt Ihnen nicht schwer zu zeigen, dass Sie damals grausam waren – das heißt sehr dramatisch. So ist es für Sie kein Opfer. Finden Sie etwas Intimeres. Glauben Sie zum Beispiel, dass die Tatsache, ein Tier in dieser Szene zu töten, Sie in Aufregung versetzen sollte, Ihnen eine Art Höhepunkt verschaffen sollte? Vielleicht antworten Sie mit Ja, und wenn Sie Ja sagen wollen, suchen Sie in Ihren Erinnerungen nach Augenblicken intensiver körperlicher Höhepunkte, die zu wertvoll sind, um mit anderen geteilt zu werden. Von diesen Erinnerungen müssen Sie ausgehen in dem Augenblick, wo Sie im Stück das Tier töten sollen, von dieser konkreten Erinnerung, die so intim, so unbedeutend in den Augen anderer ist, dass es Ihnen schwerfallen wird. Aber wenn Sie dies tatsächlich tun, wenn Sie zu dieser Erinnerung zurückkehren, wird es Ihnen nicht möglich sein, sich zu verkrampfen und dramatisch zu sein. Der Schock der Aufrichtigkeit wird zu stark sein. Sie werden angesichts einer Aufgabe, die zu groß für Sie ist, die Sie beinahe erdrückt, entwaffnet und entspannt sein. Wenn Sie das tun, wird es ein großer Augenblick für Sie, und das meine ich, wenn ich sage, dass es mit Hilfe konkreter Details möglich ist, etwas Persönliches zu erzielen. Wenn Sie dies erreichen, werden Sie rein sein, geläutert, ohne Sünde. Wenn Sie sich an eine Sünde erinnern, werden Sie nachher frei von dieser Sünde sein. Es ist eine Art Freikauf.

Als Nächstes möchte ich Ihnen den Rat geben, in der Aufführung niemals ohne eine Partitur nach Spontaneität zu suchen. In den Übungen ist das eine völlig andere Sache. Während der Aufführung ist ohne eine Partitur keine wirkliche Spontaneität möglich. Das wäre nur eine Imitation von Spontaneität, da Sie Ihre Spontaneität durch Chaos zerstören würden. Während der Übungen besteht die Partitur aus festgelegten Details, und ich würde Ihnen raten (außer in ganz spezifischen Improvisationen, die Ihr Regisseur oder Lehrer Ihnen vorschlägt), nur innerhalb dieses Detail-Rahmens zu improvisieren. Das heißt, Sie müssen die Details einer Übung kennen. Heute will ich das Detail so oder so haben. Ich werde diese Details schaffen, und Sie können versuchen, ihre verschiedenen Variationen zu finden oder ihre Rechtfertigungen. Dies wird Ihnen eine authentische Improvisation ermöglichen – sonst arbeiten Sie ohne Fundament. Wenn Sie die Rolle spielen, besteht die Partitur nicht mehr aus Details, sondern aus Zeichen.

Ich möchte jetzt nicht darauf eingehen, was ein Zeichen ist. Letztlich ist das eine menschliche Reaktion, die von allen Fragmenten, allen anderen Details gereinigt ist, die nicht von übergeordneter Wichtigkeit sind. Das Zeichen ist der klare, der reine Impuls. Die Aktionen der Schauspieler sind Zeichen für uns. Wenn Sie eine klare Definition wollen – es ist das, was ich zuvor ansprach: Wenn ich nichts wahrnehme, bedeutet das, dass es kein Zeichen gibt. Ich habe gesagt, wenn ich »wahrnehme«, nicht, wenn ich »verstehe«, weil das Verstehen eine Funktion des Gehirns ist. Oft können wir während des Spiels Dinge sehen, die wir nicht verstehen, die wir wahrnehmen und fühlen. Mit anderen Worten, ich weiß, was es ist, das ich da fühle. Ich kann es nicht definieren, aber ich weiß, was es ist. Es hat nichts mit dem Geist zu tun; es betrifft andere Assoziationen, andere Körperteile. Aber wenn ich wahrnehme, heißt das, dass es da ein Zeichen gegeben hat. Der Test eines wahren Impulses ist, ob ich an ihn glaube oder nicht.

Ich möchte Ihnen auch raten, Klischees immer zu vermeiden, wenn Sie ein wirkliches Meisterwerk schaffen wollen. Folgen Sie nicht dem einfachsten Weg der Assoziation. Wenn Sie sagen: »Was für ein schöner Tag«, dürfen Sie »Was für ein schöner Tag« nicht immer mit einer glücklichen Intonation sagen. Das ist ein Klischee, ein Gemeinplatz. Der Mensch ist viel komplizierter. Wir glauben fast nie, was wir sagen. Wenn eine Frau sagt: »Heute bin ich traurig«, was denkt sie wirklich? Vielleicht wollte sie sagen: »Geh weg«, oder: »Ich bin einsam.« Sie müssen sich der Aktion hinter den Worten bewusst werden. Zum Beispiel spreche ich mit Freude in der Stimme, wenn ich das Wort »schön« benutze. Fast immer liegt die tiefere Bedeutung unserer Reaktion verborgen. Sie müssen erfahren, was die authentische Reaktion, die die Worte übermitteln, wirklich ist, anstatt bloß die Worte zu illustrieren.

Wenn jemand ein Gebet spricht, hat er unterschiedliche Reaktionen, unterschiedliche Impulse und unterschiedliche Motive.

Vielleicht braucht er Hilfe, oder er sagt Dank. Vielleicht will er etwas Unangenehmes vergessen. Worte sind immer Vorwände. Worte dürfen niemals illustriert werden. Mit Handlungen ist es das Gleiche. Sie wissen zum Beispiel, dass in einer bestimmten Szene in einem realistischen Stück (ich nehme bewusst ein realistisches Stück als Beispiel, weil alles, was ich gesagt habe, auch auf das realistische Repertoire angewandt werden kann) Augenblicke kommen, wo man gelangweilt sein soll. Alles muss Sie langweilen. Was tut ein schlechter Schauspieler in diesem Fall? Er illustriert die Handlung; seine Gesten und Gänge imitieren seine Vorstellung von einem gelangweilten Menschen. Aber wirklich gelangweilt zu sein, heißt zu versuchen, etwas zu finden, das einen zu interessieren vermag. Jemand in dieser Situation ist sehr aktiv. Er fängt vielleicht an, ein Buch zu lesen, aber dieses Buch fesselt ihn heute nicht. Dann will er etwas essen. Aber heute schmeckt alles schlecht. Dann will er in den Garten gehen und sich etwas ansehen, aber heute ist der Garten nicht reizvoll, die Luft riecht faul, die Atmosphäre ist deprimierend. Also versucht er zu schlafen. Auch das ist konkret. Aber heute will der Schlaf nicht kommen. Mit anderen Worten, er ist immer aktiv. Er hat keine Zeit, den Gelangweilten zu spielen. Er agiert viel mehr als in anderen Situationen. Dieses Beispiel gibt Stanislawski. Es ist jedoch auch in Übereinstimmung mit dem Theater des Realismus, weil es, wenn jemand etwas Konkretes tut, wenn er zum Beispiel etwas für andere tut, wenn er arbeitet und seine Pflichten erfüllt, innerhalb dieser Handlungen auch persönliche Reaktionen gibt, die nicht mit dem, was er tut, mit der äußerlichen Vorstellung seiner Aktionen übereinstimmen.

Ein anderes Beispiel: Ein Schauspieler soll in einer Übung etwas schreiben. In Wahrheit aber realisiert jeder von uns mit dem Schreiben ein ganz anderes Vorhaben. Der eine möchte es erledigt haben, um Zeit für andere Dinge zu haben, die er für wichtiger hält. Ein anderer mag es nicht; er mag seinen Stift nicht oder sein Papier; alles ist falsch. Wieder ein anderer möchte zeigen, dass er ein guter Schüler ist. Er möchte zeigen, wie gut er seine Übung machen kann: »Die anderen Kinder haben stumpfe Bleistifte, aber ich habe meinen angespitzt. Die anderen haben eingerissenes, schmutziges Papier, aber mein Papier ist sauber. Die anderen schreiben, ohne wirklich darüber nachzudenken, aber ich, ich konzentriere mich sehr.« Dies ist Wirklichkeit.

Vermeiden Sie also stets Banalität. Das heißt, vermeiden Sie es, die Worte und Bemerkungen des Autors zu illustrieren. *Wenn Sie ein wirkliches Meisterwerk schaffen wollen, müssen Sie immer die schönen Lügen meiden:* jene Wahrheiten aus dem Kalender, wo man unter jedem Datum ein Sprichwort oder eine Redensart findet wie: »Wer gut zu anderen ist, wird glücklich sein.« Aber das ist nicht wahr. Es ist eine Lüge. Vielleicht ist der Zuschauer zufrieden. Der Zuschauer mag einfache Wahrheiten. Aber wir sind nicht dazu da, um dem Zuschauer zu gefallen oder ihn zu bestärken. Wir sind da, um die Wahrheit zu sagen.

Nehmen wir beispielsweise die Mutter Gottes. Ich sprach mit einer der Teilnehmerinnen, einer Dame aus Finnland, und sie gab mir ein Beispiel, das diesen Punkt veranschaulicht. Sie sagte, diese verletzte Mütterlichkeit werde immer so gespielt, dass sich die Mutter liebevoll über ihr Kind beuge, immer wenn die Mutter Gottes vorkomme, ob nun in einem religiösen oder in einem nichtreligiösen Stück, ob nun mit der Jungfrau Maria oder nur einfacher Mütterlichkeit als Thema. »Aber«, sagte sie, »ich bin auch Mutter, und ich weiß, dass Muttersein gleichzeitig ›Madonna‹ und ›Kuh‹ bedeutet. Das ist die echte Wahrheit.« Dies ist keine Metapher, es ist wahr. Die Mutter gibt ihrem Kind Milch, und sie hat physiologische Reaktionen, die sich von denen der Kuh nicht so sehr unterscheiden. Gleichzeitig können wir im Muttersein Dinge sehen, die wahrhaft heilig sind. Die Wahrheit ist kompliziert. Vermeiden Sie also schöne Lügen. *Versuchen Sie, dem Zuschauer immer die unbekannte Seite der Dinge zu zeigen.* Der Zuschauer protestiert, aber er wird nachher nicht vergessen, was Sie getan haben. Der gleiche Zuschauer wird Jahre später von Ihnen sagen: »Er ist derjenige, der die Wahrheit gesprochen hat. Er ist ein großer Schauspieler.«

Suchen Sie immer nach der echten Wahrheit, nicht nach der volkstümlichen Auffassung von Wahrheit. Benutzen Sie Ihre eigenen, wirklichen, besonderen und intimen Erfahrungen. Das heißt, dass Sie oft den Eindruck von Taktlosigkeit erwecken müssen. Zielen Sie immer auf Authentizität.

Zu Anfang dieses Seminars gab ich ein Beispiel dafür, wie man den Tod spielt. Man kann den Tod nicht als Tod spielen, weil man nichts vom Tod weiß. Man kann nur seine eigenen, intimsten Erfahrungen spielen. Zum Beispiel seine Erfahrungen der Liebe oder seine Furcht, wenn man mit Tod oder Leiden konfrontiert wird. Oder auch die physiologischen Reaktionen gegenüber jemandem, der tot ist, oder eine Art Vergleich zwischen sich selbst und der toten Person. Das ist ein analytischer Prozess. Wodurch ist er ein Toter? Jetzt bin ich steif, ich bin bewegungslos, aber ich bin lebendig. Warum? Weil das Denken da ist. Kurz, tun Sie immer etwas, das mit Ihren eigenen Erfahrungen aufs Intimste verbunden ist.

Ich habe an dieser Stelle mehrere Male gesagt, dass der Schauspieler sich enthüllen muss, dass er das in sich freisetzen muss, was am persönlichsten ist, und dass er das immer authentisch tun muss. Dies ist eine Art Exzess für den Zuschauer. Aber Sie sollten ihn nicht anstreben. Spielen Sie nur mit Ihrem ganzen Ich. Offenbaren Sie im wichtigsten Augenblick Ihrer Rolle Ihre persönlichste und wohlbehütetste Erfahrung. Benutzen Sie in anderen Augenblicken nur Zeichen, aber rechtfertigen Sie diese Zeichen. Das genügt. Sie müssen all das nicht von Anfang an mitbringen. Gehen Sie Schritt für Schritt vor, aber ohne Falschheit, ohne Aktionen zu imitieren, immer mit Ihrer ganzen Persönlichkeit, mit Ihrem ganzen Körper. Als Ergebnis werden Sie eines Tages herausfinden, dass Ihr Körper begonnen hat, total zu reagieren, das heißt, dass er fast annulliert ist, nicht mehr existiert. Er bietet keine Widerstände mehr. Ihre Impulse sind frei.

Schließlich etwas sehr Wichtiges, etwas, das tatsächlich der Kern unserer Arbeit ist: Moral. Bitte verstehen Sie, dass ich damit nicht Moral im üblichen, alltäglichen Sinne meine. Wenn Sie beispielsweise jemanden getötet haben, ist das Ihr eigenes ethisches Problem. Es geht mich nicht mehr an als Ihre Mitarbeiter oder Ihren Regisseur. In meinen Augen heißt Moral, in seiner Arbeit die ganze Wahrheit auszudrücken. Das ist schwierig, aber es ist möglich. Und dies ist es, was alles Großartige in der Kunst hervorgebracht hat. Es ist gewiss viel leichter, von der Erfahrung, jemanden zu töten, zu sprechen. Darin liegt Pathos. Aber es gibt andere, viel persönlichere Probleme, die nicht das große Pathos des Verbrechens besitzen, und den Mut zu entwickeln, von ihnen zu sprechen, heißt, Großartigkeit in der Kunst zu erschaffen.

Ich habe hier schon mehrere Male wiederholt, weil ich es für wesentlich halte, dass Sie in Ihrer Arbeit streng sein müssen, dass Sie wohlorganisiert und diszipliniert sein müssen; die Tatsache, dass die Arbeit Sie erschöpft, ist absolut notwendig. Sie müssen oft völlig ausgelaugt sein, damit Sie den Widerstand des Geistes brechen und wahrhaftig spielen können. Damit meine ich aber nicht, dass Sie Masochist sein müssen. Wenn es nötig ist, wenn Ihr Regisseur Ihnen eine Aufgabe gegeben hat, wenn die Proben im Gange sind – in diesen Momenten müssen Sie von der Zeit und der Erschöpfung unabhängig sein. Die Regeln der Arbeit sind hart. Hier ist kein Platz für Mimosen, die zerbrechlich und unberührbar sind. Aber suchen Sie nicht immer nach traurigen Assoziationen des Leidens und der Grausamkeit. Suchen Sie auch nach dem Hellen, dem Leuchtenden. Wir können oft geöffnet werden durch die sinnlichen Erinnerungen an schöne Tage, durch Erinnerungen an das verlorene Paradies, an eigentlich kurze Augenblicke, in denen wir wahrhaft offen waren, Vertrauen hatten, glücklich waren. Dies ist oft noch schwieriger, als in die dunklen Zonen einzudringen, denn es ist ein Schatz, den wir nicht preisgeben wollen. Aber dies bringt uns oft die Möglichkeit, Vertrauen in unsere Arbeit zu fassen, es ist eine Entspannung, die nicht technisch ist, die sich aber auf den richtigen Impuls gründet.

Wenn ich zum Beispiel von der Notwendigkeit des Schweigens während der Arbeit spreche, dann meine ich etwas, das von einem praktischen Gesichtspunkt aus schwierig ist, das aber absolut notwendig ist. Ohne äußere Stille können Sie keine innere Stille, die Stille des Geistes, erlangen. Wenn Sie Ihren Schatz, Ihre Quellen offenbaren wollen, dann müssen Sie still arbeiten. Vermeiden Sie jegliches Element, das zusammenhängt mit Privatleben, Privatkontakten, Flüstern, Reden usw. Sie können während der Arbeit Spaß haben, aber innerhalb der Grenzen der Arbeit, nicht auf private Art. Sonst werden Sie keine guten Resultate erzielen.

Nach diesen Ausführungen will ich Ihnen noch sagen, dass Sie keine großen Höhen erreichen werden, wenn Sie sich am Publikum orientieren. Ich meine nicht den direkten Kontakt, sondern eine Art Bindung, den Wunsch, beklatscht zu werden, Applaus und Worte der Wertschätzung zu erringen. Wenn man so arbeitet, ist es unmöglich, etwas Großartiges zu schaffen. Große Werke sind immer Quellen des Konflikts. Echte Künstler haben kein leichtes Leben und empfangen zu Anfang keinen Applaus, sie werden nicht auf den Schultern getragen. Zu Anfang und für eine lange Zeit ist es ein harter Kampf. Der Künstler spricht die Wahrheit. Diese Wahrheit unterscheidet sich fast immer von der volkstümlichen Auffassung von Wahrheit. Das Publikum mag es nicht, mit Problemen belastet zu werden. Es ist für den Zuschauer viel leichter, im Stück das zu finden, was er schon weiß. Es gibt also einen Konflikt. Doch danach, Schritt für Schritt, beginnt das gleiche Publikum zu erkennen, dass es diese gleichen Künstler, diese eigenartigen Künstler sind, die sie nicht vergessen können. Dann gibt es einen Augenblick, in dem Sie sagen können, dass Sie Ruhm erlangt haben. Und Sie haben sich das Recht verdient, die Wahrheiten auszusprechen, die nicht volkstümlich sind. Zu diesem Zeitpunkt gibt es zwei Möglichkeiten. Entweder haben Sie herausgefunden, dass Ihnen diese soziale Position sehr wichtig ist, und das heißt, dass Sie jegliche Möglichkeit weiterer Entwicklung blockiert haben. Sie haben schon Angst, Ihre Position zu verlieren, also sagen Sie nur noch die gleichen Dinge wie die anderen. Oder Sie fühlen sich als Künstler immer noch frei. Sie sind noch nicht auf das Publikum hin orientiert. Sie suchen immer noch nach der Wahrheit, selbst nach der am tiefsten verborgenen. Dann werden Sie weiter voranschreiten und ein bedeutender Mensch bleiben.

In Polen gab es vor dem Krieg einen berühmten Schauspieler, der für dieses Sich-nach-dem-Publikum-Richten einen hervorragenden Ausdruck gefunden hat. Pflanzen strecken sich nach der Sonne. In diesem Kontext nennen wir das Tropismus. So sprach dieser Schauspieler, Osterwa, von »Publikotropismus«. Das ist der schlimmste Feind des Schauspielers.

Amerikanische Begegnung

Dieses Interview ist ein Fragment eines ausführlicheren Gesprächs, das am 1. Dezember 1967 in New York geführt wurde. Jerzy Grotowski und sein Mitarbeiter Ryszard Cieślak hatten soeben einen vierwöchigen Kursus für einige Studenten an der New York University's School of the Arts beendet. Bei dem Interview waren Theodore Hoffman, Richard Schechner, Jacques Chwat und Mary Tierney anwesend. Jacques Chwat war der Dolmetscher von Jerzy Grotowski sowohl während des Kurses als auch während dieses Interviews. Der vollständige Text des Interviews wurde in *The Drama Review* (TDR, Bd. 13, Nr. 1, Herbst 1968) veröffentlicht.

Richard Schechner: Sie sprechen oft über die »künstlerische Ethik«, darüber, was es heißt, ein künstlerisches Leben zu führen.

Jerzy Grotowski: Während des Kurses habe ich das Wort »Ethik« nicht gebraucht, aber trotzdem lag dem, was ich sagte, eine ethische Haltung zugrunde. Warum habe ich das Wort »Ethik« nicht benutzt? Wer von Ethik spricht, will für gewöhnlich anderen eine bestimmte Art Heuchelei aufzwingen, ein System von Gesten und Verhaltensweisen, das als Ethik dient. Jesus Christus führte ethische Pflichten ein, aber trotz der Tatsache, dass er Wunder zu seiner Verfügung hatte, gelang es ihm nicht, die Menschheit zu verbessern. Warum also eine neuerliche Anstrengung unternehmen?

Vielleicht sollten wir uns nur fragen, welche Handlungen künstlerischem Schaffen im Wege stehen. Wenn wir zum Beispiel während des kreativen Prozesses die Dinge verbergen, die in unserem Privatleben stattfinden, dann können Sie sicher sein, dass unsere kreative Kraft abfallen wird. Wir stellen ein unrealistisches Bild von uns dar; wir drücken uns nicht aus und beginnen eine Art intellektuellen oder philosophischen Flirt – wir benutzen Tricks, und Kreativität ist unmöglich.

Wir können unsere persönlichen, wesentlichen Dinge nicht verbergen – selbst wenn es Sünden sind. Im Gegenteil, wenn diese Sünden sehr tief verwurzelt sind – vielleicht sind es nicht einmal Sünden, sondern nur Versuchungen –, dann müssen wir dem Kreislauf der Assoziationen Tür und Tor öffnen. Der kreative Prozess besteht jedoch nicht nur darin, uns zu offenbaren, sondern auch darin, das Offenbarte zu strukturieren. Wenn wir uns mit all unseren Versuchungen offenbaren, überschreiten wir sie, beherrschen wir sie durch unsere Bewusstheit.

Dies ist der eigentliche Kern des ethischen Problems: das Grundlegende nicht zu verstecken, ganz gleich, ob das Material moralisch oder unmoralisch ist; unsere erste Verpflichtung in der Kunst ist es, uns mit Hilfe unserer eigenen, allerpersönlichsten Motive auszudrücken.

Eine andere Sache, die zur kreativen Ethik gehört, ist das Eingehen von Risiken. Um kreativ zu sein, muss man immer das Risiko des Scheiterns eingehen. Das heißt, wir können einen alten, vertrauten Weg nicht wieder einschlagen. Einen Weg zum ersten Mal zu beschreiten, ist ein Eindringen ins Unbekannte, ein feierlicher Prozess des Forschens, Untersuchens und Konfrontierens, der eine ganz besondere »Ausstrahlung« hervorbringt, die aus dem Widerspruch entsteht. Dieser Widerspruch besteht darin, das Unbekannte zu beherrschen – es ist nichts anderes als ein Mangel an Selbsterkenntnis – und die Techniken zu finden, um es zu formen, zu strukturieren und zu erkennen. Der Prozess der Selbsterkenntnis gibt der Arbeit Stärke.

Wenn wir zum zweiten Mal dem gleichen Material begegnen und den alten Weg einschlagen, gibt es in uns nicht mehr dieses Unbekannte, auf das wir uns beziehen können; nur Tricks sind übriggeblieben – Stereotypen, die philosophisch, moralisch oder technisch sein können. Sehen Sie, das ist keine ethische Frage. Ich spreche nicht von den »großen Werten«. Die Suche nach dem Ich ist ganz einfach das Recht unseres Berufs, unsere erste Pflicht. Sie können das ethisch nennen, aber ich persönlich ziehe es vor, das als Teil der Technik zu behandeln, weil es auf diese Weise keinen süßlichen oder heuchlerischen Sinn annimmt.

Das Dritte, was man für »ethisch« halten könnte, ist die Frage von Ablauf und Resultat. Wenn ich arbeite – entweder während eines Kurses oder beim Regieführen –, ist das, was ich sage, niemals eine objektive Wahrheit. Was immer ich auch sage, ist ein Stimulus, der dem Schauspieler die Chance zur Kreativität gibt. Ich sage: »Richte deine Aufmerksamkeit auf das und das, suche nach diesem feierlichen und erkennbaren Prozess.« Man darf nicht an das Ergebnis denken. Aber gleichzeitig kann man schließlich das Ergebnis doch nicht ignorieren, weil vom objektiven Standpunkt aus der entscheidende Faktor in der Kunst das Ergebnis ist. In dieser Hinsicht ist Kunst unmoralisch. Wer ein Ergebnis vorweist, hat Recht. So sieht die Sache aus. Aber um dieses Ergebnis zu erhalten – und das ist das Paradoxe –, darf man nicht danach suchen. Wenn man danach sucht, wird man den natürlichen kreativen Prozess blockieren. Beim Suchen arbeitet nur das Gehirn; der Geist drängt Lösungen auf, die er schon kennt, und man beginnt, mit bekannten Dingen zu jonglieren. Deshalb müssen wir suchen, ohne unsere Aufmerksamkeit auf das Ergebnis zu richten. Wonach suchen wir? Was sind zum Beispiel meine Assoziationen, meine Schlüsselerinnerungen – wobei ich diese nicht im Denken erkenne, sondern durch die Impulse meines Körpers; ich muss sie mir bewusst machen, sie beherrschen und organisieren und herausfinden, ob sie jetzt stärker sind als zu dem Zeitpunkt, da sie noch ungeformt waren. Offenbaren sie mir mehr oder weniger? Wenn weniger, dann habe ich sie nicht gut strukturiert.

Man darf nicht an das Ergebnis denken, und es wird sich ein Ergebnis einstellen; es wird einen Moment geben, da der Kampf um das Ergebnis völlig bewusst und unvermeidlich sein wird und unsere gesamte geistige Maschinerie beansprucht. Es ist nur eine Frage des Zeitpunkts.

Es ist der Augenblick, in dem unser lebendes, kreatives Material konkret gegenwärtig ist. Zu dem Zeitpunkt kann man seinen Geist benutzen, um die Assoziationen zu strukturieren und die Beziehung zum Publikum zu untersuchen. Dinge, die früher verboten waren, sind jetzt unvermeidlich. Und es gibt natürlich individuelle Variationen. Es gibt die Möglichkeit, dass jemand mit dem Spiel des Geistes beginnt, es später beiseitelässt und noch später wieder darauf zurückkommt. Wenn dies der Weg ist, darf man immer noch nicht an das Ergebnis denken, sondern stattdessen an den Prozess, in dem man das lebende Material erkennt.

Eine weitere Frage, die als »ethisch« angesehen wird. Wenn man das formuliert, was ich gerade zu formulieren versuche, denkt man daran als an etwas sehr Ethisches; aber ich habe an seiner Basis ein völlig objektives und technisches Problem gefunden. Das Prinzip besagt, dass der Schauspieler, um sich zu erfüllen, nicht für sich selbst arbeiten darf. Indem er seine Beziehung zu anderen durchdringt – durch das Studium der Elemente des Kontakts –, wird der Schauspieler entdecken, was in ihm steckt. Er muss sich total hingeben.

Aber da gibt es ein Problem. Der Schauspieler hat zwei Möglichkeiten. Entweder (1) er spielt für das Publikum – was völlig natürlich ist, wenn man an die Funktion des Theaters denkt –, und das führt ihn zu einer Art Flirt; das heißt, er spielt eigentlich für sich selbst, für die Befriedigung, akzeptiert, geliebt, bestätigt zu werden – und das Ergebnis ist Narzissmus; oder (2) er arbeitet unmittelbar für sich selbst. Das heißt, er beobachtet seine Empfindungen, sucht nach dem Reichtum seiner psychischen Zustände – und dies ist der schnellste Weg zu Heuchelei und Hysterie. Warum Heuchelei? Weil alle beobachteten psychischen Zustände nicht mehr gelebt werden, denn die beobachtete Empfindung ist keine Empfindung mehr. Und es gibt immer den starken Drang, große Empfindungen in sich aufzublasen. Nur, Empfindungen hängen nicht von unserem Willen ab. Wir fangen an, Empfindungen in unserem Inneren zu imitieren, und das ist die reinste Heuchelei. Dann sucht der Schauspieler nach etwas Konkretem in seinem Inneren, und das Einfachste ist Hysterie. Er verbirgt sich hinter hysterischen Reaktionen; formlose Improvisationen mit wilden Gesten und Schreien. Auch dies ist Narzissmus. Doch wenn das Schauspielen nicht für Publikum und nicht für einen selbst sein soll, was bleibt da übrig?

Die Antwort ist schwierig. Man fängt damit an, jene Szenen herauszufinden, die dem Schauspieler die Möglichkeit geben, seine Beziehung zu anderen zu erforschen. Er durchdringt die Elemente des Kontakts im Körper. Er forscht konkret nach jenen Erinnerungen und Assoziationen, die die Form des Kontakts entscheidend bestimmt haben. Er muss sich dieser Forschung total hingeben. In diesem Sinne ist das wie authentische, tiefe Liebe. Aber auf die Frage »Liebe zu wem?« gibt es keine Antwort. Nicht zu Gott, der für unsere Generation keine Funktion mehr hat. Und nicht zur Natur, zum Pantheismus, das sind nebulöse Mysterien. Der Mensch braucht immer ein anderes menschliches Wesen, das ihn völlig erfüllen und verstehen kann. Aber das ist wie die Liebe zum Absoluten oder zum Ideal: jemanden zu lieben, der einen versteht, dem man aber nie begegnet ist.

Jemand, den man sucht. Darauf gibt es nicht eine einzige, einfache Antwort. Eines ist klar: Der Schauspieler muss sich hingeben, nicht für sich oder den Zuschauer spielen. Seine Suche muss von seinem Inneren auf die Außenwelt gerichtet sein, darf aber nicht *für* sie stattfinden.

Wenn der Schauspieler beginnt, mit Kontakt zu arbeiten, wenn er beginnt, mit Bezug auf jemanden zu leben – nicht seinen Bühnenpartner, sondern den Partner seiner eigenen Biographie –, wenn er beginnt, die Beziehung dieses Kontakts, dieses Austauschprozesses mit Hilfe einer Untersuchung der Impulse seines Körpers zu durchdringen, dann findet immer eine Wiedergeburt im Schauspieler statt. Danach beginnt er, die anderen Schauspieler als Projektionsflächen für seinen Lebenspartner zu benutzen, er beginnt, Dinge auf die Figuren im Stück zu projizieren. Und dies ist seine zweite Wiedergeburt.

Schließlich entdeckt der Schauspieler das, was ich den »sicheren Partner« nenne, dieses besondere Wesen, vor dem er alles tut, vor dem er mit den anderen Figuren spielt und dem er seine persönlichsten Probleme und Erfahrungen enthüllt. Dieses menschliche Wesen – dieser »sichere Partner« – lässt sich nicht definieren. Aber in dem Augenblick, da der Schauspieler seinen »sicheren Partner« entdeckt, findet die dritte und stärkste Wiedergeburt statt, ein sichtbarer Wechsel im Verhalten des Schauspielers. Während dieser dritten Wiedergeburt findet der Schauspieler Lösungen für die schwierigsten Probleme: wie man kreativ sein kann, während man von anderen kontrolliert wird, wie man kreativ sein kann ohne die kreative Sicherheit, wie man eine Sicherheit findet, die unumgänglich ist, wenn wir *uns selbst* ausdrücken wollen, trotz der Tatsache, dass Theater eine *kollektive* Schöpfung ist, in der wir von vielen Menschen kontrolliert werden und während vorgeschriebener Arbeitszeiten arbeiten müssen.

Man braucht dem Schauspieler keine Definition des »sicheren Partners« zu geben, man braucht nur zu sagen: »Du musst dich absolut hingeben«, und viele Schauspieler verstehen. Jeder

Schauspieler hat seine eigene Chance, diese Entdeckung zu machen, und sie ist für jeden völlig unterschiedlich. Diese dritte Wiedergeburt geschieht weder für einen selbst noch für den Zuschauer. Sie ist höchst paradox. Sie gibt dem Schauspieler seine breiteste Spannweite von Möglichkeiten. Man kann sie sich als etwas Ethisches denken, aber sie ist sicher technisch – trotz der Tatsache, dass sie auch geheimnisvoll ist.

Schechner: Zwei zusammenhängende Fragen: Sie haben mehrere Male Studenten aufgefordert – vor allem während der »exercices plastiques« (auf die ich später eingehen werde) –, »sich selbst zu übertreffen«, »Mut zu haben«, »über sich hinauszugehen«. Und Sie haben auch gesagt, dass man sich darauf beschränken muss, »nicht zu tun«. Erste Frage: Welcher Zusammenhang besteht zwischen sich selbst übertreffen und sich beschränken? Zweite Frage – und ich stelle sie zusammen, weil ich das Gefühl habe, dass sie zusammenhängen, obwohl ich nicht weiß, warum: Mehrere Male, während wir mit Szenen von Shakespeare arbeiteten, sagten Sie: »Spiel nicht den Text, du bist nicht Julia, du hast den Text nicht geschrieben.« Was haben Sie damit gemeint?

Zweifellos hängen Ihre Fragen zusammen, Ihre Impulse sind da sehr präzis. Aber es ist sehr schwer zu erklären. Ich weiß, welche Beziehung zwischen ihnen besteht, aber es fällt mir schwer, sie in logische Begriffe zu fassen. Ich akzeptiere das. An einem gewissen Punkt funktioniert die traditionelle Logik nicht. Es gab einen Abschnitt meiner Laufbahn, wo ich für alles eine logische Erklärung finden wollte. Ich stellte Formeln auf, die abstrakt waren, so dass sie zwei divergente Prozesse umfassen konnten. Doch die abstrakten Formeln waren nicht wirklich; ich machte hübsche Sätze, die den Eindruck erweckten, alles sei logisch. Das war Betrug, und ich beschloss: nie wieder. Wenn ich nicht weiß, warum, dann versuche ich nicht, Formeln zu ersinnen. Doch oft ist das ein Problem verschiedener logischer Systeme. Wir haben im Leben sowohl die formale als auch die paradoxe Logik. Das paradoxe logische System ist unserer Zivilisation fremd, dem orientalischen oder mittelalterlichen Denken jedoch recht vertraut. Es wird mir Schwierigkeiten bereiten, die Beziehung, die Sie in Ihren Fragen gespürt haben, zu erklären, aber ich glaube, ich kann die Konsequenzen dieser Beziehung erklären.

Wenn ich sage: »Geh über dich selbst hinaus«, verlange ich eine unerträgliche Anstrengung. Man wird dazu gezwungen, trotz der Erschöpfung nicht innezuhalten und Dinge zu tun, von denen man wohl weiß, dass man sie nicht tun kann. Das bedeutet, man ist auch gezwungen, mutig zu sein. Wohin führt das? Es gibt gewisse Punkte der Erschöpfung, die die Kontrolle des Geistes brechen, eine Kontrolle, die uns blockiert. Wenn wir den Mut finden, Dinge zu tun, die unmöglich sind, machen wir die Entdeckung, dass uns unser Körper nicht blockiert. Wir tun das Unmögliche, und die Spaltung in uns zwischen Konzept und Fähigkeiten des Körpers verschwindet. Diese Haltung, diese Bestimmtheit ist ein Training dafür, wie man seine eigenen Grenzen überwinden kann. Das sind nicht die Grenzen unseres Wesens, sondern es ist unsere Schmerzgrenze, die wir uns selbst auferlegen, die den kreativen Prozess blockiert, denn Kreativität ist nie bequem. Wenn wir wirklich anfangen, während der »exercices plastiques« mit Assoziationen zu arbeiten, die Körperbewegungen in einen Zyklus persönlicher Impulse umzuwandeln – dann müssen wir in dem Augenblick unsere Bestimmtheit verlängern und dürfen nicht nach dem Einfachen suchen. Wir können »es spielen«, im schlechten Sinne, können eine Bewegung, einen Blick, einen Gedanken kalkulieren. Das ist bloßes Aufblasen.

Was setzt die natürlichen und integralen Möglichkeiten frei? Spielen, Agieren – das heißt Reagieren –, nicht den Prozess lenken, sondern ihn auf persönliche Erfahrungen beziehen und gelenkt werden. Der Prozess muss uns ergreifen. In diesen Augenblicken muss man innerlich passiv, aber äußerlich aktiv sein. Die Formel, sich darauf zu beschränken, »nicht zu tun«, ist ein Stimulus. Aber wenn der Schauspieler sagt: »Jetzt muss ich beschließen, meine Erfahrungen und meine intimen Assoziationen zu finden, ich muss meinen ›sicheren Partner‹ finden«, dann wird er zwar sehr aktiv sein, aber so wie einer, der beichtet und alles schon in schönen Sätzen ausformuliert hat. Er beichtet, aber es bedeutet nichts. Wenn er sich jedoch darauf beschränkte, dieses Schwierige »nicht zu tun«, sich auf wahrhaft persönliche Dinge bezöge und sie veräußerlichte, dann würde er auf eine sehr schwierige Wahrheit stoßen. Diese innere Passivität gibt dem Schauspieler die Chance, ergriffen zu werden. Wenn man zu früh beginnt, die Arbeit zu lenken, dann wird der Prozess blockiert.

Schechner: Deshalb also sagten Sie: »Spiel den Text nicht.« Es war noch nicht an der Zeit.

Ja. Wenn der Schauspieler den Text spielen will, dann tut er das, was ihm am leichtesten fällt. Der Text ist geschrieben worden, er sagt ihn gefühlvoll auf, und er befreit sich damit von der Verpflichtung, selbst etwas zu tun. Doch wenn er, so wie wir es während der letzten Tage des Kurses getan haben, mit einer stillen Partitur arbeitet – wobei er den Text nur in Gedanken spricht –, demaskiert er seinen Mangel an persönlicher Aktion und Reaktion. Dann ist der Schauspieler dazu gezwungen, sich innerhalb seines eigenen Kontexts auf sich selbst zu beziehen und seine eigene Linie der Impulse zu finden. Man kann den Text entweder überhaupt nicht sprechen, oder man kann ihn wie ein Zitat »rezitieren«. Der Schauspieler denkt, er zitiere, aber er findet den Gedankenzyklus, der sich in den Worten offenbart. Es gibt viele Möglichkeiten. In der Mordszene an Desdemona, die wir im Kurs bearbeiteten, fungierte ihr Text als erotisches Liebesspiel. Jene Worte wurden zu »Schauspielerinnen« – es spielte keine Rolle, dass sie sie nicht geschrieben hatte. Das Problem ist immer dasselbe: Schluss mit dem Schwindel, man muss die authentischen Impulse finden. Das Ziel ist, einen Punkt zu finden, wo sich Text und Schauspieler treffen.

Theodore Hoffman: Als die Studenten für sich arbeiteten, haben Sie absolutes Schweigen verlangt. Das war schwer zu erreichen, weil es unserer Tradition widerspricht, wo wir alle »sympathische Kollegen« sind und »mit Liebe« auf unseren Mitschauspieler eingehen. Einige Worte dazu.

Mangel an Takt ist meine Spezialität. In diesem Land habe ich eine gewisse äußerliche Freundlichkeit beobachtet, die Teil Ihrer täglichen Maske ist. Die Leute sind sehr »freundlich«, aber es ist für sie furchtbar schwierig, echten Kontakt einzugehen; im Grunde sind sie sehr einsam. Wenn wir zu leicht fraternisieren, ohne Etikett oder Zeremoniell, ist der natürliche Kontakt unmöglich. Wenn Sie miteinander aufrichtig umgehen, behandelt der andere das als Teil der täglichen Maske.

Ich finde, dass die Leute hier funktionieren und sich verhalten wie Instrumente oder Gegenstände. Zum Beispiel – und das ist mir oft passiert – werde ich von Leuten eingeladen, die nicht meine Freunde sind. Nach ein paar Drinks fangen sie an, hysterisch zu beichten und setzen mich in die Position eines Richters. Das ist eine Rolle, die mir aufgezwungen wird, als wäre ich ein Stuhl, auf den man sich setzt. Ich bin genauso sehr ein Richter wie ein Verbraucher, der in ein Geschäft geht; im Grunde ist das Geschäft nicht für ihn da – sondern er existiert für das Geschäft.

In jedem Land gibt es Verhaltenseigenschaften, die man durchbrechen muss, um kreativ sein zu können. Kreativität heißt nicht, unsere täglichen Masken zu benutzen, sondern vielmehr, außergewöhnliche Situationen zu schaffen, in denen unsere Alltagsmasken nicht funktionieren. Nehmen Sie den Schauspieler. Er arbeitet vor anderen, er muss seine persönlichsten Motive beichten, er muss Dinge ausdrücken, die er bisher immer versteckt hat. Er muss dies bewusst tun, auf strukturierte Art und Weise, denn eine unartikulierte Beichte ist überhaupt keine Beichte. Was ihn am meisten blockiert, sind seine Mitschauspieler und der Regisseur. Wenn er den Reaktionen der anderen zuhört, wird er sich verschließen. Er fragt sich, ob seine Beichte komisch ist. Er denkt, er könnte zum Gegenstand von Gesprächen hinter seinem Rücken werden, und er kann sich nicht offenbaren. Jeder Schauspieler, der privat über die intimen Assoziationen eines anderen Schauspielers spricht, weiß, dass auch er zum Gegenstand der Scherze eines anderen werden wird, wenn er seine eigenen persönlichen Motive ausdrückt: So muss man den Schauspielern und dem Regisseur eine strenge Verpflichtung zur Diskretion auferlegen. Das ist kein ethisches Problem, sondern eine professionelle Notwendigkeit – wie diejenige, die wir Ärzten und Anwälten auferlegen.

Das Schweigen ist etwas anderes. Der Schauspieler wird immer von »Publikotropismus« in Versuchung geführt. Dies blockiert die tiefen Prozesse und Ergebnisse durch den Flirt, von dem ich zuvor sprach. Ein Schauspieler tut zum Beispiel etwas, das man im positiven Sinne komisch nennen kann; seine Kollegen lachen. Dann fängt er an, es aufzublasen, um sie noch mehr zum Lachen zu reizen. Und was zuerst natürliche Reaktion war, wird künstlich.

Es gibt auch das Problem der kreativen Passivität. Es ist schwierig auszudrücken, aber der Schauspieler muss damit anfangen, gar nichts zu tun. Schweigen. Völliges Schweigen. Das schließt seine Gedanken ein. Äußeres Schweigen arbeitet als ein Stimulus.

Wenn absolutes Schweigen herrscht und der Schauspieler eine Zeitlang überhaupt nichts tut, beginnt dieses innere Schweigen, und es richtet sein ganzes Wesen auf seine Ursprünge zurück.

Schechner: Ich würde jetzt gern zu einem benachbarten Gebiet überwechseln. Ein großer Teil der Arbeit im Kurs, und wie ich gehört habe, auch in Ihrer Truppe, befasst sich mit den »exercices plastiques«. Ich möchte diesen Begriff nicht übersetzen, weil die Arbeit nicht das Gleiche ist, was wir im Englischen unter »body movement« (Körperbewegung) verstehen. Ihre Übungen sind psycho-physisch, die Assoziationen des Körpers sind auch die Assoziationen der Gefühle. Wie haben Sie diese Übungen entwickelt, und wie funktionieren sie beim Training und in der Inszenierung?

Alle Bewegungsübungen hatten zu Beginn eine völlig andere Funktion. Ihre Entwicklung ist das Ergebnis von vielen Experimenten. Wir fingen zum Beispiel damit an, Yoga zu machen, das auf totale Konzentration gerichtet war. Stimmt es, fragten wir, dass Yoga dem Schauspieler die Kraft zur Konzentration geben kann? Wir beobachteten, dass entgegen all unseren Hoffnungen das Gegenteil eintrat. Es gab eine gewisse Konzentration, aber sie war introvertiert. Diese Konzentration zerstört jeglichen Ausdruck; es war ein innerlicher Schlaf, ein ausdrucksloses Gleichgewicht: eine große Ruhe, die alle Aktionen beendete. Das hätte uns klar sein müssen, denn das Ziel von Yoga ist es, drei Prozesse anzuhalten: Denken, Atmen und Ejakulieren. Das heißt, dass alle *Lebens*-Prozesse unterbrochen werden und man Fülle und Erfüllung im bewussten Tod findet, eine Autonomie, eingeschlossen im eigenen Kern. Ich attackiere das nicht, aber es ist nichts für den Schauspieler.

Wir beobachteten aber auch, dass bestimmte Yogapositionen den natürlichen Reaktionen der Wirbelsäule sehr halfen; sie führen zu einer Sicherheit des eigenen Körpers, einer natürlichen Anpassung an den Raum. Warum sollten wir sie also aufgeben? Wir veränderten einfach ihre ganze Tendenz. Wir begannen zu forschen, nach verschiedenen Typen des Kontakts in diesen Übungen zu suchen. Wie ließen sich die körperlichen Elemente in Elemente des menschlichen Kontakts umwandeln? Indem man mit seinem Partner spielt. Ein lebendiger Dialog mit dem Körper, mit dem Partner, den wir in unserer Vorstellung heraufbeschworen haben, oder vielleicht ein Dialog zwischen den Teilen des Körpers, wo die Hand zum Bein spricht, ohne diesen Dialog in Worte oder Gedanken zu fassen. Diese beinahe paradoxen Positionen überschreiten die Grenzen des Naturalismus.

Wir begannen auch, mit dem Delsarte-System zu arbeiten. Ich interessierte mich sehr für Delsartes These, dass es introvertierte und extrovertierte Reaktionen im menschlichen Kontakt gebe. Gleichzeitig fand ich seine These sehr stereotyp; als Schauspielertraining war sie wirklich sehr komisch, aber sie hatte etwas für sich, also studierte ich sie. Wir durchforschten Delsartes Programm nach nichtstereotypen Elementen. Danach mussten wir neue, eigene Elemente finden, um das Ziel unseres Programms zu verwirklichen. Dann wurde es sehr nützlich, die Funktion des Lehrers auf den Schüler zu übertragen. Die Körperübungen wurden von den Schauspielern stark weiterentwickelt. Ich stellte lediglich die Fragen, die Schauspieler forschten. Eine Frage folgte aus der anderen. Einige der Übungen wurden von einer Schauspielerin festgelegt, die große Schwierigkeiten damit hatte. Aus diesem Grunde machte ich sie zur Lehrerin. Sie war ehrgeizig, und nun ist sie eine große Meisterin in diesen Übungen – aber wir forschten gemeinsam.

Später fanden wir heraus, dass sich eine emotive Heuchelei, schöne Gesten mit den Empfindungen eines Elfenreigens entwickeln, wenn man die Übungen als reines Körpertraining behandelt. Also gaben wir das auf und suchten nach einer persönlichen Rechtfertigung bis in kleine Details: indem wir mit den Kollegen spielten, wie man kämpft, wie man unfreundliche Gesten macht, wie man sich selbst parodiert und so weiter, mit einem Gefühl der Überraschung, des Unerwarteten – wirkliche, unerwartete Rechtfertigungen. In dem Augenblick erwachten die Übungen zum Leben.

Mit diesen Übungen suchten wir nach einer Verknüpfung zwischen der Struktur eines Elements und den Assoziationen, die es der spezifischen Art jedes einzelnen Schauspielers anverwandelten. Wie kann man die objektiven Elemente beibehalten und sie trotzdem in Richtung auf eine rein subjektive Arbeit überschreiten? Das ist der Kern des Trainings.

Es gibt verschiedene Arten von Übungen. Das Programm ist immer offen. Wenn wir an einer Produktion arbeiten, benutzen wir die Übungen nicht im Stück. Wenn wir das täten, würde es stereotyp. Aber für bestimmte Stücke, bestimmte Szenen kann es sein, dass wir spezielle Übungen entwickeln müssen. Manchmal bleibt etwas davon für das Grundprogramm zurück.

Es hat Perioden – bis zu acht Monaten – gegeben, in denen wir überhaupt keine Übungen gemacht haben. Wir fanden heraus, dass wir die Übungen um ihrer selbst willen machten, und gaben sie auf. Die Schauspieler näherten sich der Perfektion, sie brachten unmögliche Dinge zustande. Wie der Tiger, der seinen eigenen Schwanz auffrisst. Zu dem Zeitpunkt brachen wir die Übungen für acht Monate ab. Als wir sie wiederaufnahmen, waren sie ganz anders. Der Körper entwickelte neue Widerstände, die Menschen waren die gleichen, aber sie hatten sich verändert. Und die wiederaufgenommenen Übungen waren viel stärker von der einzelnen Persönlichkeit geprägt.

Aufstellung der Grundprinzipien

Jerzy Grotowski schrieb diesen Text für den internen Gebrauch des Theaterlaboratoriums, insbesondere für die Schauspieler, die vor der Aufnahme in die Truppe eine Probezeit durchlaufen, während der sie mit den Grundprinzipien vertraut gemacht werden, welche die Arbeit bestimmen.

I

Der Lebensrhythmus in der modernen Zivilisation ist charakterisiert durch Tempo, Spannung, ein Gefühl des Unheils, durch den Wunsch, unsere persönlichen Motive zu verbergen, durch das Annehmen einer Reihe von Rollen und Masken im Leben (jeweils unterschiedliche in unserer Familie, bei der Arbeit, unter Freunden oder im geselligen Leben usw.). Wir sind gern »wissenschaftlich«, womit wir diskursiv und intellektuell meinen, da diese Haltung vom Lauf der Zivilisation diktiert wird. Aber wir wollen auch unserem biologischen Ich Tribut zollen, wir könnten das als »physiologische Genüsse« bezeichnen. Wir wollen in dieser Sphäre nicht eingeschränkt sein. Deshalb spielen wir ein Doppelspiel aus Intellekt und Instinkt, Denken und Fühlen; wir versuchen, uns selbst künstlich in Körper und Seele aufzuspalten. Wenn wir uns von all dem befreien wollen, fangen wir an zu schreien und zu stampfen, winden uns konvulsivisch zum Rhythmus von Musik. In unserer Suche nach Befreiung geraten wir ins biologische Chaos. Am meisten leiden wir unter einem Mangel an Totalität, während wir uns wegwerfen und vergeuden.

Theater – durch die Technik des Schauspielers, seine Kunst, in der der lebende Organismus nach höheren Zielen strebt – liefert eine Gelegenheit für etwas, das man Integration nennen könnte, das Ablegen von Masken, das Offenbaren der wirklichen Substanz: eine Totalität der physischen und geistigen Reaktionen. Diese Gelegenheit muss in disziplinierter Weise behandelt werden, mit vollem Bewusstsein der Verantwortung, die sie mit sich bringt. Hier können wir ihre therapeutische Funktion für die Menschen unserer gegenwärtigen Zivilisation sehen. Zwar vollzieht der Schauspieler diesen Akt, aber er kann das nur durch eine Begegnung mit dem Zuschauer – intim, sichtbar, nicht von einem Kameramann verdeckt, einer Garderobenfrau, einem Bühnenbildner oder einer Maskenbildnerin –, in direkter Konfrontation mit ihm und irgendwie »an seiner Stelle«. Der Akt des Schauspielens – Halbheiten entlarven, sich offenbaren, sich öffnen, aus sich heraustreten im Gegensatz zum In-sich-Verschließen – ist eine Aufforderung an den Zuschauer. Dieser Akt könnte mit einem Akt der zutiefst verwurzelten, echten Liebe zwischen zwei menschlichen Wesen verglichen werden – dies ist bloß ein Vergleich, da wir uns nur mit Hilfe von Analogien auf dieses »Aus-sich-Heraustreten« beziehen können. Diesen Akt, paradox und grenzgängerisch, nennen wir einen totalen Akt. Unserer Ansicht nach umfasst er die tiefste Berufung des Schauspielers.

II

Warum opfern wir unserer Kunst so viel Energie? Nicht, um anderen etwas beizubringen, sondern um gemeinsam mit ihnen zu lernen, was unsere Existenz, unser Organismus, unsere persönliche und unwiederholbare Erfahrung uns geben können:

um zu lernen, die Schranken, die uns umgeben, zu durchbrechen und um uns zu befreien von den Hemmnissen, die uns zurückhalten, von den Lügen über uns selbst, die wir uns und den andern gegenüber täglich fabrizieren; um die Grenzen aufzuheben, die durch unser Unwissen und unseren Mangel an Mut entstanden sind; kurz, um die Leere in uns zu füllen: um uns selbst zu erfüllen. Kunst ist weder ein Seelenzustand (im Sinne eines außergewöhnlichen, unvorhersehbaren Augenblicks der Inspiration) noch ein Menschheitszustand (im Sinne eines Berufs oder einer sozialen Funktion). Kunst ist ein Reifeprozess, eine Evolution, eine Erhöhung, die uns befähigt, aus der Dunkelheit in gleißendes Licht aufzusteigen.

Wir kämpfen also, um die Wahrheit über uns selbst zu entdecken, zu erfahren; um die Masken, hinter denen wir uns täglich verstecken, herunterzureißen. Wir betrachten das Theater – vor allem in seinem berührbaren, fleischlichen Aspekt – als einen Ort der Provokation, eine Herausforderung, die der Schauspieler an sich selbst und indirekt auch an andere stellt. Theater hat nur dann einen Sinn, wenn es uns erlaubt, unsere stereotype Sicht der Dinge, unsere konventionellen Gefühle und Gebräuche, unsere Beurteilungsmaßstäbe zu überschreiten – nicht um der Überschreitung selbst willen, sondern damit wir erfahren können, was wirklich ist, und damit wir nach dem Verzicht auf alle alltäglichen Ausflüchte und Vorwände uns selbst in einem Zustand völliger Wehrlosigkeit enthüllen, hingeben, entdecken können. Auf diese Weise – durch Schock, durch den Schauer, der uns zum Fallenlassen unserer täglichen Masken und Manierismen bringt – sind wir dazu fähig, uns rückhaltlos etwas anzuvertrauen, das wir nicht benennen können, in dem aber Erotisches und Karitatives leben.

III

Kunst kann nicht durch die Gesetze der gängigen Moral oder durch irgendeinen Katechismus gebunden werden. Der Schauspieler ist, zumindest teilweise, Schöpfer, Modell und Schöpfung in einem. Er darf nicht ohne Scham sein, da dies zu Exhibitionismus führt. Er muss Mut haben, aber nicht bloß den Mut, sich selbst auszustellen – einen passiven Mut, könnte man sagen: den Mut der Wehrlosen, den Mut, sich selbst zu offenbaren. Weder das, was die innere Sphäre berührt, noch das tiefgehende Bloßlegen des Ich sollte als schlecht betrachtet werden, solange im Vorbereitungsprozess oder in der vollendeten Arbeit dadurch ein kreativer Akt hervorgebracht wird. Wenn beides nicht leichtfällt und wenn es nicht Zeichen eines Ausbruchs, sondern der Meisterschaft ist, dann ist es kreativ: es offenbart und reinigt uns, *während wir über uns selbst hinausgehen.* Es bringt uns dann tatsächlich voran.

Aus diesen Gründen sollte jeder Aspekt der Arbeit eines Schauspielers, der mit intimen Angelegenheiten zu tun hat, vor beiläufigen Bemerkungen, Indiskretionen, Nonchalance, eitlen Kommentaren und Scherzen geschützt werden. Der persönliche Bereich – sowohl geistig als auch körperlich – darf nicht »überschwemmt« werden durch Trivialität, den Schmutz des Lebens und die Taktlosigkeit sich selbst und anderen gegenüber; jedenfalls nicht bei der Arbeit oder irgendwo im Zusammenhang mit der Arbeit. Dieses Postulat klingt wie eine abstrakte Moralvorschrift. Das ist es nicht. Es betrifft die eigentliche Essenz der Berufung des Schauspielers. Diese Berufung verwirklicht sich durch Fleischlichkeit. Der Schauspieler darf einen »Akt der Seele« nicht *illustrieren,* er muss ihn mit den Mitteln seines Organismus *vollziehen.* So steht er vor einer extremen Alternative: Er kann sein wirkliches »inkarniertes« Ich entweder verkaufen und entehren, womit er sich selbst zu einem Objekt künstlerischer Prostitution macht; oder er kann sich selbst hingeben, sein wirkliches »inkarniertes« Ich heilig werden lassen.

IV

Ein Schauspieler kann nur von jemandem gelenkt und inspiriert werden, der mit ganzem Herzen bei seiner kreativen Aktivität ist. Der Regisseur muss, während er den Schauspieler lenkt und inspiriert, gleichzeitig zulassen, dass er selbst von ihm gelenkt und inspiriert wird. Das ist eine Frage der Freiheit, der Partnerschaft, und dies impliziert nicht einen Mangel an Disziplin, sondern Respekt vor der Autonomie der anderen. Respekt vor der Autonomie des Schauspielers bedeutet nicht Regellosigkeit, Mangel an Anforderungen, endlose Diskussionen und das Ersetzen von Aktionen durch andauernde Wortkaskaden. Im Gegenteil, Respekt vor Autonomie bedeutet enorme Anforderungen, die Erwartung einer maximalen kreativen Anstrengung und die äußerste persönliche Offenbarung. So verstanden, kann die Sorge um die Freiheit des Schauspielers nur aus der Fülle, nicht aus Mangel von Seiten des Anleitenden entstehen. Ein solcher Mangel bedeutet Zwang, Diktatur, oberflächliche Dressur.

V

Ein kreativer Akt hat nichts mit äußerlichem Komfort einerseits oder konventioneller menschlicher Gefälligkeit andererseits zu tun; das heißt mit Arbeitsbedingungen, unter denen jeder glücklich ist. Er erfordert ein Maximum an Schweigen und ein Minimum an Worten. In dieser Kreativität diskutieren wir mittels

Vorschlägen, Aktionen und lebenden Organismen, nicht mittels Erläuterungen. Wenn wir schließlich einer Sache auf der Spur sind, die schwierig und oft fast ungreifbar ist, haben wir kein Recht, sie durch Leichtsinnigkeit und Achtlosigkeit zu verlieren. Deshalb müssen wir, selbst während der Pausen, nach denen wir im kreativen Prozess weiterarbeiten, eine gewisse natürliche Zurückhaltung in unserem Verhalten und unseren privaten Angelegenheiten beachten. Dies gilt ebenso sehr für unsere eigene Arbeit wie für die unserer Partner. Wir dürfen die Arbeit nicht unterbrechen und durcheinanderbringen, nur weil wir zu unseren eigenen Angelegenheiten eilen; wir dürfen privat kein Sterbenswörtchen darüber verlieren, nicht kommentieren oder darüber scherzen. In jedem Fall haben private Vorstellungen von Vergnügen keinen Platz in der Berufung eines Schauspielers. Bei unserer Annäherung an kreative Aufgaben müssen wir, selbst wenn das Thema ein Spiel ist, in einem Zustand der Bereitschaft sein – man könnte fast sagen, des »feierlichen Ernstes«. Unsere Arbeitsterminologie, die uns als Stimulus dient, darf nicht von der Arbeit losgelöst und in privatem Kontext missbraucht werden. Eine Arbeitsterminologie sollte nur mit dem assoziiert werden, wozu sie da ist.

Ein kreativer Akt dieser Qualität wird innerhalb einer Gruppe vollzogen, und deshalb sollten wir innerhalb gewisser Grenzen unseren kreativen Egoismus einschränken. Ein Schauspieler hat nicht das Recht, seinen Partner so zu formen, dass er größere Möglichkeiten für seine eigene Darstellung erhält. Genauso wenig hat er das Recht, seinen Partner zu korrigieren, es sei denn, der Arbeitsleiter erlaubt ihm das. Intime und drastische Elemente in der Arbeit anderer sind unantastbar und sollten auch in ihrer Abwesenheit nicht kommentiert werden. Private Konflikte, Streitigkeiten, Gefühle, Feindseligkeiten sind in jeder menschlichen Gruppe unvermeidlich. Es ist unsere Pflicht der Kreativität gegenüber, all dies insoweit unter Kontrolle zu behalten, als es den Arbeitsprozess deformieren oder zerstören könnte. Wir müssen uns auch einem Feind gegenüber öffnen.

VI

Es ist schon mehrere Male erwähnt worden, aber die Tatsache kann nicht oft genug unterstrichen und erklärt werden, dass wir niemals irgendetwas, das mit dem kreativen Akt zusammenhängt, privat ausnutzen dürfen, zum Beispiel Ort, Kostüm, Requisiten, ein Element aus dem Spielplan, ein Melodie-Thema oder Zeilen aus dem Text. Diese Regel gilt für das geringste Detail, und es kann keine Ausnahmen geben. Wir haben diese Regel nicht eingeführt, um einer besonderen künstlerischen Hingabe Tribut zu zollen. Uns interessieren weder Grandeur noch große Worte, aber unser Bewusstsein und unsere Erfahrung lehren uns, dass die geringste Undiszipliniertheit diesen Regeln gegenüber dazu führt, dass das Spiel des Schauspielers seine psychischen Motive und seine »Ausstrahlung« verliert.

VII

Ordnung und Harmonie in der Arbeit jedes Schauspielers sind wesentliche Bedingungen, ohne die ein kreativer Akt nicht stattfinden kann. Hier verlangen wir Beständigkeit. Wir fordern sie von den Schauspielern, die bewusst zum Theater kommen, um sich einer extremen Situation auszusetzen, einer Art Herausforderung, die eine totale Antwort von jedem von uns verlangt. Sie kommen, um sich in etwas ganz Bestimmtem zu testen, das über »Theater« in allgemeiner Bedeutung hinausreicht und mehr ein

Akt des Lebens und eine Art der Existenz ist. Diese Andeutungen erscheinen vermutlich sehr vage. Wenn wir versuchen, es theoretisch zu erklären, könnten wir sagen, dass Theater und Spielen eine Art Vehikel sind, das uns erlaubt, aus uns herauszutreten, uns selbst zu erfüllen. Wir könnten sehr lange darauf eingehen. Aber jeder, der hier länger als nur für die Probezeit bleibt, ist sich vollständig bewusst, dass das, wovon hier die Rede ist, weniger mit grandiosen Worten umrissen werden kann als mit Details, Forderungen und der Härte der Arbeit in all ihren Elementen. Der Einzelne, der die grundlegenden Elemente missachtet, zum Beispiel die Partitur der anderen oder die eigene nicht respektiert, der den Aufbau der Partitur durch faulen Zauber oder automatische Reproduktion zerstört, ist derjenige, der die undefinierbaren höheren Ziele unserer gemeinsamen Tätigkeit ins Wanken bringt. Scheinbar kleine Details bilden den Hintergrund, vor dem fundamentale Fragen entschieden werden, wie zum Beispiel die Pflicht, Elemente zu notieren, die während der Arbeit entdeckt wurden. Wie dürfen uns nicht auf unser Gedächtnis verlassen, es sei denn, wir fühlen, dass die Spontaneität unserer Arbeit bedroht wird, und selbst dann müssen wir teilweise Aufzeichnungen führen. Dies ist eine ebenso grundlegende Regel wie strikte Pünktlichkeit, präzises Auswendiglernen des Textes usw. Jede Art Betrug bei der Arbeit ist vollkommen unzulässig. Es kommt jedoch manchmal vor, dass ein Schauspieler eine Szene kurz durchgehen muss, sie nur andeutet, um ihren Aufbau und die Elemente der Aktionen seines Partners zu überprüfen. Doch selbst dann muss er die Aktionen sorgfältig verfolgen, sich selbst an ihnen messen, um ihre Motive zu begreifen. Dies ist der Unterschied zwischen Betrug und angedeutetem Spiel.

Ein Schauspieler muss immer bereit sein, sich dem kreativen Akt anzuschließen, exakt in dem Augenblick, den die Gruppe bestimmt. In dieser Hinsicht hören seine Gesundheit, seine körperliche Verfassung und all seine Privatangelegenheiten auf, nur ihn allein zu betreffen. Ein kreativer Akt solcher Qualität blüht nur, wenn er vom lebenden Organismus gespeist wird. Deshalb sind wir dazu verpflichtet, unseren Körper täglich zu pflegen, damit wir für unsere Aufgaben immer bereit sind. Wir dürfen nicht zugunsten privater Vergnügungen zu wenig schlafen und dann müde oder mit einem Kater zur Arbeit kommen. Wir dürfen nicht konzentrationsunfähig zur Arbeit kommen. Die Regel ist hier nicht nur die obligatorische Anwesenheit am Arbeitsplatz, sondern auch die körperliche Bereitschaft zur Kreativität.

VIII

Kreativität, vor allem, wenn es ums Spielen geht, ist unbegrenzte, aber disziplinierte Aufrichtigkeit, das heißt durch Zeichen artikulierte. Wer kreativ ist, sollte sein Material in dieser Hinsicht deshalb nicht als Hindernis empfinden. Und da das Material des Schauspielers sein eigener Körper ist, sollte er trainiert werden, zu gehorchen, geschmeidig zu sein, passiv auf psychische Impulse zu reagieren, als ob er im kreativen Moment nicht existierte – womit gemeint ist, dass er keine Widerstände bieten soll. Spontaneität und Disziplin sind die grundlegenden Aspekte der Arbeit eines Schauspielers, und sie erfordern eine methodische Aufschlüsselung.

Bevor jemand beschließt, etwas zu tun, muss er zunächst einen Orientierungspunkt erarbeiten und dann in kohärenter Weise entsprechend handeln. Dieser Orientierungspunkt sollte für ihn ganz evident sein, das Ergebnis persönlicher Überzeugungen, einschneidender Beobachtungen und Erfahrungen im Leben. Die Grundfesten dieser Methode bilden für unsere Truppe diesen Orientierungspunkt. Unser Institut ist darauf eingestellt, die Konsequenzen dieses Orientierungspunktes zu untersuchen. Deshalb kann niemand, der kommt und hierbleibt, behaupten, er habe ein nur mangelhaftes Wissen über das methodische Programm der Truppe. Jeder, der herkommt, hier arbeitet und dann auf Distanz gehen will (was das kreative Bewusstsein betrifft), zeigt die falsche Art Sorge um seine Individualität. Die etymologische Bedeutung von »Individualität« ist »Unteilbarkeit«, das bedeutet, vollkommen *in* etwas zu existieren: Individualität ist das genaue Gegenteil von Halbherzigkeit. Deshalb behaupten wir weiterhin, dass, wer herkommt und hierbleibt, in unserer Methode etwas entdeckt, das zutiefst mit ihm verbunden ist, vorbereitet durch sein Leben und seine Erfahrungen. Da jeder Teilnehmer dies bewusst akzeptiert, nehmen wir an, dass er sich auch dazu verpflichtet fühlt, kreativ zu trainieren und zu versuchen, seine eigene, von ihm untrennbare Variation zu bilden, seine eigene Neuorientierung, die für Risiken und Forschung offen ist. Denn was wir hier »die Methode« nennen, ist das genaue Gegenteil jeder Art von Vorschriftenkatalog.

IX

Der wichtigste Punkt ist also, dass ein Schauspieler nicht versuchen sollte, irgendeine Art Rezept zu erhalten oder eine »Trickkiste« zusammenzustellen. Dies ist kein Ort, wo man alle möglichen Ausdrucksmittel sammeln kann. Die Schwerkraft in unserer Arbeit treibt den Schauspieler auf eine innere Reife zu, die sich durch den Willen ausdrückt, Schranken zu durchbrechen, einem »Höhepunkt« zuzustreben, Totalität zu erlangen.

Die erste Pflicht des Schauspielers ist es, die Tatsache zu begreifen, dass ihm hier niemand etwas *geben* will; stattdessen haben wir vor, ihm eine Menge *abzunehmen*, ihm das wegzunehmen, woran er für gewöhnlich sehr hängt: seine Widerstände, Beschränkungen, seine Neigung, sich hinter Masken zu verbergen, seine Halbherzigkeit, die Hindernisse, die sein Körper dem kreativen Akt in den Weg stellt, seine Gewohnheiten und sogar seine normalen »guten Manieren«.

X

Bevor ein Schauspieler imstande ist, einen totalen Akt zu vollziehen, muss er eine Anzahl Forderungen erfüllen, von denen einige so subtil, so ungreifbar sind, dass sie durch Worte praktisch nicht ausgedrückt werden können. Sie werden nur durch praktische Anwendung klar. Es ist jedoch einfacher, die Bedingungen zu bestimmen, unter denen ein totaler Akt nicht vollzogen werden kann und welche der Aktionen des Schauspielers ihn unmöglich machen.

Dieser Akt kann nicht existieren, wenn es dem Schauspieler mehr darauf ankommt, zu bezaubern, persönlichen Erfolg, Applaus und Gage zu erhalten, als auf die Kreation in ihrer höchsten Form. Sie kann nicht existieren, wenn der Schauspieler sie entsprechend der Größe seiner Rolle, seinem Platz in der Aufführung, dem Tag oder der Art des Publikums gestaltet. Es kann keinen totalen Akt geben, wenn der Schauspieler, selbst außerhalb des Theaters, seine kreativen Impulse verschwendet und, wie wir zuvor sagten, sie besudelt, blockiert, zum Teil durch zufällige Engagements zweifelhafter Art, zum Teil durch den bewussten Gebrauch des kreativen Akts als ein Mittel, seine Karriere voranzubringen.

Nachwort

Jerzy Grotowski hat nicht nur das internationale Theater und Generationen von Schauspielern nachhaltig beeinflusst. Er hat auch das Leben derer verändert, die ihn näher kennenlernten, mit ihm arbeiten durften oder zu seinem Freundeskreis zählten. Er starb am 14. Januar 1999 in Pontedera (Italien), wo er über 13 Jahre ein zweites Theaterlaboratorium – das »Workcenter« – geleitet hatte.

Am 11. August 1933 im ostpolnischen Rzeszów geboren, wird seine Kindheit durch die Erfahrungen des Zweiten Weltkrieges bestimmt. Das Auseinanderbrechen und die Flucht der Familie – der Vater kämpft als Offizier in der Untergrundarmee und kann später nie nach Polen zurückkehren – lassen ihn früh nach dem »Wesentlichen im Leben« suchen. Seine Mutter lehrt ihn eine universelle Sichtweise des Menschen; ihre große Toleranz, ihr Glaube an die Gemeinschaft aller Religionen und alter Traditionen prägen ihn. In seiner beruflichen Tätigkeit forscht er fortan nach dem, was den religiösen, kulturellen und menschlichen Unterschieden und Spezialisierungen vorausgeht.

Nach seiner Schauspiel- und Regieausbildung in Krakau und Moskau arbeitet er als Regisseur am Stary Teatr. Im März 1959 hat mit *Onkel Wanja* seine letzte Krakauer Inszenierung Premiere. Im Sommer gründet er zusammen mit Ludwik Flaszen (1930–2020) das »Theater der 13 Reihen« in Opole, das zu einem »Ort der Begegnung« wird. Aber all ihre Aktivitäten passen nicht in die Schemata der Kulturpolitik. Die Behörden drohen mit der Schließung des Hauses. Mit dem Umzug nach Breslau (1965) kommt der internationale Erfolg, der Grotowskis »Theater-Laboratorium« vor der Willkür der Machthaber schützt.

Von Anfang an arbeitet Grotowski zweigleisig. Der offizielle Part wurde in unvergesslichen Inszenierungen vorgestellt. – Die letzte Premiere liegt mehr als ein halbes Jahrhundert zurück, aber man spricht auch heute noch von *Akropolis* (1962, 5. Version 1967), *Dr. Faustus* (1963), *Der standhafte Prinz* (1965, 3. Version 1968) oder *Apocalypsis cum figuris* (1968, 3. Version 1973), die bis 1980 gespielt wurde. – Das mischte und überkreuzte sich mit den »persönlichen Techniken«, die nicht an die Öffentlichkeit gelangten. Sie wurden in jahrzehntelanger geschlossener Werkstattarbeit erforscht. Sie dienen nicht der Kommunikation; hier arbeitet jeder an sich selbst. Die Aufführungen thematisierten diese persönliche Suche allenfalls, sie demonstrierten sie nicht.

Der »kreative Prozess«

Grotowskis Arbeitsmethoden für ein »Armes Theater« (arm an Ausstattung und Dekor, befreit von allem Unwesentlichen, reich an Ausdrucksmöglichkeiten und Geistesgegenwart der Akteure) begründeten seinen Ruf als einer der größten Theaterreformer des 20. Jahrhunderts, wurden aber auch als Erfolgsrezept gehandelt, vermarktet und missverstanden. Das gleichnamige Buch (1968 erschienen, inzwischen selbst auf persisch und chinesisch erhältlich) kursierte als Bestseller, mancherorts auch als geheime Bibel. Es lehrt keine »Methode«, vielmehr stellt es die entscheidenden Fragen und fordert dazu heraus, die eigene Arbeitsweise zu testen und individuelle Antworten zu suchen. Grotowskis Schauspieler brechen ein System von Tabus, von akzeptierten Werten und eingeübten Konventionen auf, ohne an deren Stelle metaphysische Lösungen anzubieten. Sie verzichten auf gesellschaftliche Uniformierung und überwinden die üblichen Verteidigungsmechanismen und Rollenspiele. So handeln sie nicht länger im Namen der ihnen bekannten, zur Maske präparierten Persönlichkeit. Vielmehr öffnen sie sich ihrem inneren Wesenskern in einem fortwährenden »kreativen Prozess«.

Um sich diesem Zustand vollkommener Aufmerksamkeit anzunähern, gibt es in alten Traditionen und Kulturen unterschiedlichste Praktiken. Grotowskis vierzigjährige Theaterarbeit orientiert sich an Überlieferungen aus dem alten Ägypten, aus dem Land Israel, Griechenland und dem alten Syrien, der Wiege des Abendlandes. Wer persönliche Techniken erforscht, kann seine kulturelle Identität nicht verleugnen oder abstreifen, betont er. Er setzt sich mit anderen Kulturen auseinander, um die eigene besser zu verstehen. Dabei war Indien ein wesentlicher Bezugspunkt Grotowskis, und seine Forschungsarbeiten im Randgebiet des Theaters lassen sich mit einer Art Yoga in Zusammenhang bringen. Er leitet seine Schauspieler an, sich ein Wissen allein über das Tun zu erobern und nicht über Theorien und Ideen. Wer konsequent durchhält, kann etwas Unbekanntes entdecken. Es stellt keine religiöse oder mystische Kraft dar; es ist das Erkennen seiner selbst.

Der Mensch in seiner Intimität ist für Grotowski der letzte unserer »Tempel«. In der »physischen Aktion« will er die Essenz des menschlichen Wesens freilegen und so die Wahrheit über den Menschen enthüllen. Es erfordert ein aktives Durchbrechen innerer Barrieren. Der Schauspieler sucht nicht die Wahrheit der Figur, der Rolle oder der Geschichte, sondern entwickelt sie Situation für Situation, Aktion für Aktion, Wort für Wort. Er muss seine innersten Wahrheiten ans Licht bringen, um glaubwürdig zu sein. Indem er verdrängte Inhalte aus dem Unbewussten hervorholt und ins Bewusstsein überführt, baut er ihren dominierenden Einfluss ab. Diese Schlüsselmomente, persönlichen Erinnerungen und Assoziationen werden zentraler Bestandteil der »physischen Aktion«.

Der »totale Akt«

Beim Erarbeiten der Spielpartitur legt der Schauspieler alles Einstudierte ab – Rezepte, Diktate, Vorgetäuschtes, alles, was nicht zum eigenen Wesen gehört. Er wächst über sich als Einzelperson hinaus. Introversion ersetzt er durch allumfassenden Kontakt, der die gesamte Biosphäre einschließt. Jede »physische Aktion« ist eine psychophysische Reaktion; ihr geht eine innere Bewegung voraus, die Absicht, etwas zu tun. Sie hat einen konkreten Anlass, eine individuelle Bedeutung, ein »Warum«, »Für wen«, »Gegen wen«. Dieser innere Impuls existiert nicht ohne einen Partner, ohne den Kontakt zu anderen oder zu etwas – einem Objekt, einem Geräusch, einer Erinnerung. Die Partner wechseln ständig und mit ihnen die Richtung und der Rhythmus. Das Ego fungiert nicht länger als Zentrum der Welt. Zeitweilig löst es sich auf in einfaches Sosein oder Ich-Gewahrsein. Dieses gefährliche Abenteuer, »seinen Menschen« zu befreien und ihn zu akzeptieren, so wie er ist, ohne die dunklen Seiten auszuschließen, ist für Grotowski der Weg zur Totalität und zum »vollkommenen Menschen«, ein Ausdruck, der sich genauso im orientalischen Denken und in der christlichen Mystik findet wie in der analytischen Psychologie. Auch auf diesen Gebieten gilt Grotowski anerkanntermaßen als Fachmann.

Im »Theater-Laboratorium« wird der schöpferische Akt zur Entblößung und Entwaffnung, zum Bekenntnis oder Appell. Er kann den Handelnden in einen begnadeten Zustand seelischer Nacktheit führen, die für Grotowski einen geheiligten Aspekt des Lebens besitzt. Er hat den Zustand der Teilung und der allgegenwärtigen Dualität überschritten. Der Kopf steuert das Geschehen nicht; der Körper ist nicht länger die Marionette, die Befehle ausführt. Die beiden gegensätzlichen Pole im Menschen, die instinktiv-tierischen und die bewusst-geistigen Qualitäten, bedingen einander wechselseitig für ihre höchste Entfaltung, in der sie sich vereinen. Diese Selbstoffenbarung lässt sich nicht trainieren oder willentlich produzieren; es gibt keine vorbereitenden Übungen. Außer technischer Perfektion verlangt sie Hingabe und Demut, ein Loslassen und Vergeben. Als Grotowski noch Aufführungen vorbereitete, sprach er von der Läuterung und »Beichte« eines »heiligen Schauspielers«, der sich ganz öffnet und in diesem Moment frei von Schuld und Sünde ist. Er forderte »Aufrichtigkeit bis zum Äußersten, aber die Details in Kristall!« Die unbewusste Spontaneität, die sich dabei freisetzt, ist nur mittels bewusster Disziplin und Präzision artikulierbar. Die sorgfältig ausgearbeitete, bis ins kleinste Detail exakt ausgeführte Aufführungsstruktur ist die Startrampe. Auf ihr kann sich etwas zutiefst Lebendiges entfalten. Ein unkontrollierbarer, kaum sichtbarer Strom psychophysischer Impulse fließt durch den Körper. Der Schauspieler ist absolut präsent und gleichsam durchlässig; er handelt aus dem unmittelbaren, inneren Impuls heraus und nimmt intuitiv an allem teil. Diese Erfahrung ist völlig individuell, sie ist unteilbar. Die kreative Ensemblearbeit kann solche inneren Prozesse nicht ermöglichen, sie baut aber darauf auf.

Im polnischen »Theater-Laboratorium« meistert Ryszard Cieślak (1937–1990) diesen »totalen Akt«, der Bewusstsein und Unbewusstes, Disziplin und Spontaneität vereint. Im italienischen »Workcenter« vollzieht und unterweist ihn heute Thomas Richards, Grotowskis »Erbe« und Nachfolger. Dorthin hatte sich Grotowski zurückgezogen, um das andere Ende jener Kette, die Schauspiel und Ritual miteinander verbindet, zu erforschen. Stationen dieses Weges bildeten paratheatralische Experimente auf der Suche nach einer aktiven Kultur (ab 1970), in denen Grotowski mit einem zweiten Ensemble einfachste »physische Aktionen« für ein Teilnehmertheater erforschte, das Gäste aus aller Welt anlockte. Das nächste Kettenglied, sein mehrjähriges Forschungsprojekt »Theater der Quellen« (ab 1976), ist ein Teilnehmertheater, das mit archaischen Quellentechniken, wie sie im Ritual verborgen sind, arbeitet. Er recherchiert mit einem internationalen Team in Haiti, Indien, Mexiko und (allein, mit einem Houngan) in Westafrika. Sie feilen jeder für sich oder in der Begegnung mit Initiierten an elementaren Bewegungs- und Aktionsformen, die die Sinne und Aufmerksamkeit schärfen und die Wahrnehmung verändern. Sie bringen den Handelnden dazu, dass der Körper und nicht der Kopf durch die Aktion führt und die Wahrnehmung direkt wird. Es werden Instrumente der Arbeit aller Teilnehmer an sich selbst.

Als am 13. Dezember 1981 das Kriegsrecht verhängt wird, müssen seine internationalen Mitarbeiter und Gäste Polen verlassen; diese dritte große Forschungsphase findet ein vorzeitiges Ende. Grotowski emigriert. An der Universität von Rom analysiert er vom 22. März bis 15. Juni 1982 »Die ursprünglichen Techniken des Schauspielers« in ihrem interkulturellen Kontext, gibt Hinweise auf den inneren Aspekt seiner Arbeit und ermöglicht den Teilnehmern einen Einstieg in die Feldforschung. Nach einer weiteren Zwischenstation in Haiti entwickelt er an der Universität von Kalifornien in Irvine (USA) das »Objektive Drama« (ab 1983), das er als Übergangsprojekt wertet. In Polen bleibt die Situation unter General Jaruzelski verheerend; das »Theater-Laboratorium« wird 1984 aufgelöst. Unter der alten Adresse findet sich heute ein Grotowski-Institut, das zugleich Archiv und Veranstaltungsort ist. 1986 baut Grotowski mit Mitarbeitern aus dem »Theater der Quellen« und dem »Objektiven Drama« ein zweites Theaterlaboratorium in Pontedera (Italien) auf, das »Workcenter«.

Die »rituellen Künste«

In dieser vierten Forschungsphase arbeitet Grotowski direkt an der »Kunst als Vehikel« und sucht die »Objektivität des Rituals« (ab 1986). Sie beruht auf einem jahrhundertealten praktischen

Wissen alter Kulturen, das heute weitgehend unbekannt ist. Seine Mitarbeiter sollen nichts Neues erfinden, sondern Vergessenes wiederentdecken. Die Übergänge zwischen Ritual und Theater sind seit jeher fließend. Der wesentliche Unterschied liegt für Grotowski in der »Montage«. In den Aufführungen lieferte er Symbole für Ort, Zeit und Handlung. Er ordnete die »Zeichen« so an, dass sich alle Zuschauer aus den Informationen, Bildern und Anspielungen dasselbe zusammensetzten – die Erzählung. Diese »Montage« ereignete sich ausschließlich in der Wahrnehmung des Publikums. Für den Schauspieler besaßen die »Zeichen«, die jeder individuell im Probenverlauf entwickelte, ganz andere, intime Bedeutungen. Sie korrespondierten mit der eigenen Lebensgeschichte und blieben dem Betrachter verborgen.

In den »rituellen Künsten« wird die »Montage« nicht länger von Zuschauern betrieben, sondern von den Schauspielern. Sie sprechen sich nicht untereinander ab. Sie müssen sich dem Inhalt, der ein gemeinsamer ist, Schritt für Schritt nähern, allein durch ihr Tun. Um eine »höhere Verbindung« aufzubauen, müssen sie ein feines, scharf geschliffenes Werkzeug formen und beherrschen. Die Bausteine der »Aktion« werden zu Instrumenten der Arbeit an Körper, Herz und Kopf der Handelnden. Funktioniert die Kunst als Vehikel, so bewegt es sich für jeden Handelnden gleichermaßen, indem jeder einen inneren Prozess der Energieumwandlung erlebt. Dann gibt es jene Objektivität des Rituals.

Ein solches Ritual kann keine Teilnehmer zulassen. Es kann keine Improvisation geben, keine Synthese fremdartiger Riten, keine Feier oder Zeremonie. Die Handelnden verzichten auf den willentlichen, bewusst artikulierten Ausdruck. Etwas vollzieht sich in ihnen. Dabei sind es einfache Dinge, die zählen – werde nüchterner, ruhiger, wachsamer; durchschaue das Tagträumen; festige die Aufmerksamkeit; richte sie auf das technische Handwerkszeug; sei bereit!

Wie macht man das?

Die elementaren Spielpartituren werden mit denselben Elementen aufgebaut, die auch früheren Aufführungen zugrunde lagen, aber sie haben nichts mehr mit unserem Verständnis eines Schauspiels gemein. Grotowski geht auf Distanz zu Begriffen wie »Theater« und »Schauspieler«, die wir allzu eng auslegen. Er spricht nur noch von Handlungen, den Tuenden oder dem Performer. Einzeln oder in kleinen Gruppen arbeitet er mit seinen Mitarbeitern jetzt wieder an der »physischen Aktion« (im Sinne des späten Stanislawski), am Tempo-Rhythmus, an komponierten Bewegungsformen, am organischen, aber strukturierten Strom der Impulse, am Kontakt, an der Logik des Verhaltens, an Text-Motiven und – das neue, zentrale Element seit der Zusammenarbeit mit Maud Robart, die in Haiti beim »Theater der Quellen« begann – an der Schwingungsqualität archaischer Gesänge haitianischer, afrikanischer und afrokaribischer Tradition, unterstützt von rituellen Praktiken wie dem Tanzschritt »Yanvalou«. Hinter der Melodie und dem Rhythmus verborgen hat jedes dieser Lieder eine eigene Struktur der Impulse. In ihren Herkunftsländern sind es Anrufungen. Nicht die Vokale leiten den Gesang, er lässt sich von Impuls zu Impuls aufwärtsführen. Der damit einhergehende Tanz dient als eine Form des Gebets. Wer nicht tanzen kann, heißt es im Benin, kann nicht beten.

Parallel zu der kleinen Gruppe um Thomas Richards leitet auch Maud Robart bis 1993 eine große Gruppe im »Workcenter«. Ausgehend vom rituellen Kontext ihrer Heimat Haiti webt sie mit Liedern des Voodoo und »Yanvalou« an einer elementaren Aufführungsstruktur, die das Perlenlied aus den Thomasakten widerspiegelt und deren Quintessenz – das Erwachen aus dem Tagtraum – durch archaische Quellentechniken unmittelbar praktiziert wird. Thomas Richards erforscht dieses praktische Wissen, das nicht über den Verstand erfass- oder erlernbar ist, ohne einen Zugang zum Ritual zu haben. Unter Anleitung Grotowskis erobert er es durch die »via negativa« in jahrelangem rigorosen Tun, bis er es im Innersten erkennt und Mitarbeiter anleiten kann. In einer Art Tandem entwickelt er diese Suche mit Mario Biagini weiter. Grotowski übermittelt seinem Nachfolger die Essenz seiner lebenslangen Forschung als Arbeit an sich selbst und analysiert in seiner Professur am Pariser Collège de France die Hintergründe.

Mit klosterähnlicher Disziplin proben seine Mitarbeiter sechs Tage die Woche – bei Arbeitszeiten bis zu zwölf, manchmal sogar 16 Stunden. Ein tägliches Training hilft, den Körper zu entzähmen, über die anerzogene Routine, Stereotypen, Wahrnehmungsschablonen und persönlichen Grenzen hinauszugehen. Die Frage ist nicht, wie etwas zu tun ist, sondern was man nicht tun darf. Im »Wie« wurzeln Banalitäten und Klischees. Es ruft Bekanntes ab und versperrt den Zugang zum Ursprünglichen, Eigenen. Die »via negativa« ist ein Weg des Eleminierens. Sie beseitigt individuelle, körperliche und darüber auch psychische Blockaden. Das ungezähmte »Tier« im Menschen, die organischen Qualitäten, werden geweckt, der Körper herausgefordert und »befreit«. Die Übungen sind dabei »das Gebet vor der Tat«.

Der Körper hat ein eigenes Gedächtnis, eine eigene Art zu »denken« und zu agieren, wenn der Kopf ihn gewähren lässt. In der Probenarbeit vermag er den Aktionsfluss allein zu entdecken und Erinnerungen wachzurufen, die der Verstand erst später entschlüsselt. Der Strom von kleinen organischen Impulsen, die dabei freigesetzt werden, darf beim anschließenden Strukturieren und Montieren der »physischen Aktion« nicht absterben oder verlorengehen. Das erfordert innere Stille und Wachsamkeit. Der Schauspieler sollte sich nicht auf die vitale, körperlich-instinktive Ebene fixieren. Vielmehr doppelt er seine Aufmerksamkeit. Er richtet sie auf seinen inneren Prozess und beobachtet zugleich die äußere Welt und die präzise Spielpartitur, die allmählich aus den verschiedenen individuellen Aktionen geschaffen wird. Er handelt und ist gleichzeitig der unbeteiligte Zeuge, der alles registriert, ohne zu werten oder nachzudenken.

Die Jakobsleiter

Das vertiefte, reine Bewusstsein – der innere Zeuge – kann sich nur entfalten, wenn jede Art von Gleichgewichtsstörung beseitigt wird. Jede Verspannung, jedes Zögern, jede Überlegung, was ist zu tun, unterbricht den Bewegungsfluss und verschwendet Energie. Im Optimalfall findet der Schauspieler ein energetisches Gleichgewicht in der Bewegung. Er nähert sich seiner Aktion passiv, das heißt aufnahmefähig, als lege er sich auf eine riesige Welle und überließe sich dem Strom, der ihn trägt. Als Zeuge ist er aktiv, das heißt ganz und gar gegenwärtig im Hier und Jetzt. Er bewegt sich mühelos in einer organischen, manchmal wellenförmigen, harmonischen Bewegung. Sie ist im tiefen Zentrum – dem bewegungslosen Selbst – verankert. Er kann solch eine »Bewegung, die Ruhe ist« nicht willentlich erzeugen; er lässt sich von ihr erfassen. Fast unmerklich beginnt eine Energie im Becken zu pulsieren und entlang der Wirbelsäule zu zirkulieren. Über die reine Aufmerksamkeit findet der Handelnde Zugang zu ihr. Sie tanzt in ihm in wechselnden Rhythmen, Wellenformen, mitunter überwältigender Intensität und Dynamik; aber immer reagiert dieser Vibrationsstrom auf den inneren, stillen Beobachter.

Wenn der Körper nicht blockiert ist, seine schwere Masse nicht behindert und so wenig Widerstand gibt, als wäre sie leer, fungiert er wie ein Kanal. In ihm zirkuliert der lebendige Strom reiner Impulse. Die schweren, organischen Energien, die mit den Lebenskräften, der Sinnlichkeit, den Instinkten verbunden sind, lassen sich innerlich aufwärtsführen zu subtileren Energien, und das Subtilere lässt sich herabführen in die Dichte des Körpers. Grotowski vergleicht seine letzte Arbeit mit dem Bau einer »Jakobsleiter«: Jakob träumt in der Bibel von einer himmelhohen Leiter, die hinter seinem Kopf emporragt. In seiner Vision sieht er Energiekräfte, Engel, wenn man will, die die Leiter hinauf- und hinuntersteigen. Der Schauspieler findet diese »hohe Verbindung« im eigenen Körper. Die im Stehen aufgerichtete Wirbelsäule ist die vertikale Achse. Sie ist zwischen dem Instinktiv-Organischen und einem reinen Bewusstsein gespannt, den beiden gegensätzlichen Polen im Menschen. Damit die Leiter und damit die Verbindung nicht zusammenbricht, muss jede einzelne Sprosse, das heißt jedes Detail der Aufführungsstruktur, mit handwerklichem Können aufgebaut werden. Analog dazu beschreibt ein Voodoo-Priester im Benin den Moment der Trance im Ritual als Hitze, die sich im Bauch und im Herzen ausbreitet und zur Kraft wird, die ihn »reitet« und durch ihn agiert. Er verkörpert dieses »Energiewesen« und in diesem Moment lebt es durch ihn und erzeugt eine andere Präsenz.

Diese letzte Forschungsphase Grotowskis richtet sich nicht an Zuschauer; es kann auch keine mehrtägige Zusammenarbeit mehr geben wie im Teilnehmertheater. Aber Grotowski wollte nicht der Welt entfliehen. Er wollte keine Isolation, sondern einen anonymen Einfluss. Nach Zeiten geschlossener Werkstattarbeit lädt er junge Theatergruppen, Regisseure und Schauspieler ein, ihre Arbeiten zu zeigen und die des »Workcenters« kennenzulernen, und fordert in großen Abständen einzelne zur Mitarbeit auf. Er setzt sein Team immer wieder neu zusammen; mit Ausnahme der Leitung soll jeder nach ein- oder mehrjähriger Mitarbeit in seine eigene Arbeit zurückkehren. Es entsteht ein weltweites Netzwerk.

Bereits in der Aufbauphase des »Workcenters«, in der es keinen Austausch mit der Öffentlichkeit gab, da die Erforschung der

»Jakobsleiter« als Arbeit an sich selbst eines besonderen Schutzes bedurfte, lädt Grotowski einzelne Beobachter ein, die seine Forschung kennen. Manche konzentrieren sich auf die Texte der »action«, an der Thomas Richards jahrelang arbeitet und die er später an besonderen Orten vor kleinem Publikum zeigt, sie stammen vorwiegend aus dem Thomas-Evangelium und thematisieren die Arbeit am Selbst, oder auf eine angedeutete Geschichte – die Prüfung im Angesicht des Todes und die Rückkehr zum Anfang und Ursprung –, die diese Arbeit symbolisiert: »Aufrecht im Anfang stehen« ist ein »totaler Akt«, der die gegensätzlichen Extreme vereint; der Handelnde ist nicht mehr gespalten in Kopf und Körper, Disziplin und Spontaneität, Bewusstheit und Instinkt. Dieser innere Prozess der Schauspieler ist auch von außen wahrnehm- und spürbar. Die freigesetzte Energie scheint sich durch Induktion auf andere zu übertragen. Ein Regisseur erzählt, wie sich beim Zuschauen seine inneren Spannungen ruckartig lösten. Man meint auch zu beobachten, wie sich die eigene Atmung anpasst und Nervengeflechte sich erhitzen, die Wärme wandert und der eigene Körper zuckt und zittert. Was bleibt, ist ein tiefes Erstaunen und die Frage, was war das?

Barbara Gräfin Schwerin von Krosigk
(Berlin im September 1999, Neufassung im August 2021)